国家社科基金一般项目《宋型律治的演进路径研究》
（22BZS034）阶段成果
教育部人文社会科学重点研究基地重大项目
《河北宋代（辽金）文物、文献搜集整理与地方社会研究》
（20JJD770005）研究成果

本书获得出版资助
教育部人文社会科学重点研究基地——河北大学宋史
研究中心基地建设经费
河北大学中国史“双一流”学科建设经费
河北大学燕赵文化研究院学科建设经费

燕赵法律史

贾文龙　颛静莉　杨堃　著

人民出版社

责任编辑：邵永忠
封面设计：胡欣欣

图书在版编目（CIP）数据

燕赵法律史 / 贾文龙，蹦静莉，杨堃 著. -- 北京 ：人民出版社，2024. 12. -- ISBN 978-7-01-026248-2

Ⅰ. ①燕…　Ⅱ. ①贾… ②蹦… ③杨…　Ⅲ. ①法制史-文化史-研究-河北　Ⅳ. ①D927. 220. 2

中国国家版本馆 CIP 数据核字（2023）第 249539 号

燕赵法律史

YANZHAO FALÜSHI

贾文龙　蹦静莉　杨　堃　著

人民出版社 出版发行

（100706　北京市东城区隆福寺街 99 号）

中煤（北京）印务有限公司印刷　新华书店经销

2024 年 12 月第 1 版　2024 年 12 月北京第 1 次印刷

开本：710 毫米×1000 毫米 1/16　印张：17

字数：280 千字

ISBN 978-7-01-026248-2　定价：90. 00 元

邮购地址 100706　北京市东城区隆福寺街 99 号

人民东方图书销售中心　电话（010）65250042　65289539

序

文龙兄积数年之功，写成此书，嘱余作序。

文龙与我是硕士同学，并曾同住一室。毕业之后，我们都从事职业学术研究。文龙一直以宋代法律史为主要研究方向，长期深耕细作。与文龙相比，我的学术经历更为复杂。

读硕士和博士期间，我从事中国近代经济史研究；毕业后到邯郸学院工作，应学校要求，开始追随孙继民先生从事赵文化研究，并与马忠理先生合作，整理研究磁县北朝墓群出土碑志；再后来邯郸学院征集了太行山文书，我又集中十余年精力整理研究太行山文书所见“边区时期文书”。在这个过程中，我对燕赵大地各个阶段的历史文化都有所了解。文龙此次从事燕赵法律文化研究，我们的研究方向因此得以重合。

虽然如此，我之于燕赵文化也仅限于粗浅的认知，此次受文龙之邀作序，我颇有勉为其难之感。

燕赵大地是蒙古高原、东北平原与华北平原的结合部，是中华文明的重要发祥地，在中国历史上是塞外游牧文明、渔猎文明与中原农耕文明交往交流交融的重要舞台，堪称中国历史上的重要地理枢纽之一。从历史文化视角看，燕赵文化是平原文化、海洋文化、草原文化、山地文化、帝都文化的融合体。

河北省历来是燕赵历史文化研究的重镇，既有《河北通史》《燕赵文化史》等通史性著述，也有《河北文学通史》《燕赵思想家研究》《河北经济史》《河北宗教史》等专题性著述，还有“赵国史”“燕国史”“中山国史”等国别史研究。但是迄今为止，学界还没有出版过一部有关河北法律史的专题著作。文龙兄这部著作的出版，完善了燕赵地域文化研究的学术版图。由于中国大一统王朝的历史传统，历代法典自然通行全国，“溥天之下，莫非王土；率土之滨，莫非王臣。”因此在地域文化研究方面，法律史最难写出地域特色。此前出版的相关河北法律文化的著述，多以法律人物传记为主，可称之为“乡贤式”研究。《燕赵法律史》是第一部关于燕赵地域法律史的专著，该书将与燕赵相关的神话传说、法律人物思想、历代法典参修群体、地方法律文化传统的演变等内容融为一体，既照顾到大一统王朝的法律史历程，又体现出燕赵大地的地域文化特色。

《燕赵法律史》一书认为：在中华法治文明的发展历程中，燕赵大地是中国法文化“刑始于兵”“集团本位”传统的重要发祥地，从“自行发展”的国家角色转变为“使命实施”的国家角色：战国时“慷慨悲歌”是自行发展的边地法律文明，秦汉时期是轻刑重礼的儒家郡县角色，魏晋南北朝至元代是中原农业法律文化与草原法律文化的融和舞台角色，明清时期是强调安定有序的京都陪辅角色，近代则成为西学中用的法制实验场角色。该书有关历代燕赵法律史的观点，均可自成一说；这些观点合在一起，可较为完整地总结出燕赵文化对中华法治文明的历史贡献。综观历史，燕赵地域所承担的角色职责，可谓重矣！

同时，《燕赵法律史》一书对河北法治发展史进行了分期，其中尤以两个“南北朝”的划分最具特色。该书认为辽宋金时期“燕赵地域内南北两京同时出现，南北两种法治模式同时并存”是中国历史上的少见现象，这个观点展示了文龙长期从事宋史研究的学术特长与独到之处。

当然，任何一部著作均不能做到尽善尽美，《燕赵法律史》一书亦然。

该书将边区时期燕赵地域的法律贡献总结为“新民主主义社会的雏形”“新中国的雏形”两点，确可说明其对新中国法治的历史影响，这在太行山文书中确有所体现。但对这一时期的法律条文，本书多仅罗列标题，未做深究。这是《燕赵法律史》一书的不足之处，也是此后该书可以进一步修改和完善的方向。

文龙与我均为河北人，其所言本书是“个人对家乡的一种回报”，赤子之心，殷殷乡愁，跃然纸上，可嘉可贺！

邯郸学院太行山文书研究中心

冯小红

2024年11月10日

目　录

绪　论

一、研究动态

在历史地理学的视角之下，古代河北地域实在是战略要地。黑格尔认为人类历史的真正舞台在温带，而且是北温带。汤因比认为文明的起源与增长遵循“挑战与应战”的模式；1904年英国地理学家麦金德在《历史的地理枢纽》一书中称：中国北部的蒙古大草原，苏联的亚洲部分南部以及东欧一带，是所谓世界的地理枢纽。① 古代河北地域不仅位于中国的北温带，而且紧邻世界的地理枢纽，联结着汉族传统居住区和少数民族传统居住区：她的北面有燕山山脉和万里长城，西部是太行山脉，东边濒临渤海，中部为沃野千里的华北平原，南部为黄河天堑。既是重要的经济区，又控扼着少数民族进入中原的重要通道，因此古人评价河北尤其是北京在地理上有“挈裘之势”②，比喻统治河北就能君临中国，就像提着领子就能提起整件衣服一样。同时河北地区是中国农业文明与游牧文明的交汇点，是中华民族“挑战与应战”的最为重要的历史舞台之一。古代河北地域在战国时期已形成具有特色的地域文化圈，时称燕赵地区，并成为后世河北的代名词。燕赵文化圈在元代尤其在

① ［英］哈·麦金德：《历史的地理枢纽》，林尔蔚等译，商务印书馆1985年版，第60页。

② （清）华湛恩：《天下形势考》，载（清）王锡祺《小方壶斋舆地丛钞》，西泠印社2004年版。

近代以后，逐渐分成北京、天津、河北三部，而随着北京、天津各自形成独具特色的地域文化，燕赵和河北两个概念的内涵都缩小了，都指向今天的河北地区。随着北京成为中国封建社会后期的王朝都城，华北地域不仅见证了各个封建王朝的兴亡，还是近代中华民族抵抗外辱的主要战场。

法律文化作为一种观念，是法律意识中智慧、知识、经验等的文化结晶。法律文化不仅仅是文本著作，还可以是民风习俗。按创造主体的不同，法律文化可分为两类：一是集体创造的文化载体，二是个体创造的文化载体。集体创造的文化载体通常有两种形式：一是作为风俗或潜存在民众集体潜意识中的思维习惯，这对地域文化的考察无疑更有意义；二是多人编修的法律典籍。个体创造的文化载体则因为中国古代没有独立的法学学科，而中国古代司法与行政不分的传统又使其作者具有多重的社会角色，这就使个体创造的文化载体形式多种、内容多面，包括律学研究、法律典籍、政书奏疏、公案文学、劝俗文学、家训宗规、官箴警句等多种。

古代河北地域在战国时期已形成具有特色的地域文化圈，在元代以后，逐渐分化成河北、北京、天津三个组成部分，近代以来这种分化更为巨大。从历史上看，河北、北京、天津的历史文化其实质皆应作为燕赵地域文化的研究范围，才符合历史本来之面貌。

燕赵大地作为中华文明的重要发祥地，历史上曾经涌现了唐尧、燕昭王、赵武灵王、刘备、高洋、郭威、柴荣、赵匡胤、赵光义等名皇帝君，而文臣武将、名儒贤能、文学家、科学家、思想家、政治家、法学家更是人才辈出，他们的业绩为中华文化留下了丰富而珍贵的文化遗产。

燕赵地域文化的研究，目前已经相当成熟，成果丰硕。2000 年以后，多种河北通史性著作全方位对燕赵文化进行了梳理与探讨。严兰绅主编的《河北通史》分为先秦、秦汉、魏晋南北朝、隋唐五代、宋辽金元、明朝、清朝和民国共 10 卷，每卷都由对断代河北地方史有精深研究的学者所完成。该书总字数 270 多万，全面系统地展现了河北自古至今的历史进程，是迄今为止最完整的河北地方通史巨著。[1] 王长华主编的七卷本《河北文学通史》全面展现了河北文学的发展历史。[2] 苑书义、董丛林、孟繁清、孙宝存、郭文书主编的五卷本《河北经济史》则是河北第一部经济通史。[3] 周振国、王永祥主编的《燕赵思想家研究》分《先秦两汉卷》《魏晋南北朝卷》《隋唐五代卷》《宋辽金元卷》《明清卷》《近代卷》9卷。[4] 鞠志强主编的《河北宗教史》丛书，包含8部专史，400多万字，是第一部全面系统梳理上千年来河北宗教历史发展与传承的地方史志著作。[5] 胡克夫、杜荣泉主编的七卷本《燕赵文化史稿》正陆续完成，已经出版5卷。[6]

专题个体著作方面，有张京华《燕赵文化》、杜荣泉《燕赵文化志》、成晓军《燕赵文化纵横谈》、沈长云《赵国史稿》、王彩梅《燕国简史》、孙继民《先秦两汉赵文化研究》、辛彦怀《赵文化研究》、陈平《燕史纪事编年会按》《燕秦文化研究》、杨玉生《燕文化》、郭大顺《东北文化与幽燕文明》、彭华《燕国史稿》《燕国八百年》、何艳杰《中山国社会生活研究》《鲜虞中山国史》等多种著作，对古代河北的历史进行了深入研究，对燕赵地域以“慷慨悲歌”为代表的地域文化特色进行了深入总结。[7] 秦进才《燕赵文化研

---

① 吕苏生：《河北通史》，河北人民出版社2000年版。

② 王长华：《河北文学通史》，科学出版社2010年版。

③ 董丛林、苑书义、孟繁清、孙宝存、郭文书主编：《河北经济史》，人民出版社2003年版。

④ 周振国、王永祥主编：《燕赵思想家研究》，河北人民出版社2014年版。

⑤ 包括《河北宗教史图鉴》《河北宗教简史》《河北佛教史》《河北道教史》《河北伊斯兰教史》《河北天主教史》《河北基督教史》《河北民间宗教史》，宗教文化出版社2016年版。

⑥ 胡克夫、杜荣泉主编：《燕赵文化史稿》，河北教育出版社2013—2016年版。

⑦ 张京华：《燕赵文化》，辽宁教育出版社1995年版；陈平：《燕史纪事编年会按》，北京大学出版社1995年版；杜荣泉：《中华文化通志·地域文化典·燕赵文化志》，上海人民出版社1998年版；成晓军：《燕赵文化纵横谈》，中国文联出版社1999年版；沈长云：《赵国史稿》，中华书局2000年版；王彩梅：《燕国简史》，紫禁城出版社2001年版；孙继民：《先秦两汉赵文化研究》，方志出版社2003年版；辛彦怀：《赵文化研究》，河北大学出版社2003年版；陈平：《燕秦文化研究》，北京燕山出版社2003年版；杨玉生：《燕文化》，方志出版社2005年版；郭大顺：《东北文化与幽燕文明》，江苏教育出版社2005年版；彭华：《燕国史稿》，中国文史出版社2005年版；何艳杰：《中山国社会生活研究》，中国社会科学出版社2009年版；何艳杰：《鲜虞中山国史》，科学出版社2011年版；彭华：《燕国八百年》，中华书局2018年版。

究的回顾》、刘建军《三十年来燕赵文化研究的主要进展与思考》、许文婷《燕文化研究始末》等文章对研究动态进行了总结和介绍。[①] 秦进才《燕赵历史文献研究》是研究与著录河北历史文献的力作。[②] 王文涛对汉代河北地域史进行了断代研究。[③]

目前这些研究，于政事、地理、风俗皆有深入探讨，但对河北法律文化未进行通史性专题研究。

目前学术界对燕赵法律文化的研究，主要体现在人物的个案研究方面。在一些辞书中，对部分人物亦多有介绍，但这些研究成果还属于零散的个案研究，相当多的成果都是一般性简介，还有总结提高的空间。关于河北传统法律文化的专论，仅见王岸茂先生《河北古代清官廉吏》[④] 与郭东旭先生《燕赵法文化研究（古代版）》[⑤] 两书。两部著作都注重从历史中寻找借鉴，筚路蓝缕，有开创之功。其内容以史事考索基础上的叙述为主，还有总结提高的空间。孔祥军简要总结了古代河北廉吏的共性特征。[⑥] 冯石岗、贾建梅提出“冀域”法文化概念，认为燕赵地域法律文化最早在中华法系当中提出了混合法的设计，推动中国传统法律儒家化的形成与发展，是中华法文化民族融合特色的重要体现。[⑦]

对燕赵法律人物的研究，学术界有分量的研究主要集中于先秦荀子、汉代董仲舒、元朝真定苏天爵、清朝崔述等人物的法律思想方面。相关研究数量很多，难于一一列举，但皆立足于法律史的角度，而极少将其个人思想与

---

① 秦进才：《燕赵文化研究的回顾》，《邯郸职业技术学院学报》2008 年第 1 期；刘建军：《三十年来燕赵文化研究的主要进展与思考》，《河北大学学报》2008 年第 6 期；许文婷：《燕文化研究始末》，《开封教育学院学报》2016 年第 11 期。

② 秦进才：《燕赵历史文献研究》，中华书局 2005 年版。

③ 王文涛：《两汉河北研究史稿》，中国社会科学出版社 2022 年版。

④ 王岸茂：《河北古代清官廉吏》，中国文史出版社 2004 年版。

⑤ 郭东旭：《燕赵法文化研究（古代版）》，河北大学出版社 2009 年版。

⑥ 孔祥军：《燕赵文化视野下古代河北廉吏特征述论》，《法制与社会》2018 年第 2 期（上）。

⑦ 冯石岗、贾建梅：《和合统一多元包容：京津冀文化基因探索》，生活·读书·新知三联书店 2017 年版。

地域文化相联系。周振国《荀子治学精神对燕赵文化的影响及其当代意义》着眼于探讨燕赵著名历史人物的思想与地域文化的关系，这种研究路径的成果还相当少见。①

贾文龙认为在中华法治文明发展中，燕赵地域法律承担的国家角色有从“自行发展”转变为“使命实施”的重要转变。认为在战国时期，燕赵地域“慷慨悲歌”是“自行发展”的边地法律文明；在秦汉时期，燕赵地域的法律文化是与郡县地位相适应的轻刑重礼的儒家风格；在魏晋南北朝至元代，燕赵地域是中原农业法律文化与草原法律文化相融合的舞台；明清时期，燕赵地域作为京都陪辅其盛行的法律文化是强调安定有序的政法文化；在中国近代，燕赵地域是西学中用的法制实验场。从军事文化向政法文化的转变是燕赵地域文化历史转变的最主要的层面。②

总体而言，河北古代法律人物的法律思想已有众多个案研究，但中国古代学者耻于言律，不喜刑名，造成了传统律学的薄弱。这种趋向也对现代的燕赵文化研究产生了影响。目前关于燕赵地域文化的研究中，燕赵地域法律文化总体性研究还处于较为薄弱的地步，知识铺陈有余而理论启示不足，历史描述有余而历史评论不足。

二、学术价值

燕赵地域法律文化具有深入研究的学术价值。一是以战国赵人荀况、汉代广川董仲舒为代表的燕赵地域法治人物曾就中国传统法律文化的“礼法关系”等重大问题提出过重要的解决方案，对中华法系的形成与发展产生过深远影响。二是燕赵地域作为中原王朝与北方少数民族政权的交接地带，是中华法系内民族法律文化交流的重要舞台。三是燕赵地域涌现众多法治名人，

---

① 周振国：《荀子治学精神对燕赵文化的影响及其当代意义》，《邯郸学院学报》2013 年第 1 期。

② 贾文龙：《家国天下：燕赵地域法律文化之国家角色的转换》，《地域文化研究》2019 年第 1 期。

曾出现法律世家，有一批善决狱讼、严明执法的官员典范。四是燕赵法律文化中出现过多种重要法学著述，对中华古代的立法与司法文化产生过重要影响。

目前学术者认为燕赵文化具有特征平淡化趋向：

> 燕赵文化在战国时期形成并成熟，在北朝时期由于地方士族制度的盛行而使其在政治上得到最充分的发展，在盛唐时期则有农业经济达到鼎盛。但是到了宋元明清时期，燕赵文化所独具的若干明显特征就日渐趋向于平淡。[①]

本书认为燕赵地域在中国历史中有一个从边塞到京师的转变，作为封建王朝统治中心区域的组成部分，作为统治阶级意志体现的法律文化自然也有巨大的转变。对学术界提出的“燕赵文化特征平淡化趋向”，“燕赵文化既不属南，也不属北，处在为政治经济两弃之的地位上”[②]，“河北文化便沉淀、滋生出一种奴性、保守的基因”[③] 等观点提出批评，本书旨在为全方位解析燕赵文化提供法律文化视角的考察，认为燕赵地域与中国国家传统法治关系密切，在中华法治文明发展史中，燕赵地域从“自行发展”的国家角色转变为“使命实施”的国家角色，燕赵文化因而发生了从“被纳入”到“被赋予”的地位转型，燕赵地域文化从军事文化向政法文化的转变正是这个转变中的最主要的层面。因此对河北法律文化从古代到近代的演变，对燕赵地域文化在中国法律文化中的地位还需重新认识，还有深层次总结的需要与空间。

三、研究方法

1. 本书将“地域文化”和“法律文化”相结合作为主要研究方法。

地域文化是特定区域的政治生态、经济状况、民间传统、生活习俗等综

---

① 张京华：《燕赵文化》，辽宁教育出版社 1995 年版，第 79—80 页。

② 赵晓峰：《河北地区古建筑文化及艺术风格研究》，河北大学出版社 2008 年版，第 116 页。

③ 倪建中、辛向阳：《人文中国：中国的南北情貌与人文精神》，中国社会出版社 2008 年版。

合作用的长期表现，“地域文化泛指一个地区集居的民众所创造、共享、传承的生活习惯，是普通民众在生产和生活过程中所形成的一系列物质的和精神的文化现象，具有普遍性、传承性和变异性。”①

本书既是地域文化的研究，更以法律文化为专题。法律文化不仅包括法律典籍、奏议政书、律学释读、官箴政经、公案文学、谕俗榜文、宗规家训等，还包括民风习俗。本书既要突出河北法律文化转型的贯通性描述，也注重对重要变革期的深究。

2. 本书以历史考据的方法，对历史上的相关人物、法史著作进行总结介绍，并勾勒其中的学术传承脉络，从而全景式展现河北古代法律文化的历史风貌。

本书是对燕赵区域法律文化的基础研究，通过对河北法律文化进行通史性考察，探讨燕赵地域法律文化与中华法律演进的互动关系，勾描燕赵地域法治人物在依法治国和以德治国融合中的突出作用，既可以拓展中华法律文化的研究领域，亦可以挖掘河北法律文化的传统特色，对弘扬河北法律文化具有深远的理论意义。

本书要走出为先贤立说的方志式传统思维，要避免成为地域文化跳跃性的“历史高光时刻的镜头串连”，而注重其连续性，因此不能回避地域文化的阴影时刻。本书要避免从文化到文化、从精神到精神的论述模式，而极力与地域历史相联系，并运用法律地理学的研究方法。

四、区域界定

历史上的燕赵地域大致北起阴山南麓，南达黄河，西至太行山，东临大海，包括今河北省、北京市、天津市、山西省北部，以及内蒙古自治区的中南部、辽宁省、山东省、河南省的部分地区。

---

① 张江华、张佩国主编：《区域文化与地方社会：“区域社会与文化类型”国际学术研讨会论文集》，学林出版社 2011 年版。

燕赵地域与后世兴起的“华北”区域有所重合，“华北”约略相当于今河北全境、京津地区、山西东部、山东西部。本书根据研究内容也会适当扩展地理范围。

第一章　从远古至夏商：燕赵地域作为中国法文化的重要起源地

第一节　从涿鹿到阪泉，中国法文化“刑始于兵”传统的重要发生地

“刑起于兵”“师出以律”“兵刑合一”是中华法系发展历程中的重要特征。[①] 这一特征是在中国上古时代部族征战时期形成的，其时部族征战中的一些重要战役是在燕赵大地上进行的。

在距今五六千年前，燕赵地区是中华古部落的重要生活地域。当时各部落集团之间和部落集团内部经常发生争战。其中炎黄两帝与蚩尤的涿鹿（今河北涿鹿县境内，或说在河北怀来县）之战、黄帝与炎帝的阪泉（今河北怀来境内）之战都发生于今日河北境内，并对中国历史产生了深远影响。

上古华夏族最早的部落联盟首领是神农氏，“始教民播种五谷，相土地宜

---

① 《辽史·刑法志》：“刑也者，始于兵而终于礼者也。”（元）脱脱等：《辽史》卷六一《刑法志》，中华书局 1974 年版，第 935 页。（清）阮元校刻：《十三经注疏·周易正义》卷二《师》，中华书局 2009 年版，第 49 页。

燥湿肥墝高下，尝百草之滋味，水泉之甘苦，令民知所辟就。”[1] 神农氏带领族人进入农业社会，开创了新的文明形态。但却不适应社会纷争加剧的历史情况，这时中国历史已经进入崇尚武力的英雄时代，因而善用武力的轩辕氏成为部落联盟中新的领袖：“轩辕之时，神农氏世衰，诸侯相侵伐，暴虐百姓，而神农氏弗能征。于是轩辕乃习用干戈，以征不享，诸侯咸来宾从。”[2]

黄帝部族从属于轩辕氏，姬姓，又号有熊氏。后来宾从轩辕的诸侯还有姜姓炎帝领导的部落。当时华夏集团迁徙至太行山以东，九黎族首领蚩尤则率领东夷集团向西迁徙，因而发生冲突，“争于涿鹿之阿，九隅无遗。”[3] 蚩尤部落族人勇猛剽悍，长于角抵，善作兵器，又有兄弟八十一人，当指八十一个氏族酋长，还联合巨人夸父部落，因而武力强大。炎帝战败后，传统部族居地尽失，向同一部落联盟中的黄帝族求援，于是黄帝与炎帝两族联合起来，在涿鹿与蚩尤展开大战。

在历史传说中，这场战争极为激烈，黄帝令应龙蓄水于冀州之野而攻击蚩尤部众，蚩尤则请风伯、雨师作大风雨，黄帝乃命天女曰魃施法止雨。又说蚩尤作大雾，弥漫三日，使黄帝部落皆迷茫，黄帝乃令风后作指南车以别四方，最终冲出迷雾重围而于冀州之野擒杀蚩尤：“争于涿鹿之阿……黄帝执蚩尤，杀之于中冀。”[4]

此次两大集团的战争，确立了黄帝作为华夏族和东夷集团共同首领的地位，“诸侯咸尊轩辕为天子，代神农氏，是为黄帝。”[5] 黄帝对蚩尤部族进行了惩罚，如《鱼龙河图》说：“伏蚩尤后，天下复扰乱，黄帝遂画蚩尤形象，以威天下。”[6]

---

① （汉）刘安编，何宁撰：《淮南子集释》卷一九《修务训》，中华书局 1998 年版，第 1312 页。
② （汉）司马迁：《史记》卷一《五帝本纪》，中华书局 1982 年版，第 3 页。
③ （清）孙星衍：《尚书今古文注疏》卷二七《周书》，中华书局 2004 年版，第 519 页。
④ （清）孙星衍：《尚书今古文注疏》卷二七《周书》，中华书局 2004 年版，第 519 页。
⑤ （汉）司马迁：《史记》卷一《五帝本纪》，中华书局 1982 年版，第 3 页。
⑥ （汉）司马迁：《史记》卷一《五帝本纪》，中华书局 1982 年版，第 4 页。

此后为争夺华夏族联盟首领的位置，炎帝部落与黄帝部落又发生了战争。黄帝“修德振兵，治五气，艺五种，抚万民，度四方，教熊、罴、貔、貅、貙、虎，以与炎帝战于阪泉之野。”① 当时的战场就在阪泉，其中熊、罴、貔、貅、貙、虎是六个部落图腾形象。神话里炎帝牛头人身，大概是以牛为图腾的氏族。经过三次大的战斗，黄帝打败了炎帝部落，“三战，然后得其志”，此后炎帝部落加入了黄帝部落，组成了新的华夏族部落集团。

在部族征战中，中国上古先民的行为规范发生重大变化。在原始社会，人们在生产、分配和交换过程中以世代相传的习俗和惯例来调整相互关系。“神农无制令而民从”②，“厚赏不行，重罚不用而民自治”③。在部族征战中，则产生了死刑。黄帝处罚蚩尤时发明了“蚩攴”刑，左“蚩”为蚩尤，右“攴”为击杀之义。这是一种缚在十字架上砍下四肢和头颅的死刑。④ 因而古人总结中国历史上法的起源时说：

> 大刑用甲兵，其次用斧钺，中刑用刀锯，其次用钻笮，薄刑用鞭扑，以威民也。故大者陈之原野，小者致之市朝。⑤

甲兵即兵器，中国古代刑罚从战争中产生，刑具则从兵器中产生，法官亦从军官中产生。“刑人用刀，伐人用兵，罪人用法，诛人用武。武法不殊，兵刀不异。……刑与兵，犹足与翼也，走用足，飞用翼。形体虽异，其行身同。”⑥

“中国古代法最初主要是刑，刑最初主要是借助征战这种特殊形式而形成的。”⑦ 发生在燕赵地域的涿鹿之战与阪泉之战，是华夏民族形成过程中最重要的两场部族征战，直接促进了中国历史上法律的产生。

---

① （汉）司马迁：《史记》卷一《五帝本纪》，中华书局 1982 年版，第 3 页。

② （汉）刘安编，何宁撰：《淮南子集释》卷一三《氾论训》，中华书局 1998 年版，第 928 页。

③ （清）王先慎撰，钟哲点校：《韩非子集解》卷一九《五蠹》，中华书局 1998 年版，第 443 页。

④ 蔡枢衡：《中国刑法史》，广西人民出版社 1983 年版，第 57 页。

⑤ （春秋）左丘明撰，徐元诰集解，王树民、沈长云点校：《国语集解 · 鲁语上》，中华书局 2002 年版，第 152 页。

⑥ （汉）王充著，黄晖撰：《论衡校释》卷八《儒增篇》，中华书局 1990 年版，第 360 页。

⑦ 张中秋：《中西法律文化比较研究》，南京大学出版社 1999 年版，第 14 页。

第二节 大禹治水"自冀州始"，中国法文化"集团本位"精神开始形成

与西方法律"个人本位"的历史传统不同，中华法系充满了"集团本位"的精神。"集团本位"在世界各地法律的最初生成史中皆长时期存在：

> 我们在社会的幼年时代中，发现有这样一个永远显著的特点。人们不是被视为一个个人而是始终被视为一个特定团体的成员。……他是一个氏族、大氏族或部族的成员……作为社会的单位的，不是个人，而是由真实的或拟制的血族关系结合起来的许多人的集团。……一个"家族"在事实上是一个"法人"，而他就是它的代表，或者我们甚至几乎可以称他为是它的"公务员"。他享有权利，负担义务，但这些权利和义务在同胞的期待中和在法律的眼光中，既作为他自己的权利和义务，也作为集体组织的权利和义务。①

经历了法律的幼年阶段后，西方法律走向了"个人本位"的道路，而中国传统法律却将"集团本位"固化进法律精神之中而相袭千年。

这种特征与中国历史上经常兴修大型水利工程有密切的关系。人类历史上四大古文明皆属于"大河文明"：古埃及文明发源于尼罗河流域，古巴比伦文明发源于两河流域，古印度文明发源于恒河流域，古代中国文明发源于黄河流域。

这些大河流域土地肥沃，水源充沛，适合农耕和居住，成为古代人类的聚集地，但同时大河泛滥，洪水频发，也很容易造成灾难。尧帝时期，中华大地上暴发洪水，因而任命舜为首领开始组织治水：

> 昔上古龙门未开，吕梁未发，河出孟门，大溢逆流，无有丘陵

① ［英］梅因：《古代法》，商务印书馆1979年版，第105页。

> 沃衍，平原高阜，尽皆灭之，名曰鸿水。[①]
>
> 当尧之时，天下犹未平。洪水横流，泛滥于天下。草木畅茂，禽兽繁殖，五谷不登，禽兽逼人。兽蹄鸟迹之道交于中国。尧独忧之，举舜而敷治焉。[②]

舜任命鲧去地方治水。鲧采用“堙”和“障”的方法，但效果不佳。《尚书·洪范》云：“箕子乃言曰：‘我闻在昔，鲧堙洪水’。”孔颖达疏：“是堙为塞也……水性下流，鲧反塞之，水失其道，则五行陈列皆乱。”[③] 这种堵塞治水的方法，导致洪水无处排泄，只能局部成功，而不能根治水患。舜因此处罚了鲧，“舜登用，摄行天子之政。巡狩，行视鲧之治水无状，乃殛鲧于羽山以死。天下皆以舜之殊为是。”[④]

禹吸取其父鲧的经验教训，采取疏导的方法，“疏川导滞”，“合通四海”[⑤]，取得治水的成功。“禹……命诸侯百姓兴人徒以傅土，行山表木，定高山大川……左准绳，右规矩，载四时，以开九州，通九道，陂九泽，度九山。令益予众庶稻，可种卑湿。……禹行自冀州始。”[⑥] “禹于是疏河决江，为彭蠡之障。乾东土，所活者千八百国。此禹之功也。”[⑦] 由于禹治理洪水有功，被尊为“九州共祖”。

---

① （秦）吕不韦编，许维遹集释，梁运华整理：《吕氏春秋集释》卷二一《爱类》，中华书局2009年版，第594页。

② （清）焦循撰，沈文倬点校：《孟子正义》卷一一《滕文公章句上》，中华书局1987年版，第374页。

③ （清）王鸣盛著，陈文和主编：《尚书后案》卷一二《周书》，中华书局2010年版，第540页。

④ （汉）司马迁：《史记》卷二《夏本纪》，中华书局1982年版，第50页。

⑤ （春秋）左丘明撰，徐元诰集解，王树民、沈长云点校：《国语集解·周语下第三》，中华书局2002年版，第95、96页。

⑥ （汉）司马迁：《史记》卷二《夏本纪》，中华书局1982年版，第51—52页。

⑦ （秦）吕不韦编，许维遹集释，梁运华整理：《吕氏春秋集释》卷二一《开春论》，中华书局2009年版，第595页。

大禹像，山东嘉祥县武梁祠汉代画像石拓片，这是我国现存最早的一幅大禹画像。
选自张政烺主编，任会斌编著《中国古代历史图谱·夏商西周卷》
（湖南人民出版社 2016 年版，第 15 页）

大禹治水的成功，除了“疏河决江”方法得当，还因为实行了区域管理与统治，分中国为九州。《禹贡》中九州为冀、兖、青、徐、扬、荆、豫、梁、雍。这种九州排序主要依据治水先后和五行次序：“九州之次，以治为先后，以水性下流，当从下而泄，故治水皆从下为始。冀州帝都，于九州近北，故首从冀起。”① 后世苏东坡也认为“河水为患，冀、兖为多……故禹行自冀始”②。

“从新石器时代经历商周直到春秋时代，河北平原的中部一直存在着一片极为宽广的空白地区。在这一大片土地上，没有发现过这些时期的文化遗址，

① （清）阮元校刻：《十三经注疏·尚书正义·夏书·禹贡》，中华书局 2009 年版，第 307 页。
② （宋）苏轼著，李之亮笺注：《苏轼文集编年笺注》，巴蜀书社 2011 年版，第 326 页。

也没有任何见于可信的历史记载的城邑或聚落。”① 这也许正是大禹所在时代洪水滔天的证明。

大禹治水促进了中国历史上国家的产生。恩格斯指出：“国家和旧的氏族组织不同的地方，第一点就是它按地区来划分它的国民”，“第二点是公共权力的设立。”② 这两个国家产生的重要条件，在禹命令“诸侯百姓”和“画分九州”的过程中都实现了。因而启继承禹的地位后，就开始了“家天下”的王朝时代。

西方学者将依赖大规模之水利工程的东方农业文明称为“治水社会”。这种社会形态中，治水工程需要大规模的协作，这样的协作反过来需要纪律、从属关系和强有力的领导，必须建立一个遍及全国至少及于全国人口重要中心的组织网。因此，控制这一组织网的人总是巧妙地准备行使全国最高权力，于是便产生了东方专制社会。③

夏禹治水自冀州始，而中国法的“集团主义”精神也在燕赵大地上治水的历史中深深植入中国传统法律文化的内核之中。

第三节　“有易杀王亥”，上古燕赵地域中的“和平交易”与“暴力强取”

历史上华北大平原是土地肥沃、水源充足之地，非常适合发展农业和畜牧业。

在旧石器时代，女性的植物采集活动促进了早期农业的发展。在原始社会末期，随着男性在狩猎动物过程中畜养知识的积累，原始畜牧业和原始农

① 谭其骧：《长水粹编》，河北教育出版社 2000 年版，第 449 页。

② ［德］恩格斯：《家庭、私有制和国家的起源》，《马克思恩格斯选集》第四卷，人民出版社 1995 年版，第 171 页。

③ ［美］魏特夫：《东方专制主义》，徐式谷等译，中国社会科学出版社 1989 年版。

业出现了分工，这是人类历史上的第一次社会大分工。

大概在这一时期，商族部落在河北平原上活动，“相传河北曾是商人的初居之地。”[①] 商族是兴起于华北平原上黄河中下游的一个部落，传说它的始祖是简狄，其女儿是契：“三人行浴，见玄鸟堕其卵，简狄取吞之，因孕生契。”[②] 所以商族有“天命玄鸟，降而生商”[③] 的部落起源传说。这个故事反映了简狄时的商族尚处于“知母不知父”的母系氏族社会阶段，而契与禹大概是同时期的历史人物。此外，华北平原易水流域生活着有易氏部族。这些平原部落，形成了农业与畜牧相结合的经济结构，既从事农业，同时也饲养畜群。

原始社会晚期，随着原始社会生产和生活中各种手工操作经验的积累，手工业又从农业活动中分离，成为一个独立的生产部门，这是人类历史上的第二次社会大分工。随着原始社会生产力的发展，各个部落生产的物品种类增多，生产资料出现剩余，交换规模也随之扩大，远距离、异物种的交换需求越来越大，由此产生了专事交换的中间人群体——商人。这种持续与稳定的交换活动使部分商人可以脱离生产而成为独立的社会群体，这是人类历史上的第三次社会大分工。

第三次社会大分工通常在商品交换最为发达的地区首先出现。广阔的华北平原，既分布着不同的部落，平原地区也使长途交通成为可能，因此具有第三次社会大分工较早出现的历史条件。

在原始社会大分工中，商人的祖先驯服了马和牛，作为家畜饲养并用来拉车运货，“殷人之王……服牛马，以为民利，而天下化之。”[④] 这在当时的社会无疑是一项伟大的创举，从此进入了“天下乘马服牛”的历史阶段。后商

---

① 河北省社会科学院地方史编写组编写：《河北简史》，河北人民出版社 1990 年版，第 7 页。

② （汉）司马迁：《史记》卷三《殷本纪》，中华书局 1982 年版，第 91 页。

③ 程俊英、蒋见元：《诗经注析 · 商颂 · 玄鸟》，中华书局 1991 年版，第 1030 页。

④ 姜涛：《管子新注 · 轻重戊》，齐鲁书社 2009 年版，第 573 页。

族部落首领王亥亲自率领族人用牛车、马车代步承载剩余物资，赶着牛羊与更远的其他部落交易。这说明当时的商族部落在第二次、第三次社会大分工中，较其他部落发展更快，成为当时最先进的专门从事商业贸易活动的部落。在中国古代文献中，这是关于商业和贸易行为的最早记载，因而后世将王亥称为“中国牲畜神”“中国商业的鼻祖”“华商始祖”。

后来王亥来到易水流域进行商业交换活动。生活在这里的有易氏首领緜臣为了取得财富，伏击杀死了王亥，抢去商族的牛羊，并将商族驱逐出境。《山海经》记载：

> 有人曰王亥，两手操鸟，方食其头。王亥托于有易、河伯仆牛。有易杀王亥，取仆牛。①

王亥的儿子上甲微，在伏击中逃脱，向河伯借兵后，一举杀死緜臣，灭掉了有易氏部落。

由于商族善于驯养马牛，所以商人军队后来发明了特殊的“战车”兵种，这是当时最先进的军事技术，所以商族后来建立了中国历史上的商朝。

恩格斯在论述野蛮时代与文明时代时说：“邻人的财富刺激了各民族的贪欲，在这些民族那里，获取财富已经成为最重要的生活目的之一。”②“有易杀王亥”正是在原始野蛮时代，在物品交换中，因为财富的刺激，有的部族不愿从事“和平交易”，而是采取了“暴力强取”的手段。

在生产力水平低下的中国古代农业社会，粮食是最重要的财产。华北平原是主要的农业产区，能够生产以粮食为主的多种物品。游牧民族能够饲养马牛羊等动物，但能够生产的物品有限，因此具有较为强烈的物品交换欲望。在物品交换的过程中，有时是和平交易，有时则是暴力劫掠，这两种行为的

---

① （晋）郭璞传，（清）郝懿行笺疏：《山海经笺疏》卷一四《大荒东经》，齐鲁书社 2010 年版，第 4977 页。

② ［德］恩格斯：《家庭、私有制和国家的起源》，《马克思恩格斯选集》第四卷，人民出版社 1995 年版，第 160 页。

转换构成了中国民族史的重要方面。如汉朝与匈奴，曹操与乌桓，北魏与柔然，唐朝与突厥，宋朝与契丹、女真，明朝与蒙古都是这样的时而和平、时而战争的物品交换方式。燕赵地域是中国农业文明与游牧文明进行物品交换的主要地域，也成为和平交流与战争掠夺的主要发生场所。

第四节　商纣王“大聚乐戏”，中国上古神权法从光芒向黯淡的转变

中国传统法律最初形态是神权法，即认为统治者的合法性来自神的传授，其命令或指示代表着神的旨意。

夏朝统治者宣扬“王权神授”的天命观念，《尚书·召诰》：“有夏服天命。”① 夏朝统治者的法律代表着“上天之罚”：“天用剿绝其命，今予惟恭行天之罚。”②

商汤为了讨伐夏桀，在宣传思想上就必须证明“天命”归属的变动。由于天神具有唯一性，也是不可替代的，商人因而提出其祖先亦是天神的思想。一方面，宣传商人先祖与上天有密切的血缘关系，“天命玄鸟，降而生商”③就是这种关系最好的体现；另一方面，则宣传商人祖先是上天之友，往来活动，交往频繁，上天常“宾于帝”④ 即是这种特殊密切关系的证明。商族在祭祀祖先时，同时也祭祀了上天，“殷人尊神，率民以事神”⑤，因而商朝的天帝是天神和祖先神的结合。商王因此也成为自然神在人间的代表。

正是因为商人祖先崇拜与上天崇拜结合起来，因而形成“天罚神判”思

① （清）孙星衍：《尚书今古文注疏》卷一八《周书九》，中华书局 2004 年版，第 398 页。
② （清）孙星衍：《尚书今古文注疏》卷四《虞夏书四》，中华书局 2004 年版，第 212 页。
③ 程俊英、蒋见元：《诗经注析·三颂·商颂·玄鸟》，中华书局 1991 年版，第 1030 页。
④ 顾颉刚、刘起釪：《尚书校释译论·周书》，中华书局 2005 年版，第 1406 页。
⑤ （清）孙希旦撰，沈啸寰、王星贤点校：《礼记集解》卷五一《表记》，中华书局 1989 年版，第 1310 页。

想，认为统治者制定的刑罚、法律既代表天意，又代表列祖列宗的意志。故而商汤成功团结了当时多数部族，在讨伐夏桀时则说：“有夏多罪，天命殛之。……尔尚辅予一人，致天之罚。”①

商朝的法律思想中，将上帝与祖先神并列而合一，使神权法思想达到顶峰。

商朝之前很少有政权更替的历史，因为商人当然认为天命仅在自己手中，并会长久维系，不会发生变化。这种傲慢的统治思想造成了商代后期的权力失控，商的统治阶级越来越腐化。武丁以后，“自时厥后，立王生则逸。生则逸，不知稼穑之艰难，不闻小人之劳，惟耽乐之从。”②

商末帝纣统治时，“厚赋敛以实鹿台之钱，而盈巨桥之粟，益收狗马奇物，充仞宫室。益广沙丘苑台，多取野兽飞鸟置其中。”③ 完全沉醉于奢侈、享乐生活之中，自盘庚徙都，至此273年未尝迁动。纣广大其邑，南距朝歌，北距邯郸及沙丘，皆离宫别馆：

> 帝纣……好酒淫乐……于是使师涓作新淫声，北里之舞，靡靡之乐……大聚乐戏于沙丘。以酒为池，悬肉为林，使男女裸相逐其间，为长夜之饮。④

商纣王建立离宫别馆的三个地方，朝歌在今河南淇县东北，邯郸即今河北邯郸市，沙丘在今邢台市广宗县境内。

在纣王已经失去民心之际，纣臣祖伊觉察周族的异常举动，劝谏纣王：“维王淫虐用自绝，故天弃我，不有安食，不虞知天性，不迪率典。”⑤ 祖伊认为这样的政治局面延续下去，会出现“天弃我”的危险。但纣王却坚信天命

---

① （清）孙星衍：《尚书今古文注疏》卷五《商书一》，中华书局2004年版，第217、219页。
② （清）孙星衍：《尚书今古文注疏》卷二一《周书十二》，中华书局2004年版，第440页。
③ （汉）司马迁：《史记》卷三《殷本纪》，中华书局1982年版，第105页。
④ （汉）司马迁：《史记》卷三《殷本纪》，中华书局1982年版，第105页。
⑤ （汉）司马迁：《史记》卷三《殷本纪》，中华书局1982年版，第107页。

会永远支持自己："我生不有命在天！"①

周族为推翻商族的统治，就要对商族天神和祖先神相结合的天帝观念进行批判。周公提出了"天命靡常"，认为天命归属具有可变性。"天"是天下之民所共有的保护者，与任何人都没有血缘关系。"天"是以"德"作为标准来选择代理人来统治人间，代理人"失德"就会失去上天的庇护，新的有德者即可以取而代之。因此，作为君临天下的统治者应该"以德配天"②。

在这种观念指引下，西周时期开始树立不崇鬼神、注重人事的政治风尚。《尚书·皋陶谟》记载：

> 天视自我民视，天听自我民听。……民之所欲，天必从之。③
>
> 天聪明，自我民聪明；天明畏，自我民明畏。④
>
> 天命有德，五服五章哉！天讨有罪，五刑五用哉！⑤

西周时期提出了"敬天保民""明德慎罚"等进步理念，这一思想在汉代中期后被儒家发挥成"德主刑辅，礼刑并用"的基本策略，从而为以"礼法结合"为特征的中国传统法制奠定了理论基础。

综合考察中国上古政治观念史，中国神权法思想形成于夏朝，盛行于商朝，动摇于西周时期。商纣王的失德行为，正是中国神权法由盛行到衰弱的重要历史节点，而沙丘之地也见证了中国上古神权法之光芒由明亮转向黯淡的历史时刻。

---

① （清）孙星衍：《尚书今古文注疏》卷八《商书四》，中华书局2004年版，第252页。

② （清）孙希旦撰，沈啸寰、王星贤点校：《礼记集解》卷四八《经解》，中华书局1989年版，第1256页。

③ （清）孙星衍：《尚书今古文注疏》卷三〇《书序》，中华书局2004年版，第590、592页。

④ （清）孙星衍：《尚书今古文注疏》卷二《虞夏书二》，中华书局2004年版，第87页。

⑤ （清）孙星衍：《尚书今古文注疏》卷二《虞夏书二》，中华书局2004年版，第86页。

第二章　从战国至秦汉：燕赵地域法律文化从“边塞社会”向“农耕社会”的迈进

在战国时期，燕国较为弱小，其封建法制处于初创时期；赵国经过变法，实力强大，法制也较为完备。但总体而言，燕赵地区法律文化充满“边塞社会”特征，并在《史记》中这种特征被放大。秦统一六国后，燕赵地区逐渐融合为统一地域，其法律文化转向“农耕社会”型偏重安稳的地域特色。

第一节　“地贫民弱”条件下，燕国实行“厚币求贤”变革

在春秋战国时的列国之中，燕国是偏处北方一隅的弱国，“地贫民弱”是燕国的基本国情。

燕国都城处于“勃、碣之间”①。《史记·货殖列传》记载：“龙门、碣石北多马、牛、羊、旃裘、筋角。”② 龙门位于今山西利津县和陕西韩城市之间，碣石位于今秦皇岛昌黎县北。史念海先生据此画出了一条由碣石向西南，沿

① （汉）司马迁：《史记》卷一二九《货殖列传》，中华书局 1982 年版，第 3265 页。
② （汉）司马迁：《史记》卷一二九《货殖列传》，中华书局 1982 年版，第 3254 页。

今燕山南麓，至于恒山之下，再西至汾水上源，循吕梁山而至龙门的曲线，并指出此线以西以北地区为当时的畜牧区或农牧兼作区，以南以东为农耕区。[①] 燕国地区多属农牧兼作区，除畜牧业外，物产不丰，仅有“鱼、盐、枣、栗之饶”[②]。

燕国边境接壤者，多为强敌。国境东北方向有乌桓、夫余、林胡、楼烦等游牧部落，东面则与齐接壤，西南方向则有赵和中山。因而司马迁评价说：“燕外迫蛮貉，内措齐、晋，崎岖强国之间，最为弱小。”[③]

燕桓侯时，因受燕山山戎部落的侵扰，将国都从蓟（今北京南部）南迁到临易（今河北雄县）。战国初期时各国纷纷进行改革，但燕国国力弱小，在变法浪潮中难以吸引人才前来投奔，因而唯独燕国长时间在变法改革方面没有动作。

燕国周围强敌环伺，在战国的兼并战争中，“非战无以图存”。公元前311年，燕昭王即位后实施了“厚币求贤”法。燕昭王采纳郭隗的建议，建黄金台[④]，“千金市骨”，“卑身厚币，以招贤者”[⑤]，招揽到乐毅、邹衍、剧辛、苏秦等一批人才，励精图治，国力渐渐振兴，成为战国七雄之一。“厚币求贤”法是燕国最成功的制度改革。

燕变法强大后，约齐、赵共攻中山，在周赧王十九年（前296年）灭掉中山。

燕国曾经制定简要法律，但法典后世失传。《韩非子》载：“当燕之方明奉法，审官断之时，东县齐国，南尽中山之地；及奉法已亡，官断不用，左右交争，论从其下，则兵弱而地削，国制于邻敌矣。”[⑥]

---

① 史念海：《河山集》，生活·读书·新知三联书店1963年版；夏自正、孙继民：《河北通史·先秦卷》，河北人民出版社2000年版，第204页。

② （汉）司马迁：《史记》卷一二九《货殖列传》，中华书局1982年版，第3265页。

③ （汉）司马迁：《史记》卷三四《燕召公世家》，中华书局1982年版，第1562页。

④ 黄金台遗址现位于河北省定兴县高里乡北章村。

⑤ （汉）刘向：《战国策》卷二九《燕策》，中华书局1990年版，第1110页。

⑥ （战国）韩非：《韩子浅解》第一九篇《饰邪》，中华书局2009年版，第135页。

燕国经济落后，民众生活较为贫困，故而形成“民雕捍少虑”[①] 的地域文化。同时由于燕与中山等地与北方游牧民族相接壤，音乐文化充满胡族文化成分，因而被评价为“悲歌”，这种乐风也可以说是燕国苦寒文化的产物。

第二节　从“胡服骑射”到“嫡长子”失位，赵国法制的顺流与逆时

春秋末年，晋国被韩、赵、魏三家列卿瓜分。“三家分晋”是赵国成立的起点，所以赵国政治中心原来在晋阳（今山西太原市）附近，后东迁至邯郸。

因为赵国文化源出晋国，带有明显的法家治理模式的痕迹。周襄王二十年（前633年）晋国在城濮之战前，在被庐举行大蒐，制定“被庐之法”。周襄王三十二年（前621年）又在夷地大蒐，制定“夷之法”。周敬王七年（前513年）晋国赵鞅把前任执政范宣子所编刑书正式铸于鼎上，这是中国历史上第二次公布成文法。其内容主要是“本秩理”，严立军队之中阶级限制，也包含保证债权人的利益的“由质要”内容等。

公元前513年，赵国公仲连改革法制，制定了《国律》。

赵国慎到（约前390—前315年）认为在战国变法浪潮中，赵国日渐衰落，因此到临淄设坛求学，与各学派公开辩论，寻求治国之道。慎到兼收并蓄地吸收了道、法两家的特点，“以道释法，以法解道”，提出了“尚法”和“重势”的思想体系。慎到认为立法的要义在于“一人心”“人情莫不自为”，为人君的要善于“因人之情”。从公私利害关系上，慎到主张法制、礼仪、道德都应该是公正无私的，只有“法之功莫大使私不行”，社会才能公平和谐。他提出：“立天子以为天下，非立天下以为天子也；立国君以为国，非立国以为君也；立官长以为官，非立官以为官长也。”[②] 用法之“不得已”，“法之所

① （汉）司马迁：《史记》卷一二九《货殖列传》，中华书局1982年版，第3265页。
② （战国）慎到著，许富宏校注：《慎子集校集注·威德》，中华书局2013年版，第16页。

加，各以其分”，使事无大小，一断于法。如人君不能“以道变法”，也就不能要求臣民“以死守法”，而非忠君。所以君主应该“抱法、处势”，“以力役法”。[①] 慎到从公私观上将天下、国家与天子、国君分开来，强调君臣是为天下百姓而设，非为君臣私欲而置。所以说慎到是中国系统提出“公”“私”观的第一人。慎到是战国时期百家争鸣中的重要一家，对战国后期荀况、韩非的思想颇具影响。

赵国成立时，拥有与北方游牧民族交通的要道，“东有河（黄河）、薄洛之水……自常山以至代、上党。”[②] 因为有地理上的便利条件，赵武灵王（前325—前299年）在强敌环伺的不利形势中，学习胡族骑马射箭的特长，在七国中率先进行了军事改革。

在商周时期，战车是最先进的军事装备，其对步兵战阵有极强的冲击破坏能力，因此战车数量是衡量当时国家军事实力的重要标准。战车非常昂贵，要消耗大量的国家财富。胡人的骑兵，不仅战斗灵活，对步兵也有相当强的冲击力，而且与战车相比更为经济。赵武灵王审时度势，实行“胡服骑射”改革。

赵国人的服装风格，原是长袖肥腰，宽领阔摆，非常不适应战场上的奔跑与格斗需要。赵武灵王开展服装变革，变宽服博带为窄袖短袄，着长裤，穿皮靴，束皮带，用带钩，既方便上马下马，也方便外套甲胄。同时，赵武灵王学习胡人的骑马射箭技艺，练习骑马往来驰骋，废弃中原汉人作战使用的兵车与长矛，大力推行步骑协同战术。赵武灵王将原阳改名为“骑邑”，成为骑兵专用训练基地，培养了大批骑射士兵。“赵国又率先革新军政，在七国中第一次建立起一种崭新的作战兵种——骑兵。改革的真正意义在于，它开

① （战国）慎到著，许富宏校注：《慎子集校集注 · 慎子逸文》，中华书局 2013 年版，第 78 页。
② （汉）司马迁：《史记》卷四三《赵世家》，中华书局 1982 年版，第 1809 页。

创了战国中原地区由车战到骑战的伟大时代。”①

胡服骑射想象图

周丽娅：《服装设计学概论》（湖北美术出版社 2007 年版，第 84 页）

“胡服骑射”使赵国军事实力得到快速提升，继而攻灭了中山，打败了林胡、楼烦，成为战国七雄中的重要国家，赵国领土也得到了扩大：“赵地方二千里，带甲数十万。……秦之所畏害于天下者，莫如赵。”② “赵分晋，得赵国。北有信都、真定、常山、中山，又得涿郡之高阳、鄚、州乡；东有广平、巨鹿、清河、河间，又得渤海郡之东平舒、中邑、文安、束州、成平、章武，河以北也；南至浮水、繁阳、内黄、斥丘；西有太原、定襄、云中、五原、上党。”③

赵国国土北至今山西、内蒙古地区，以今河北省地区为统治中心，一部

① 郝良真、史延廷：《试论先秦赵国的兵种结构演变——兼谈胡服骑射军事文化的影响》，载孙继民、郝良真等《先秦两汉赵文化研究》，方志出版社 2003 年版。

② 何建章注释：《战国策注释》卷一九《赵策二 · 苏秦从燕之赵章》，中华书局 1990 年版，第 656 页。

③ （汉）班固：《汉书》卷二八《地理志》，中华书局 1962 年版，第 1655 页。

分延伸至今山东、河南地界，“赵国的疆域既有以邯郸为中心的内地，以华夏族聚居的地区；又包含了代地、云中等少数民族活动的边地。所以说，赵文化是平原文化与高原文化、内地文化和边地文化、华夏文化和胡族文化的二重构成。”①

赵国国土南北距离较长，形成南北两部，并分属不同文化圈。东周时代中原文化圈“以周为中心，北到晋国南部，南到郑国、卫国，也就是战国时期周和三晋（不包括赵国北部）一带”。北方文化圈“包括赵国北部、中山国、燕国以及更北的方国部族”②。“赵地在北方文化区与齐鲁文化区、中原文化区之间，形成一个文化过渡区。一急一缓，一武一文，一勇悍一谦谨，双方在这里冲突，在这里融汇。”③

赵国因南部和北部分属中原和北方两个文化圈，其在政治制度上也存在“一个王国，两种制度”的情况，“代地实行近于王国的封国制，内地实行的郡县制为主封邑制为辅的地方政区制度。”④

赵国两种政治制度并存的情况，致使赵武灵王选择政治传承人时发生了混乱。

赵武灵王夫人为赵惠后，生子赵章。后又纳吴娃为妻，生子赵何。赵武灵王宠爱吴娃，选择赵何传承王位，封号赵惠文王，后让位给赵何，自号主父。赵武灵王令惠文王临朝听政，“而自从旁观窥群臣宗室之礼。”⑤ 赵武灵王又怜悯长子赵章，“欲分赵而王章于代”⑥，号安阳君，企图将赵国一分为二，以赵何为赵王，以赵章为代王。

---

① 孙继民、郝良真：《论战国赵文化构成的二重性》，《河北学刊》1988 年第 2 期；张午时、冯志刚：《赵国史》，河北人民出版社 1996 年版，第 139 页。

② 李学勤：《东周与秦代文明》，文物出版社 1984 年版，第 11 页。

③ 王子今：《秦汉区域文化研究》，四川人民出版社 1998 年版，第 69 页。

④ 孙继民、郝良真：《试论战国赵文化构成的二重性》，载邯郸市历史学会、河北省历史学会编《赵国历史文化论丛》，河北人民出版社 1989 年版，第 41 页。

⑤ （汉）司马迁：《史记》卷四三《赵世家》，中华书局 1982 年版，第 1815 页。

⑥ （汉）司马迁：《史记》卷四三《赵世家》，中华书局 1982 年版，第 1815 页。

作为赵武灵王长子的赵章对这种政治安排十分不满。商周时期，为了保证政治权力与物质财产的顺利交替，已经确立了嫡长子继承制，其继承原则是：“立嫡以长不以贤，立子以贵（母贵）不以长。”① 即使实行分封制，也应该是长子赵章为赵王，赵何作为庶出之子，只应该继承次级封地。

公元前295年的一天，赵武灵王、赵何与赵章父子三人共同参加朝会，散朝之后同游沙丘，在沙丘宫殿分开安宿。赵章借此时机阴谋发动政变，派使者到赵何居处诈称武灵王召见，企图杀赵何后再宣告继承王位。赵何虽然年幼，但身边赵相肥义认为可疑，于是代替赵何前往探听虚实，结果被赵章所杀。双方展开斗争，因赵何已经继承正统之嗣，得到赵国统兵大臣公子成、李兑的支持，率“四邑之兵”前来助战，赵章党徒惨败。

赵章在兵败后急忙逃到赵武灵王居住的宫殿之中：

> 公子章之败，往走主父，主父开之，成、兑因围主父宫。公子章死，公子成、李兑谋曰：“以章故围主父，即解兵，吾属夷矣。”乃遂围主父。令宫中人“后出者夷”，宫中人悉出。主父欲出不得，又不得食，探爵鷇而食之，三月余而饿死沙丘宫。②

赵国法律规定，以兵围王宫者灭族。赵章逃入赵武灵王居住宫殿后，公子成和李兑因为逼宫已经触犯夷族之罪，为了避免被赵武灵王及赵章报复，于是继续包围不解，命令宫中之人全部撤出，后出来者则是死罪。宫中侍者全部撤出，赵武灵王也想出宫，却被士兵阻拦而不能出门。赵武灵王在沙丘宫殿内被围长达3个多月，无人供奉饮食，甚至在饥饿难耐时，还曾掏雀窝捉幼雀生食充饥，最终被活活饿死于沙丘宫中。赵武灵王去世后，赵国也开始由盛转衰。

---

① （清）阮元校刻：《十三经注疏·春秋公羊传注疏》卷二四《隐公元年》，中华书局2009年版，第1735页。

② （汉）司马迁：《史记》卷四三《赵世家》，中华书局1982年版，第1815页。

第三节　秦统一后的“沙丘宫”之讳，汉代学者对燕赵地域文化的鄙薄

在战国时期，列国间盛行“质子法”，即各国为了保证盟约的有效性，将世子或王子等出身贵族的人派往他国或敌国作为抵押人质。

嬴政的父亲秦庄襄王曾是秦国派往赵国的质子，故而嬴政出生于邯郸：“秦始皇帝者，秦庄襄王子也。庄襄王为秦质子于赵，见吕不韦姬，悦而取之，生始皇。以秦昭王四十八年正月生于邯郸。及生，名为政，姓赵氏。年十三岁，庄襄王死，政代立为秦王。”①

在秦灭六国战争中，“徇名之士，豪举之徒，发愤以刷国耻，结盟以复私怨，感慨归死，终然不夺。”② 燕国在最后难以立国时，燕太子丹派遣荆轲刺杀秦王嬴政，于易水送别，荆轲合乐高歌：“风萧萧兮易水寒，壮士一去兮不复还!”③ 荆轲等燕赵人物成为私人结交而四处流动的游侠文化代表。

秦嬴政统一六国后，以法家为统治思想，制定了全国统一使用的《秦律》。公元前210年七月丙寅，秦始皇在巡游期间死于沙丘。左丞相李斯“恐诸公子及天下有变”④，乃秘不发丧，将始皇尸体放在辒凉车中，照常送上饮食，百官依旧奏事。

因秦始皇幼子胡亥随行巡游，而始皇长子扶苏正在西北边境。中车府令赵高曾是胡亥老师，勾结李斯矫诏让胡亥称帝，结果引起了秦末天下大乱。

沙丘本不是著名城市，但却先后有三位帝王在此迎来政治生涯的覆灭。“酒池肉林奢淫逸，曼舞飞歌轻社稷”的商纣王在沙丘成为荒淫无道的昏君；

① （汉）司马迁：《史记》卷六《秦始皇本纪》，中华书局1982年版，第223页。
② （宋）王钦若：《册府元龟》卷八四八《总录部·任侠》，中华书局1989年版，第3230页。
③ （汉）司马迁：《史记》卷八六《刺客列传》，中华书局1982年版，第2534页。
④ （汉）司马迁：《史记》卷六《秦始皇本纪》，中华书局1982年版，第264页。

“骑射胡服捍北疆”的赵武灵王在沙丘饥饿而亡；横扫六国、一统天下的秦始皇在沙丘病逝。沙丘由此成为“困龙之地”的不祥之所，后世诗人感慨：“闲来凭吊数春秋，阅尽沧桑土一抔。本籍兵争百战得，却同瓦解片时休。祖龙霸业车中恨，主父雄心宫里愁。唯有朦胧沙上月，至今犹自照荒丘!”①

自商周至秦朝，中国的政治中心在关中地区，燕国地处偏远，赵国则有沙丘之不祥之地，汉代学者总结各地风俗时，认为中山、赵两国为同一地域，颇为鄙薄：

> 中山地薄人众，犹有沙丘纣淫地余民，民俗懁急，仰机利而食。丈夫相聚游戏，悲歌慷慨，起则相随椎剽，休则掘冢，作巧奸冶。②
>
> 赵、中山地薄人众，犹有沙丘纣淫乱余民。丈夫相聚游戏，悲歌忼慨，起则椎剽掘冢，作奸巧，多弄物，为倡优。女子弹弦跕躧，游媚富贵，遍诸侯之后宫。邯郸北通燕、涿，南有郑、卫，漳、河之间一都会也。其土广俗杂，大率精急，高气势，轻为奸。③

《史记》《汉书》评价中山、赵国“地薄”，大概是受到夏朝的影响。《尚书·禹贡》载冀州“厥土惟白壤”，“厥田惟中中”。孔安国认为“九州之中为第五”④。白壤是近海含有盐分的土壤，故而呈现白色，质地疏松，与雍州的黄壤、豫州的深灰黏土相比，是农业发展的贫瘠之地。

《史记》《汉书》评价燕国、中山、赵国两性风俗时，也充满了鄙夷想象。记载燕国民风是“宾客相过，以妇侍宿，嫁娶之夕，男女无别”⑤。评价中山、赵国女性游媚富贵，多为倡优，并认为这是“沙丘余风”。

《史记》《汉书》评价燕国、中山、赵国的地域法律文化，也多否定意见。

---

① （清）吴存礼：《沙丘宫怀古》，载岩溪编著《古邢台诗选》，2001 年，第 305 页。
② （汉）司马迁：《史记》卷一二九《货殖列传》，中华书局 1982 年版，第 3263 页。
③ （汉）班固：《汉书》卷二八《地理志》，中华书局 1962 年版，第 1655—1656 页。
④ （清）孙星衍：《尚书今古文注疏》卷三《禹贡第三》，中华书局 2004 年版，第 140 页。
⑤ （汉）班固：《汉书》卷二八《地理志》，中华书局 1962 年版，第 1657 页。

一是对游侠文化的批判，认为“儒以文乱法，而侠以武犯禁”①，“人民矜懻忮，好气，任侠为奸。”② 司马迁认为游侠专门从事违反政府法令的工商生利之事，“其在闾巷少年，攻剽椎埋，劫人作奸，掘冢铸币，任侠并兼，借交报仇，篡逐幽隐，不避法禁，走死地如骛者，其实皆为财用耳。”③ 东汉末期荀悦说：“立气齐，作威福，结私交，以立强于世者，谓之游侠。”④ 因而汉代史学家将游侠称为后世具有贬义的“鸡鸣狗盗”之徒：“列国公子，魏有信陵，赵有平原，齐有孟尝，楚有春申，皆藉王公之势，竞为游侠，鸡鸣狗盗，无不宾礼。”⑤《史记》《汉书》还认为燕国、中山、赵国民众多违法犯罪，如“椎剽掘冢”“作巧奸冶”“仰机利而食”“放荡冶游”，“赵、中山带大河，纂四通神衢，当天下之蹊，商贾错于路，诸侯交于道；然民淫好末，侈靡而不务本，田畴不修，男女矜饰，家无斗筲，鸣琴在室。”⑥ 这些负面评价极大影响了后世对燕赵地域法律文化的认识。

因为燕赵地区既有商纣乱政传说、沙丘困龙典故，又有荆轲刺秦史事，因而在《史记》《汉书》中对燕赵地域民风多所鄙夷，“悲歌慷慨”实为经济落后、不事生产、胡汉混俗的写照。

在后世历史发展中，史家重新总结了燕赵地域法律文化的特征，“悲歌慷慨”才成为对燕赵地域文化的正面肯定评价。

第四节 “儒法合流”的时代潮流，皇权集中之“燕赵方案”的提出

春秋至战国前期的诸子百家学说，在其学说初步系统形成时都有一定的

① （汉）司马迁：《史记》卷一二四《游侠列传》，中华书局 1982 年版，第 3181 页。
② （汉）司马迁：《史记》卷一二九《货殖列传》，中华书局 1982 年版，第 3263 页。
③ （汉）司马迁：《史记》卷一二九《货殖列传》，中华书局 1982 年版，第 3271 页。
④ （汉）荀悦撰，张烈点校：《汉纪》，中华书局 2002 年版，第 158 页。
⑤ （汉）班固：《汉书》卷九二《游侠列传》，中华书局 1962 年版，第 3697 页。
⑥ （汉）桓宽撰集，王利器校注：《盐铁论校注》卷一《通有》，中华书局 1992 年版，第 42 页。

地域性。在邹鲁大地，儒、墨两派学说得以发祥，三晋地区则孕育了法家学说，南方地区是道家思想的温床，齐、燕两地则是阴阳家的摇篮。

赵国处于列国中南北东西交通之要冲，邯郸成为战国时代学术思想的重要辩论中心，儒、法、名、兵、纵横各家学说都在这里宣扬各自的政治主张。在这些学说中，法家和儒家学说有较大影响，因为赵国是三家分晋后才发展起来的，对法家思想有较为广泛的认同。同时，赵国在地理上又邻近鲁国，因而也受到儒家思想的影响。

出身赵地的思想家，常具有融合诸家学说的群体特征，其中又以融合法家和儒家学说的特点最为突出。

一、荀况的学说

战国末期，赵国思想家荀况（约前298—前238年）吸收了法家和儒家思想，提出“隆礼尊贤而王，重法爱民而霸”的礼法一体的思想学说。

商鞅变法后，秦国逐渐强大，荀况曾到秦国游览，称赞秦国各方面几乎达到“治之至”的程度，但认为难以“王天下”，其原因就是“无儒”：

> 应侯问孙卿子曰：“入秦何见？”孙卿子曰：“其固塞险，形执便，山林川谷美，天材之利多，是形胜也。入境，观其风俗，其百姓朴，其声乐不流污，其服不挑，甚畏有司而顺，古之民也。及都邑官府，其百吏肃然，莫不恭俭、敦敬、忠信而不楛，古之吏也。入其国，观其士大夫，出于其门，入于公门，出于公门，归于其家，无有私事也，不比周，不朋党，倜然莫不明通而公也，古之士大夫也。观其朝廷，其朝闲听决百事不留，恬然如无治者，古之朝也。故四世有胜，非幸也，数也。是所见也。故曰：佚而治，约而详，不烦而功，治之至也。秦类之矣。虽然，则有其諰矣。兼是数具者而尽有之，然而县之以王者之功名，则倜倜然其不及远矣。是何也？则其殆无儒邪！故曰：粹而王，駮而霸，无一焉而亡。此亦秦之所

短也。”[①]

荀况继承法家对人性观的学说，提倡“性恶”论。荀况认为人生来就有好利、嫉妒、喜声色的本性，“人之性恶，其善者伪也。今人之性，生而有好利焉，顺是，故争夺生而辞让亡焉；生而有疾恶焉，顺是，故残贼生而忠信亡焉；生而有耳目之欲，有好声色焉，顺是，故淫乱生而礼义文理亡焉。”[②]

荀况像

清殿藏本，载中国历史博物馆保管部编《中国历代名人画像谱》第二册（海峡文艺出版社 2003 年版，第 10 页）

荀况十分重视“重法”的作用。他说：“法者，治之端也。”[③]又说：“道之与法也者，国家之本作也。”[④]“上以法取焉。”[⑤]荀况主张施行重刑主义，认为人如果犯了罪，而减轻处罚，杀人的不抵命，伤人的不受刑，罪行极严重而刑罚极轻，人们便不知什么是罪恶，“直轻其刑，然则是杀人者不死，伤人者不刑也；罪至重而刑至轻，庸人不知恶矣，乱莫大焉。”[⑥]因此荀子主张应严厉执法，法制严峻是维护社会安定的需要，“刑称罪则治，不称罪则乱。”[⑦]“杀人者死，伤人者刑”[⑧]是必须执行的原则。

---

① （战国）荀况：《荀子简释》第十六篇《强国》，中华书局 1983 年版，第 217 页。
② （战国）荀况：《荀子简释》第二十三篇《性恶》，中华书局 1983 年版，第 327 页。
③ （战国）荀况：《荀子简释》第十二篇《君道》，中华书局 1983 年版，第 158 页。
④ （战国）荀况：《荀子简释》第十四篇《致士》，中华书局 1983 年版，第 185 页。
⑤ （战国）荀况：《荀子简释》第十篇《富国》，中华书局 1983 年版，第 120 页。
⑥ （战国）荀况：《荀子简释》第十八篇《正论》，中华书局 1983 年版，第 238 页。
⑦ （战国）荀况：《荀子简释》第十八篇《正论》，中华书局 1983 年版，第 239 页。
⑧ （战国）荀况：《荀子简释》第十八篇《正论》，中华书局 1983 年版，第 239 页。

荀况反对孟轲天赋道德观念的“性善”论，坚持“性恶”论，但认为“性恶”可以通过“礼仪”“法度”等道德规范、教化约束而改变，因而提出“隆礼”主张。荀况认为：“人无礼则不生，事无礼则不成，国家无礼则不宁。”[①] 荀子强调“隆礼”，建立一个“贵贱有等，长幼有差，贫富轻重皆有称”[②] 的礼制规范，社会的各个阶层都要“法礼而行”，因为“礼”是“人道之极”，是治理国家的根本。“天下从之者治，不从者乱；从之者安，不从者危；从之者存，不从者亡。”[③]

因此荀况主张法的具体内容应包括“庆赏”和“严刑”两个方面。“王者之论，无德不贵，无能不官，无功不赏，无罪不罚。”[④] 在执法过程中，要贯彻“刑法有等”[⑤]，即贯彻赏有厚薄、刑有轻重的规定。主张凡有功者就应该奖励，叫作“爵赏不踰德”[⑥]。荀况主张包括对特权阶层在内一律实行法治，凡是犯了罪的不能因为愤怒就加罪，叫作“刑罚不怒罪”，如果这样做了，谓之“刑赏已诺”[⑦]，乃“信乎天下”[⑧]，就能够“国家既治四海平”[⑨]。

荀子提出“重贤”的主张，认为贤能者应该德才兼备，“既知且仁”，“故知而不仁，不可；仁而不知，不可；既知而仁，是人主之宝也，而王霸之佐也。”[⑩]“上则能尊君，下则能爱民；政令教化，刑下如影；应卒遇变，齐给如响；推类接誉，以待无方，曲成制象，是圣臣者也。”[⑪] 荀子强调“敬贤”

---

① （战国）荀况：《荀子简释》第二篇《修身》，中华书局 1983 年版，第 16 页。
② （战国）荀况：《荀子简释》第十篇《富国》，中华书局 1983 年版，第 120 页。
③ （战国）荀况：《荀子简释》第十九篇《礼论》，中华书局 1983 年版，第 260 页。
④ （战国）荀况：《荀子简释》第九篇《王制》，中华书局 1983 年版，第 106 页。
⑤ （战国）荀况：《荀子简释》第十九篇《礼论》，中华书局 1983 年版，第 275 页。
⑥ （战国）荀况：《荀子简释》第二十四篇《君子》，中华书局 1983 年版，第 339 页。
⑦ （战国）荀况：《荀子简释》第十一篇《王霸》，中华书局 1983 年版，第 139 页。
⑧ （战国）荀况：《荀子简释》第十一篇《王霸》，中华书局 1983 年版，第 139 页。
⑨ （战国）荀况：《荀子简释》第二十五篇《成相》，中华书局 1983 年版，第 346 页。
⑩ （战国）荀况：《荀子简释》第十二篇《君道》，中华书局 1983 年版，第 168 页。
⑪ （战国）荀况：《荀子简释》第十三篇《臣道》，中华书局 1983 年版，第 175 页。

的重要性：“人君者，隆礼尊贤而王”①，“明主急得其人，而暗主急得其势”②。君子是贤能中的高级人才，在国家政治生活中，君子甚至比土地、百姓、道和法更为重要：“君子者，天地之参也，万物之总也，民之父母也。无君子，则天地不理，礼义无统，上无君师，下无父子，夫是之谓至乱。”③

荀子认为下层人民经过圣人、君主的教化，可以成为符合封建道德规范的臣民，并具有影响政治安危的作用。荀况引用古代的传说，“君者，舟也；庶人者，水也。水则载舟，水则覆舟。”④ 荀况将统治者与下层人民的关系，比喻成水和船的关系：水虽能够承载船，但是一旦掀起巨浪，就能把船吞没。因此，统治者要保持地位的稳定，就应该重视下层人民的利益。

荀子构想出一条“隆礼敬贤”的选才之路，可以依据“德”与“能”的层次而重新选用官员：“论德而定次，量能而授官，皆使人载其事而各得其所宜。上贤使之为三公，次贤使之为诸侯，下贤使之为士大夫。”⑤ 依据官员“德”“能”水平的变动，而决定升降的顺序：“虽王公士大夫之子孙不能属于礼义，则归之庶人。虽庶人之子孙也，积文学，正身行，能属于礼义，则归之卿相士大夫。”⑥ 这种学说有助于打破等级森严的社会秩序和以出身门第为准绳的宗法制度，具有相当积极的社会作用。

如果士农工商及百官百吏都是贤能之人，各司其职，各尽其力，各安其分，各得其宜，“农以力尽田，贾以察尽财，百工以巧尽械器，士大夫以上至公侯莫不以仁厚智能尽官职。……或禄天下而不自以为多，或监门御旅、报关击柝，而不自以为寡。”⑦

这种理想的政治状态就是荀子所追求的“王者之政”，从理论上完成了儒

---

① （战国）荀况：《荀子简释》第十六篇《强国》，中华书局 1983 年版，第 208 页。
② （战国）荀况：《荀子简释》第十二篇《君道》，中华书局 1983 年版，第 158 页。
③ （战国）荀况：《荀子简释》第九篇《王制》，中华书局 1983 年版，第 109 页。
④ （战国）荀况：《荀子简释》第九篇《王制》，中华书局 1983 年版，第 102 页。
⑤ （战国）荀况：《荀子简释》第十二篇《君道》，中华书局 1983 年版，第 165 页。
⑥ （战国）荀况：《荀子简释》第九篇《王制》，中华书局 1983 年版，第 99 页。
⑦ （战国）荀况：《荀子简释》第四篇《荣辱》，中华书局 1983 年版，第 45 页。

法合流、礼法统一的构想。

二、董仲舒的学说

汉武帝时，汉朝的政治体制面临着“双重否定”的局面。一是行政体制方面，郡县制和分封制都出现了问题；二是统治学说方面，法家和道家都不适应当时的社会形势了。

秦国在灭燕、赵两国前，曾对这些地区施行何种政治制度有过争论。丞相王绾主张在刚刚征服的边远地区建立若干封国，以皇子为诸侯王，镇守封疆，藩屏中央：“诸侯初破，燕，齐，荆地远，不为置王，勿以填之，请立诸子，唯上幸许。”[①] 但这种观点被秦始皇否定了，秦统一六国后，在燕赵地区推行郡县制，设立右北平、广阳、渔阳、上谷、代、恒山、邯郸、辽西等郡。秦国因崇尚严刑峻法的法家学说，推行暴政，公元前209年陈胜、吴广在去渔阳（治所即北京市密云区十里堡镇统军庄村东）戍守的路上揭竿而起，秦朝最终经过秦末农民起义的打击“二世而亡”。

项羽灭秦、刘邦建汉后，都在燕赵地区实行分封制，但都没有解决“央地关系”矛盾。“两汉时的幽燕，地处偏远，加之民风劲悍和少数民族政权的诱胁，地方政权公然与中央相叛的事件多有发生。……在地方政权背叛中央的同时，以地方民众为主体的叛动事件也屡见不鲜。”[②] 项羽在各地封王，未被封王的陈余于赵地率先起兵，会同齐地田荣发起割据战争。后陈余为韩信背水为阵所击败。刘邦先后封臧荼、卢绾为燕王，后皆反叛，后于赵地分封其兄刘喜及其子如意为代王，代相陈豨反叛。汉文帝之时，赵王刘遂参与七国之乱，燕王刘旦作乱。[③]

---

① （汉）司马迁：《史记》卷六《秦始皇本纪》，中华书局1982年版，第238页。

② 陈业新：《两汉时期幽燕地区社会风习探微》，《中国史研究》2008年第4期，第62—63页

③ 贾文龙：《燕赵腹里：中国政治地理单元体系中雄安地区之定位变动》，《河北大学学报》2017年第3期，第113页。

汉初治国思想是消极的“无为而治”的黄老之学。到西汉中期，分封同姓王的政策却导致了“七国之乱”，边防上面临匈奴的威胁，汉武帝时需要寻找新的治国理论，提出地方与中央关系的新治理思路。

在这种历史背景下，儒学重新成为国家政治哲学的重要思想资源。西汉初，高祖不喜儒士，“孝文帝本好刑名之言，及至孝景，不任儒者，而窦太后又好黄老之术，故诸博士具官待问，未有进者。”① 武帝继位，始明儒学，“于燕则韩太傅”（常山王太傅韩婴）；言春秋者，“赵自董仲舒。”②

董仲舒像

明《三才图会》，清乾隆时期槐阴草堂刊本

董仲舒（前179—前104年）是广川（今河北景县广川镇，一说今河北枣强县）人，历经汉文帝、景帝、武帝三代。董仲舒刻苦研习儒学，“盖三年不

① （汉）司马迁：《史记》卷一二一《儒林列传》，中华书局1982年版，第3117页。

② （汉）司马迁：《史记》卷一二一《儒林列传》，中华书局1982年版，第3118页。

窥园，其精如此。进退容止，非礼不行，学士皆师尊之。”① 汉景帝时董仲舒被封为博士。“董仲舒担任的博士是广川国博士，并非西汉朝廷博士，所以景帝时董仲舒并没有西去长安。此时董仲舒仍居住在广川国。”② 汉武帝时曾举贤良对策，大兴文治，董仲舒曾经出相江都易王。

董仲舒既有赵地文化背景，也经历了“七国之乱”，又曾经在地方任职，对当时迫切的政治问题当然会有所思考。

春秋时期儒家学说关注社会关系与道德教化，在激烈的列国兼并战争中并不适用为国家统治哲学。为了使儒学具有治理国家的实际效能，董仲舒从理论上提出要消除诸侯割据称雄，杜绝大臣专权，只有加强中央集权，以实现国家“大一统”。董仲舒借用儒家春秋公羊学说阐发了自己“大一统”的政治理念。《公羊学》在开篇就提出了这一理论。《春秋》隐公元年载：“元年春，王正月。”③《公羊传》曰：“何言乎王正月，大一统也。”④“大一统”意为以一统为大，董仲舒又提出“天人感应”论进一步阐发说：“王者必受命而后王，王者必改正朔，易服色，制礼乐，一统于天下。”⑤ 突出了对高度统一的君主政治的向往。董仲舒在与武帝对策时也强调了这一点：

> 《春秋》大一统者，天地之常经，古今之通谊也。今师异道，人异论，百家殊方，指意不同，是以上亡以持一统；法制数变，下不知所守。⑥

董仲舒把阴阳五行与儒家的等级观附会在一起，用“天人合一”的理论

---

① （汉）班固：《汉书》卷五六《董仲舒传》，中华书局 1962 年版，第 2495 页。

② 王文书：《董仲舒生平履历再考证》，《河北大学学报》2023 年第 5 期。

③ （汉）董仲舒著，（清）苏舆撰，钟哲点校：《春秋繁露义证》卷五《郊祭》，中华书局 1992 年版，第 404 页。

④ 刘尚慈译注：《春秋公羊传译注》卷一《隐公元年》，中华书局 2010 年版，第 1 页。

⑤ （汉）董仲舒著，（清）苏舆撰，钟哲点校：《春秋繁露义证》卷七《三代改制质文》，中华书局 1992 年版，第 185 页。

⑥ （汉）班固：《汉书》卷五六《董仲舒传》，中华书局 1962 年版，第 2523 页。

论证了皇权出于天命，“王者承天意以从事”，“必有非人力所能致者”[1]，即皇权神授，不可他夺。董仲舒宣扬“大一统”，认为天下应该“一而不二”[2]，提出君为臣纲、父为子纲、夫为妻纲，“王道之三纲，可求于天”[3]，从而创建了“大一统”的封建道德观。

董仲舒还提出“《春秋》王者无外”的观点，与“《春秋》大一统”具有相同的含义。所谓“王者无外”，就是强调天子的至高无上，实际也就是“普天之下，莫非王土；率土之滨，莫非王臣”的另一种表述。由于“《春秋》大一统”理论提出了针对西汉社会问题切中时弊的解决方案，因而成为汉王朝加强皇权和中央集权的政治理论原则。董仲舒要求“王者以天下为家”，对内主张“有天子存，则诸侯不得专地也”[4]；对外认为“夷狄也，而亟病中国”[5]，主张“内诸夏而外夷狄”[6]。

董仲舒提出“三纲五常”，又加以阴阳五行说，以神学观确立“德主刑辅”思想：

> 天为君而覆露之，地为臣而持载之；阳为夫而生之，阴为妇而助之；春为父而生之，夏为子而养之，秋为死而棺之，冬为痛而丧之。王道之三纲，可求于天。
>
> 阴者阳之合，妻者夫之合，子者父之合，臣者君之合。……君臣父子夫妇之义，皆取诸阴阳之道。君为阳，臣为阴；父为阳，子

① （汉）班固：《汉书》卷五六《董仲舒传》，中华书局1962年版，第2502页。

② （汉）董仲舒著，（清）苏舆撰，钟哲点校：《春秋繁露义证》卷一二《天道无二》，中华书局1992年版，第345页。

③ （汉）董仲舒著，（清）苏舆撰，钟哲点校：《春秋繁露义证》卷一二《基义》，中华书局1992年版，第351页。

④ （清）阮元校刻：《十三经注疏·春秋公羊传注疏》卷四《桓公元年》，中华书局2009年版，第4803页。

⑤ （清）阮元校刻：《十三经注疏·春秋公羊传注疏》卷一〇《僖公四年》，中华书局2009年版，第4883页。

⑥ （清）阮元校刻：《十三经注疏·春秋公羊传注疏》卷一八《成公十五年》，中华书局2009年版，第4988页。

为阴；夫为阳，妻为阴。[1]

这种“父尊子卑，君尊臣卑，夫尊妇卑”的说法强调了中原农耕文明的重人伦教化、尚务实敦厚的世俗特点，从而使地方民风可以纳入“道之以德，齐之以礼”的理想政治格局。

为了解决儒家学说重礼轻法导致的治国失能问题，董仲舒通过比附的方式“引经注律”“引经入律”，从而使儒家经典具有了司法审判的现实功能。

董仲舒在《春秋繁露义证·精华》中论述了公羊春秋的司法原则：“春秋之听狱也，必本其事而原其志。志邪者，不待成；首恶者，罪特重；本直者，其论轻。是故逢丑父当斮，而辕涛涂不宜执，鲁季子追庆父，而吴季子释阖庐，此四者，罪同异论，其本殊也。俱欺三军，或死或不死；俱弑君，或诛或不诛；听讼折狱，可无审耶！故折狱而是也，理益明，教益行；折狱而非也，暗理迷众，与教相妨。教，政之本也；狱，政之末也。其事异域，其用一也，不可不以相顺，故君子重之也。”[2]

《后汉书·应劭传》说“董仲舒作《春秋决狱》二百三十二事”[3]，这指的是董仲舒家居以后，朝廷如有大议，派廷尉张汤就其家而问之，董仲舒以《春秋》经义附会法律规定，判案量刑，将232个判例汇缩成书。《汉书·艺文志》著录有《公羊董仲舒治狱》十六篇。如今此书仅存六例。兹根据清代苏舆《春秋繁露义证》，摘引如下：

案例一：“甲无子，拾道旁弃儿乙，养之以为子。及乙长，有罪杀人，以状语甲，甲藏匿乙。甲当何论？仲舒断曰：甲无子，振活养乙，虽非所生，谁与易之？……《春秋》之义，父为子隐，甲宜匿乙，诏不当坐。”

---

① （汉）董仲舒著，（清）苏舆撰，钟哲点校：《春秋繁露义证》卷一二《基义》，中华书局1992年版，第351、350页。

② （汉）董仲舒著，（清）苏舆撰，钟哲点校：《春秋繁露义证》卷三《精华》，中华书局1992年版，第92—94页。

③ （南朝宋）范晔：《后汉书》卷四八《应劭传》，中华书局1965年版，第1612页。

案例二："甲有子乙，以乞丙。乙后长大，而丙所成育，甲因酒色谓乙曰：汝是吾子。乙怒，杖甲二十。甲以乙本是其子，不胜其忿，自告县官。仲舒断之曰：甲能生乙，不能长育，以乞丙，于义已绝矣。虽杖甲，不应坐。"

案例三："甲父乙与丙争言相斗，丙以佩刀刺乙，甲即以杖击丙，误伤乙，甲当何论？或曰：殴父也，当枭首。论曰：臣愚以父子至亲也，闻其斗，莫不有怵惕之心。挟杖而救之，非所以欲殴父也。《春秋》之义，许止父病，进药于其父而卒。君子原心，赦而不诛。甲非律所谓殴父，不当坐。"

案例四："甲夫乙，将船。会海风盛，船没溺，流尸亡不得葬。四月，甲母丙即嫁甲。欲皆何论？或曰：甲夫死未葬，法无许嫁，以私为人妻，当弃市。议曰：臣愚以为，《春秋》之义，言夫人归于齐。言夫死无男，有更嫁之道也。妇人无专制擅恣之行，听从为顺，嫁之者归也。甲又尊者所嫁，无淫衍之心，非私为人妻也。明于决事，皆无罪名，不当坐。"

案例五："君猎得麑，使大夫持以归。道见其母随而鸣，感而纵之。君愠，议罪未定，君病，恐死，欲托孤幼，乃觉之。曰：大夫其仁乎？遇麑以仁，况人乎？乃释之，以为子傅。于议何如？仲舒曰：君子不麛不卵，大夫不谏，使持归，非也。义而中感母恩，虽废君命，纵之可也。"

案例六："甲为武库卒，盗强弩弦，一时与弩异处，当何罪？……仲舒断之……当坐弃市。"①

董仲舒开创的"引经注律""引经入律"之风，使经学与律学相互渗透，"春秋决狱"促进了汉代儒士群体的崛起，儒学因此具有了听讼折狱的治理

① （汉）董仲舒著，（清）苏舆撰，钟哲点校：《春秋繁露义证》卷三《精华》，中华书局1992年版，第93—94页。

职能。

此外，燕赵文化中任侠使气、慷慨悲歌的侠文化与大一统的汉文化相背离，“董仲舒以阴阳五行改造儒学，在排挤法家及其他诸子学说的同时，亦把军事教育剔除于包括射御之术在内的传统官学之外。这是中国古代教育史上不可忽视的一个变化。”①

董仲舒的学说促使燕赵地域法律文化开始从边地文化转变成了郡县文化，促使燕赵文化由任侠使气、慷慨悲歌的侠文化向崇儒尚雅、敦厚务实的儒文化的转变，“乐在丘园为农夫”② 成为太平时期燕赵人的生活追求。董仲舒的学说不仅适应了中国农业社会的特点，其所引发的“引礼入法”思潮，还对中华法系产生了深远影响。“儒家引礼入法的企图在汉代已经开始。虽因受条文的拘束，只能在解释法律及应用经义决狱方面努力，但儒家化运动成为风气，日益根深蒂固，实胚胎酝酿于此时，时机早已成熟，所以曹魏一旦制律，儒家化的法律便应运而生。自魏而后历晋及北魏、北齐皆可说系此一运动的连续。”③

三、路温舒的学说

董仲舒倡导的“引经决狱”，在汉武帝“独尊儒术、罢黜百家”的统治政策中得以发展，逐步确立了封建正统法律思想的基本体系。在董仲舒的影响下，涌现出了一批反对苛酷刑罚、宣扬德主刑辅的儒学家，河北钜鹿人路温舒就是其中比较有代表性的儒学家。

路温舒，字长君，钜鹿东里（今河北平乡西南）人。其父曾是主管开闭里门的小吏“里监门”。路温舒幼年好学，牧羊时砍水中的蒲草编连为简，抄

---

① 顾乃武：《战国至唐之河北风俗研究》，人民出版社 2012 年版，第 22 页。

② （后晋）刘昫等撰：《旧唐书》卷五五《刘黑闼传》，中华书局 1975 年版，第 2258 页。

③ 瞿同祖：《中国法律与中国社会》，商务印书馆 2017 年版，第 398 页。

书于上，“披蒲编，削竹简，彼无书，且知勉。”[①] 年纪稍长，为狱小吏，因通律令，转为县狱史，县中疑事皆可解答。随即路温舒被提拔为决曹史，自此开始研读《春秋》，通大义。后举孝廉，为山邑丞。汉昭帝元凤时期，路温舒为廷尉署奏曹椽。

汉宣帝刘询即位之时，路温舒上书，提出“尚德缓刑”[②] 的主张。路温舒深受董仲舒学说的影响，以天人学说来劝导汉宣帝，“臣闻《春秋》正即位，大一统而慎始也。陛下初登至尊，与天合符，宜改前世之失，正始受之统，涤烦文，除民疾，存亡继绝，以应天意。”[③]

西汉武帝、昭帝时，出现了法令烦苛、冤狱四起的社会状况。汉武帝实行“外儒内法”治国理论，以儒典为文饰，实行法家之道，因此重用张汤、赵禹等酷吏制定法令，“张汤、赵禹之属，条定法令，作见知故纵、监临部主之法，缓深故之罪，急纵出之诛。”[④] 汉昭帝时，对刑罚的威慑作用颇为重视，“汉家自有制度，本以霸王道杂之，奈何纯任德教，用周政乎！且俗儒不达时宜，好是古非今，使人眩于名实，不知所守，何足委任？”[⑤] 西汉政治中一度滥施刑罚，出现了以严刑峻法来督责官吏的局面。

路温舒希望以“亡秦之失”为历史镜鉴，对治狱之吏“专为深刻”的危害要有深刻认识：

> 秦有十失，其一尚存，治狱之吏是也。秦之时，羞文学，好武勇，贱仁义之士，贵治狱之吏；正言者谓之诽谤，遏过者谓之妖言。……夫狱者，天下之大命也，死者不可复生，绝者不可复属。《书》曰：“与其杀不辜，宁失不经。”今治狱吏则不然，上下相驱，以刻为明；深者获公名，平者多后患。……狱吏专为深刻，残贼而

① 施孝峰主编：《三字经古本集成·三字经注》，辽海出版社2008年版，第355页。
② （汉）班固：《汉书》卷五一《路温舒传》，中华书局1962年版，第2368页。
③ （汉）班固：《汉书》卷五一《路温舒传》，中华书局1962年版，第2369页。
④ （汉）班固：《汉书》卷二三《刑法志》，中华书局1962年版，第1101页。
⑤ （汉）班固：《汉书》卷九《元帝纪》，中华书局1962年版，第277页。

亡极，婾为一切，不顾国患，此世之大贼也。……故天下之患，莫深于狱；败法乱正，离亲塞道，莫甚乎治狱之吏。①

路温舒认为“人情安则乐生，痛则思死。棰楚之下，何求而不得”，严刑逼供一定会产生冤假错案：“囚人不胜痛，则饰辞以视之；吏治者利其然，则指道以明之；上奏畏却，则锻练而周内之。盖奏当之成，虽咎繇听之，犹以为死有余辜。”② 这种情况，会使“制礼以崇敬，作刑以明威”③ 的儒家治国理念化为泡影。因此，路温舒建议汉宣帝，要全面地整顿狱吏。

路温舒借鉴了《尚书》中“与其杀不辜，宁失不经”的理念，提出在证据不确凿的情况下，宁可释放坏人，也不可使无辜之人受到牵累。至于毫无证据，只是由严刑拷打得来的诬陷之词，就更要避免了。

汉宣帝很重视路温舒《尚德缓刑疏》中提出的取消酷刑、注重调查证据、减少冤假错案的建议，下诏改革司法官员体制，“遣廷史与郡鞠狱，任轻禄薄，其为置廷平，秩六百石，员四人。其务平之，以称朕意”④，西汉滥施酷刑的情况因此大为好转。路温舒此后迁任广阳私府长，又迁右扶风丞，再迁临淮太守。

路温舒《尚德缓刑疏》中所体现主张省法制、宽刑罚的理念，对推动中华法系文明化有相当大的进步意义。

① （汉）班固：《汉书》卷五一《路温舒传》，中华书局 1962 年版，第 2369—2370 页。
② （汉）班固：《汉书》卷五一《路温舒传》，中华书局 1962 年版，第 2370 页。
③ （汉）班固：《汉书》卷二三《刑法志》，中华书局 1962 年版，第 1079 页。
④ （汉）班固：《汉书》卷二三《刑法志》，中华书局 1962 年版，第 1102 页。

第三章　从魏晋至北齐：燕赵地域法律文化在第一个“南北朝时代”的绽放

第一节　在古代中国政治版图中，燕赵地域影响力的提高与国家治理学说的探讨

秦汉时期，中国的政治中心在关中平原，以咸阳、长安为国都。燕赵地区的地理位置远离政治中心，但又具有沃野千里、人口众多的经济条件。这使燕赵地区在汉代出现了与政治中心发展不同步的现象，汉人概括为：“冀州，取地以为名也。其地有险有易，帝王所都，乱则冀治，弱则冀强，荒则冀丰也。”①

西汉末年，刘秀为推翻王莽政权，起兵于南阳，拥立刘玄为更始帝。王莽政权覆灭后，刘秀以更始政权代理大司马身份出巡燕赵。刘秀最初的军事力量以步兵为主，进入河北后，重用“以贩马自业，往来燕、蓟间，所至皆交结豪杰”② 的将领吴汉和上谷郡太守之子耿弇，争取了出身渔阳、上谷两郡

① （汉）刘熙撰，（清）毕沅疏证，祝敏彻、孙玉文点校：《释名疏证补》卷二，中华书局2008年版，第48页。

② （南朝宋）范晔：《后汉书》卷一八《吴汉传》，中华书局1965年版，第675页。

骑兵武装的拥护，实力大增。刘秀最终依靠幽州和并州两支骑兵初步统一了燕赵地区。更始三年（25），刘秀在冀州鄗城（今河北省邢台市柏乡县固城店镇）称帝，建立东汉政权。故应劭《汉官仪》中说：“世祖以幽、并州兵骑定天下。”[①]“刘秀经略河北，有28将战功卓著，画像于云台，几乎全是出身豪门，属燕赵籍的有：冠恂，上谷昌平人，世为著姓，所部皆宗族昆弟；耿纯，巨鹿宋子人，率宗族宾客二千余人跟从光武帝；刘植，巨鹿昌城人，率宗族宾客聚兵数千人跟从光武帝。”[②]

这一时期，燕赵地区的政治所属已经足以对全国局势产生影响，故当时童谣云：“谐不谐，在赤眉；得不得，在河北。”[③]

东汉后期，“州里”“州闾”“州党”等语汇逐渐行用，以州为中心的地域观念逐渐形成，冀州成为当时河北人士的主要籍贯地。

东汉“冀州刺史”鼻钮铜印
（现存故宫博物院）

东汉末年，天下大乱，军阀董卓入朝三年，淫乱皇宫，讨伐异己，京都洛阳夷为平地，逼迫百万人西行，河洛、关中地区历经战乱后，经济遭到严重破坏，以致“二三年间，关中无复人迹”[④]，“出门无所见，白骨蔽平原”[⑤]，洛阳难以再成为政治中心，天下群雄并起。

燕赵地区中的冀州、邺城（今

---

① （清）孙星衍辑，周天游点校：《汉官六种·汉官仪》，中华书局1990年版，第125页。

② 聂树锋：《燕赵文化三题》，《石家庄师范专科学校学报》2004年第2期，第65页。

③ （南朝宋）范晔：《后汉书·五行志》，中华书局1965年版，第3280页。

④ （南朝宋）范晔：《后汉书》卷七二《董卓传》，中华书局1965年版，第2341页。

⑤ （三国）孔融等著，俞绍初辑校：《建安七子集》卷三《王粲集·七哀诗》，中华书局2005年版，第86页。

河北临漳县西南）成为当时重要的地方政治经济中心，“冀部强实”①，“冀州民人殷盛，兵粮优足”②，“夫冀州，天下之重资”③，冀州“带甲百万，谷支十年”④。因而河北成为东方各路军阀的必争之地。袁绍割据河北后，“收英雄之谋，假士民之力，东苞巨海之实，西举全晋之地，南阻白渠黄河，北有劲弓胡马。地方二千里，众数十万。可谓威矣。”⑤

曹操在占领邺城后实力大增，“昨案（冀州）户籍，可得三十万众，故为大州也。”⑥ 曹操攻灭袁绍后，以河北为根据地统一了中国北方地区。“魏定燕赵，遂荒九服。”⑦ 永嘉之乱，司马颖专制朝政，设相府于邺城，致使晋惠帝“事无巨细，皆就邺谘之”⑧。邺城后来也是东魏、北齐政权的都城。“邺城是西汉末年以来政治、军事、经济、地理各种因素交叉融合后而形成的中心，是河北平原地区政治、经济地位提高的反映。在整个魏晋南北朝时期，就是不在邺城建都，邺城也是控制河北平原的军事中心。”⑨

“从地域上讲，东汉末、西晋末、北魏末，乱无不从河北始；魏晋北魏、周隋，其统一事业，又皆以定幽冀为先。河北乱则天下乱，河北治则天下治，幽冀诸州是影响魏晋南北朝历史发展的重要地区。”⑩ 因此，这一时期燕赵人士开始就如何建设国家与如何选用和管理官吏提出了新的见解，在政治学说方面取得很多成就。

---

① （南朝宋）范晔：《后汉书》卷七四《袁绍传》，中华书局1965年版，第2377页。

② （晋）陈寿：《三国志》卷一《魏书一·武帝纪》，中华书局1982年版，第6页。

③ （晋）陈寿：《三国志》卷六《魏书六·袁刘传》，中华书局1982年版，第191页。

④ （南朝宋）范晔：《后汉书》卷七四《袁绍传》，中华书局1965年版，第2378页。

⑤ （清）严可均编：《全上古三代秦汉三国六朝文·全三国文》卷八《魏文帝》，中华书局1958年版，第1093页。

⑥ （晋）陈寿：《三国志》卷一二《魏书十二·崔琰传》，中华书局1982年版，第367页。

⑦ （北齐）魏收：《魏书》卷一〇六《地形志》，中华书局1974年版，第2455页。

⑧ （唐）房玄龄：《晋书》卷五九《王颖传》，中华书局1974年版，第1617页。

⑨ 邹逸麟：《论试邺都兴起的历史地理背景及其在古都史上的地位》，《中国历史地理论丛》1995年第1期。

⑩ 严兰绅主编，牛润珍著：《河北通史·魏晋北朝卷·绪言》，河北人民出版社2000年版，第5页。

一、崔寔《政论》

东汉末年，冀州安平（今河北安平县）崔寔，根据豪强兼并势力的发展和违法乱纪的严重状况，向汉桓帝进《政论》五卷，提出了新的治国之策。

崔寔（约103—170），字子真，一名台，字元始，幽州涿郡冀州安平（治今河北安平县安平镇）人。曾参与撰述本朝史书《东观汉记》，所著《政论》全书已散失，部分内容载于《后汉书・崔寔传》和《群书治要》中。另著有《四民月令》，已逸，部分内容保存于《齐民要术》一书内。

东汉初年，统治者为了缓解新莽政权的苛政、缓解社会矛盾，故以“解王莽之繁密，还汉世之轻法”[①] 为指导思想，刑律宽省，以济民生。东汉后期，豪强地主庄园发展迅速，土地兼并愈演愈烈，大批农民沦为农奴或流民，“豪人之室，连栋数百，膏田满野，奴婢千群，徒附万计”[②]。因此各种社会矛盾急剧恶化。尤其是东汉豪强地主庄园经济具有自给自足的特点，还拥有规模不等的私人武装，这种经济上的独立性就带来政治上的离心倾向，地方乱政横行，“政令垢翫，上下怠懈，风俗雕敝，人庶巧伪，百姓嚣然。”[③]

汉兴以来350多年后，政治已经腐败。面对这种局势，为了促使东汉朝廷消除弊端，使社会恢复安宁，崔寔力倡变法改革：“期于补绽决坏，枝柱邪倾，随形裁割，取时君所能行，要措斯世于安宁之域。”[④] 因此向汉桓帝进《政论》一书。

崔寔《政论》中的主要观点有：

1. 乱世之际，法律应“遭时定制”，提倡重赏深罚

崔寔认为这一时期东汉的政治已经进入乱世，“枝柱邪倾”，政治形势即

---

① （南朝宋）范晔：《后汉书》卷七六《循吏列传》，中华书局1965年版，第2457页。

② （南朝宋）范晔：《后汉书》卷四九《仲长统传》，中华书局1965年版，第1648页。

③ （南朝宋）范晔：《后汉书》卷五二《崔寔传》，中华书局1965年版，第1726页。

④ （汉）崔寔撰，孙启治校注：《政论校注・阙题一》，中华书局2012年版，第38页。

将倒塌，因此要“补绽决坏”，修改条文，补充规定，破除一些不合时宜的旧制度、旧规章，来堵塞政策上的漏洞。在《政论》的开篇，崔寔就提出：“济时拯世之术，岂必体尧蹈舜，然后乃治哉？……圣人执权，遭时定制，步骤之差，各有云施。”①

面临混乱局势，应该“沛然改法”，应该“随形裁割”，即从实际情况出发，制定切实可行的方针政策。崔寔因此提出了“参以霸政，重赏深罚以御之，明著法术以检之”② 的治国之道。崔寔批评汉元帝时期的宽政导致汉室衰落，“多行宽政，卒以堕损，威权始夺，遂为汉室基祸之主。”③ 崔寔认为要重新认识刑罚的积极作用，“刑罚者，治乱之药石也；德教者，兴平之粱肉也”④，国家出现混乱的局面，就必须要“严刑峻法，破奸轨之胆”⑤，以严密的法网改变刑罚不足以惩恶的局面。

崔寔认为“拘文牵古”的都是俗人，不知变通，“不达权制，奇玮所闻，简忽所见，策不见珍，计不见信。”⑥

崔寔的“重赏深罚”法律思想，是汉朝“霸王道杂之”⑦ 治国方略的进一步深化，打破了西汉以来所形成的“礼法”观念，代表了东汉末年法家思想的复兴。

2. 执法之际，要坚持赏罚必信，不能随意请赎

中国古代有“礼不下庶人，刑不上大夫”⑧ 的传统，贵族和平民在法律面前并不平等。西汉司法中，也有“上请”之制，官吏、公侯及其子孙犯罪，司法机关不得擅自处理，必须奏请皇帝才能裁夺。判决之际，对官吏、公侯

---

① （汉）崔寔撰，孙启治校注：《政论校注·阙题一》，中华书局 2012 年版，第 38 页。
② （南朝宋）范晔：《后汉书》卷五二《崔骃列传》，中华书局 1965 年版，第 1727 页。
③ （汉）崔寔撰，孙启治校注：《政论校注·阙题二》，中华书局 2012 年版，第 57 页。
④ （汉）崔寔撰，孙启治校注：《政论校注·阙题二》，中华书局 2012 年版，第 66 页。
⑤ （汉）崔寔撰，孙启治校注：《政论校注·阙题二》，中华书局 2012 年版，第 57 页。
⑥ （汉）崔寔撰，孙启治校注：《政论校注·阙题一》，中华书局 2012 年版，第 42 页。
⑦ （汉）班固：《汉书》卷九《元帝纪九》，中华书局 1962 年版，第 277 页。
⑧ （清）阮元校刻：《十三经注疏·礼记正义》卷三，中华书局 2009 年版，第 2704 页。

及其子孙也多减免刑罚。随着汉朝统治的延续，享受这一特权的官吏数量越来越多。汉武帝以前，只有千石以上官吏犯罪才能“上请”，东汉时则几乎所有官吏都享有这种特权。崔寔认为无原则的“上请”和赦免，会导致国家法制紊乱，“今虽刻名之而赏罚不能，又数有赦赎，主者轻配，无所惩畏”，只有赏罚分明才能震慑违法之辈，“兵革国之大事，宜特留意，重其法罚，敢有巧诈行之辈，罪勿以赦赎除”，只有如此，方能达到“吏敬其职，工慎其业”。①

实施赏罚必信，其根本在于掌握国家大权的皇帝人君，因此最高统治者要明于“威福”信明的统治方针：“君以审令为明，臣以奉令为忠。故背制而行赏，谓之作福；背令而行罪，谓之作威。作威则人畏之，作福则人归之。夫威福者，人主之神器也。譬之操莫耶矣，执其柄，则人莫敢抗；失其柄，则还见害也。”②

另一方面，崔寔认为朝廷对地方官员的考核不应过于烦琐：“则宜沛然改法，有以安固长吏，原其小罪，阔略微过，取其大较惠下而已。”③

崔寔的《政论》是对先秦法家“时移而治”观念的继承，是在乱政时期法家学说对正统思想的反动，重新评价了严刑峻法，申明重典治世的合理性，针砭时弊，有感而发，“言辩而确”，在东汉末年引起很大反响，稍晚于他的思想家仲长统就对《政论》有高度的评价，认为“凡为人主，宜写一通，置之坐侧”④。《后汉书》作者范晔也在《崔寔传》之末感慨说：“崔寔之《政论》，言当世理乱，虽晁错之徒不能过也。”⑤

---

① （汉）崔寔撰，孙启治校注：《政论校注·阙题五》，中华书局2012年版，第116页。
② （汉）崔寔撰，孙启治校注：《政论校注·佚文》，中华书局2012年版，第192页。
③ （汉）崔寔撰，孙启治校注：《政论校注·阙题六》，中华书局2012年版，第132页。
④ （南朝宋）范晔：《后汉书》卷五二《崔寔传》，中华书局1965年版，第1725页。
⑤ （南朝宋）范晔：《后汉书》卷五二《崔骃列传》，中华书局1965年版，第1733页。

二、刘劭参修《新律》，撰《人物志》

刘劭（185—245）是三国曹魏时期魏国经学家、律学家，字孔才，广平邯郸（今河北邯郸市）人。刘劭在汉献帝建安时历任太子舍人，后迁秘书郎，东汉灭亡后继仕曹魏。

刘劭在曹魏为官时，汉代法律思想正处于僵化而需要转型的时代。汉武帝接受了董仲舒提出的“罢黜百家，独尊儒术”的主张，汉儒为了具备听讼折狱的治理职能，开创了以经注律的法律传统。董仲舒之后，汉代涌现出一批以研究律学为职业的律学世家，但引经注律的弊端也充分表现出来，即为了论证经学章句与法律条文间的联系，考证烦琐，逻辑牵强，法律解释缺少权威，致使官员检用时繁杂难用。到东汉末期，私家以经注律之风更是盛极一时，“叔孙宣、郭令卿、马融、郑玄诸儒章句十有余家，家数十万言，凡断罪所当由用者，合二万六千二百七十二条，七百七十三万二千二百余言”，由于“言数亦繁，览者亦难”，基本没有能全部掌握的法官。东汉朝廷为了避免多见并存，降诏规定“但用郑氏章句，不得杂用余家”。[①]

曹操在乱世之中，具有雄才大略，注意运用和发挥法律的作用，既肯定儒家的法律思想，“夫治定之化，以礼为首”，又“揽申商之法术”[②]，强调“拨乱之政，以刑为先”[③]，为曹魏政权积极制定法律奠定了理论基础。

太和三年（229），魏明帝曹叡命令刘劭与议郎庾嶷、荀诜、黄门侍郎韩逊、中郎黄休等参酌汉律、删削旧科，制定《魏律》18篇，时称《新律》，史称《曹魏律》。此外，刘劭等人另作《州郡令》45篇，《尚书官令》《军中令》等共计180余篇。刘劭还撰写了解释新律的注释作品《律略论》5卷。

曹魏《新律》对汉代法律建设成就进行了综合性总结。汉代产生了众多

---

① （唐）房玄龄：《晋书》卷三〇《刑法志》，中华书局1974年版，第923页。
② （三国）曹操：《曹操集》附录《武帝纪》，中华书局2013年版，第183页。
③ （三国）曹操：《曹操集》卷二《以高柔为理曹掾令》，中华书局2013年版，第44页。

单行法令，如叔孙通制定了《傍章》18 篇，廷尉张汤制定的有关宫廷警卫的《越宫律》27 篇，御史赵禹制定的有关诸侯百官朝贺制度的《朝律》6 篇，督责官吏缉捕盗贼的《沈命法》，控制诸侯国的《左官律》《附益法》，司徒鲍公撰嫁娶辞讼决为《法比都目》等。曹魏《新律》对汉代法律进行了梳理，是对汉律的第一次删繁就简。

《新律》的创造性主要体现在以下几点。

1. 改“具律”为“刑名”，置于律文之首

秦国李斯制定《法经》时，便有“具法”一门，置于盗、贼、囚、捕、杂五法之后。汉代萧何创制《九章律》，“具律”位于《九章律》之第六。“具法”的内容具有刑法总则性质，置于其他律条之后，明显并不科学。“旧律因秦法经，就增三篇，而《具律》不移，因在第六。罪条例既不在始，又不在终，非篇章之义。”①

刘劭制定《新律》时，将散于各篇的罪名加以集中，改称“刑名”，并入具律，“故集罪例以为刑名，冠于律首。”②“汉作九章，散而未统，魏律始集罪例，号为刑名。”③ 置于律首的“刑名”统领全律，使新律的体例结构更加科学，这成为后世封建法典的体制通例。

2. 创“八议”之制，首次列入律典

西周法律中有“八辟之议”，包括：“一曰议亲之辟；二曰议故之辟；三曰议贤之辟；四曰议能之辟；五曰议功之辟；六曰议贵之辟；七曰议勤之辟；八曰议宾之辟。”④ 东汉郑玄注：“辟，法也。”“丽，附也。”“邦法，八法也。以八法待官府之治。”⑤

---

① （唐）房玄龄：《晋书》卷三〇《刑法志》，中华书局 1974 年版，第 924 页。

② （唐）房玄龄：《晋书》卷三〇《刑法志》，中华书局 1974 年版，第 924 页。

③ 刘俊文：《唐律疏议笺解》卷一《名例》，中华书局 1996 年版，第 2 页。

④ （清）孙诒让撰，王文锦、陈玉霞点校：《周礼正义 · 秋官 · 小司寇》，中华书局 2013 年版，第 2772 页。

⑤ （清）孙诒让撰，王文锦、陈玉霞点校：《周礼正义 · 秋官 · 大司寇》，中华书局 2013 年版，第 2756 页。

“八议”之制源于“八辟”，是中国封建刑律规定的对亲、故、贤、能、功、贵、勤、宾八种人犯罪必须交由皇帝裁决或依法减轻处罚的特权制度。议亲指皇帝的亲属；议故指皇帝的故旧；议贤指有大德行之人，其言论行动可作为法则者；议能指能整顿军旅，治理内政，为皇帝出谋划策，示范人伦者；议功指对朝廷尽忠效力，建立大功勋的人；议贵指达到一定级别的高级官僚及有高等爵位的人；议勤指高级文武官员中恪尽职守、专心致志办理公务的人；议宾指前朝国君的后裔。这八类人犯罪，不能适用普通诉讼审判程序，一般司法官员无权直接审理，必须奏请皇帝裁决，由皇帝根据其身份及具体情况指定某些官员集议，报请皇帝作出裁决。

“八议”制度在曹魏的《新律》中首次入律，符合士族豪门地主的利益与要求，是中国传统法典儒家化的重要表现。自曹魏《新律》创“八议”入于律之后，历代封建法典相沿不改，“自魏、晋、宋、齐、梁、陈、后魏、北齐、后周及隋皆载于律”①，使中国封建法典具有了突出的特权法特征。

3. 按类将律目分为 18 篇，简约而详备

汉代法律以单行法令形式为主，如《傍章律》《越宫律》《朝律》皆是如此。单行法令在制定之时，为了涵盖所规定内容，常向相关法域有所延伸，都要包括罪名、刑罚、诉讼、判决各方面内容，因此各单行法令之间就会出现条文重复问题。单行法令篇章有限，在实际运行过程中，不断增加科、令、比作为补充。因此以多种单行法令为主的法律体系，就容易发生类别不合、名实不当的问题。如：“《盗律》有贼伤之例，《贼律》有盗章之文，《兴律》有上狱之法，《厩律》有逮捕之事，若此之比，错糅无常。”②

刘劭等人在制定《新律》时，重新对汉律进行了逻辑分类，继承《九章律》原有《盗》《贼》《囚》《捕》《杂》《户》6 篇，改《具律》为《刑名》

① （唐）李林甫著，陈仲夫点校：《唐六典》卷六《尚书刑部》注文，中华书局 1992 年版，第 187 页。

② （唐）房玄龄：《晋书》卷三〇《刑法志》，中华书局 1974 年版，第 923 页。

而置于律首，又改《兴律》为《擅兴》，删除《厩律》，增创《劫掠》《伪诈》《毁亡》《告劾》《系讯》《断狱》《请求》《惊事》《偿赃》《免坐》等10篇，从而形成《魏律》律目18篇。

刘劭等制定的魏律，在重新分门别类后，既解决了“篇少则文荒，文荒则事寡，事寡则罪漏”[①] 的缺陷，又避免了东汉末年出现的律令紊乱、科比冗杂的现象，基本上达到了“文约而例通”[②]，这是中国古代立法技术的重大进步。

4. 酷刑减少，刑罚中平，罪名儒家化

刘劭等人制定曹魏《新律》时，对中国传统的刑罚进行了去酷刑化改革。汉文帝时，已经有过废除肉刑改革，黥、劓、断左右趾等肉刑已经废除。虽然宫刑并未废除，但亦“不在律令”之中。

《新律》中五刑是死、髡、完、作、赎五种：“其死刑有三（枭首、腰斩、弃市），髡刑有四，完刑、作刑各三，赎刑十一，罚金六，杂抵罪七，凡三十七名，以为律首。”[③] 这体现了儒家“法贵得中，刑甚过制”的慎刑轻罚法律思想。“曹魏的五刑，展现了以劳役刑和死刑为主体的封建刑制的雏形，是汉唐之间新的法定五刑形成之前的一个过渡形态。”[④]

刘劭等人制定的曹魏《新律》中，还有诸多罪名皆体现儒家礼治精神的规定。如儒家提倡“尊尊”与“亲亲”之义，而在新律中则“除异子之科”，《新律》还正式废除了商鞅变法时确定的成年男子必须与父亲分家的法律，规定义子或继子要与父母同居共财；杀继母与杀亲生母同；“殴兄姊加至五岁刑，以明教化也。”[⑤] 又如在儒家“君为臣纲”思想指导下，对于“谋反大

---

① （唐）房玄龄：《晋书》卷三〇《刑法志》，中华书局1974年版，第924页。
② （唐）房玄龄：《晋书》卷三〇《刑法志》，中华书局1974年版，第925页。
③ （唐）房玄龄：《晋书》卷三〇《刑法志》，中华书局1974年版，第925页。
④ 郭东旭：《燕赵法文化研究（古代版）》，河北大学出版社2009年版，第124页。
⑤ （唐）房玄龄：《晋书》卷三〇《刑法志》，中华书局1974年版，第925页。

逆，临时捕之，或汙潴，或枭菹，夷其三族，不在律令，所以严绝恶迹也”①，即将儒家的忠君思想引入刑律，虽然继续沿用夷三族等酷刑，但非“国之常刑”，较之汉代已有所进步。再如中国一直盛行复仇的传统，按照儒家的观念，“父之仇弗与共戴天。兄弟之仇，不反兵。交游之仇，不同国。”② 即将复仇与忠孝节悌联系在一起。《新律》按照儒家君子仁人应为父母、兄弟、朋友报仇雪恨的说法，规定受害人亲属可以追杀逃犯：“贼斗杀人，以劾而亡，许依古义，听子弟得追杀之。会赦及过误相杀，不得报仇，所以止杀害也。”③ 这既照顾到儒家复仇的传统理念，亦对已涉及过误杀害的复仇进行了限制，以防止因复仇引起互相残杀而扰乱社会秩序。

曹魏时期处于中国封建法律的创制阶段，较之秦汉律，《新律》的法典体例和结构更加系统合理。“三国时期，吴、蜀虽制定过一些科条，但没有编纂出系统的法典。”④ 曹魏的《新律》是三国时代最有影响、最具代表性的法律。《新律》的立法原则充分体现了儒家的德治和礼治精神，开创了中国封建法制儒家化的进程，是中国传统法律发展史上的重要里程碑。

刘劭在制定曹魏《新律》之外，还在魏明帝景初年间，受诏制定了《都官考课》之法。刘劭认为：“百官考课，王政之大较，然而历代弗务，是以治典阙而未补，能否混而相蒙。……臣奉恩旷然，得以启矇，辄作《都官考课》七十二条。”⑤ 这是中国封建社会第一部考核和评价官员的行政立法。虽然后人对其苛细烦琐而难以行用多有非议，但其对历世行政之法的影响是不可否认的，西晋杜预制定的“黜陟之法”，就是在刘劭“都官考课”法基础上精简而成的。

刘劭后受魏文帝曹丕诏命搜集五经群书，分门别类作成《皇览》一书，

---

① （唐）房玄龄：《晋书》卷三〇《刑法志》，中华书局1974年版，第925页。
② （清）朱彬撰，饶钦农点校：《礼记训纂》卷一《曲礼上》，中华书局1996年版，第42页。
③ （唐）房玄龄：《晋书》卷三〇《刑法志》，中华书局1974年版，第925页。
④ 刘广安：《中国法制史》，高等教育出版社2008年版，第46页。
⑤ （晋）陈寿：《三国志》卷二一《魏书》，中华书局1982年版，第619页。

此书被称为“类书之祖”。刘劭晚年专事执经讲学，又著《法论》《人物志》等百余篇。

刘劭所著《人物志》总结东汉以来人物品评清议，主要探讨封建统治阶级如何选拔人才问题。察举制是汉代选官主要方式，地方官将民间口碑好、有道德、有才华的人推荐给朝廷，主要有孝廉、“贤良方正”、秀才、明经等类别，察举制度中举士（选拔人才）与举官（提拔官吏）合为一个环节。东汉后期，察举权因为被公卿大臣、名门望族所垄断，以名门家世为标准，而不是品性与学问，因此弊端丛生。《抱朴子·名实篇》说：“汉末之世，灵献之时，品藻乖滥，英逸穷滞，饕餮得志，名不准实。”①

汉魏之际，曹操推行“名法之治”。魏文帝曹丕为了使任事有其才，推行选用官员的“九品中正制”，根据家世、道德、才能这三个标准，对人物作出高下评定。

刘劭《人物志》正是在这一背景下应运而生，以往察举旧法在识鉴人物时只注重事实，《人物志》则转而深入探寻其中的原理，即由名实向名理深入，探讨通过人物的言语、体貌、行为等方面的特征来考察人物的才能与性情，主张品鉴人物，求名责实，量材授官。

《人物志》利用古代的阴阳五行说对人的“情性”进行诠释，形成了人的“五质”（刚、柔、明、畅、贞固）：“若量其材质，稽诸五物，五物之征，亦各著于厥体矣。其在体也，木骨、金筋、火气、土肌、水血，五物之象也。”②人的“五质”会通过各自的“容止”（包括容貌、神情、仪态和言谈）体现出来：“虽体变无穷，犹依乎五质。故其刚柔、明畅、贞固之征，著乎形容，见乎声色，发乎情味，各如其象。”③ 刘劭将“五物”（骨、筋、气、肌、血）与“神、仪、容、言”相结合，来衡量一个人的资质与品性。

---

① （晋）葛洪著，杨明照撰：《抱朴子外篇校笺》卷二〇《名实》，中华书局1991年版，第486页。
② （三国）刘劭：《人物志·九征》，中华书局1991年版，第16—18页。
③ （三国）刘劭：《人物志·九征》，中华书局1991年版，第22页。

纵而观之，《人物志》满足了魏晋时对人才测评全面考察的要求，反映了汉末魏初用人制度上的发展趋势，开启了魏晋士大夫品鉴各类人物的清谈风气。

第二节　第一个南北朝时期，燕赵人士参与修法的第一次历史高潮：北魏时期

燕赵地区自古就是中原汉族和少数民族的交融地区，战国时期汉人就与胡人在此杂居。西晋惠帝时，发生“八王之乱”，北方匈奴、鲜卑、羯、羌、氐五个胡人的游牧部落进入北方。当时北方各族及汉人在华北地区建立十多个强弱不等、大小各异的国家，史家称为“五胡十六国”。

“五胡十六国”时，民族之间出现了大迁徙、大融合，华夏的中国变成了华夷共存的中国，燕赵地区首当其冲成为民族融合的舞台。后赵时期，以燕赵人物为主成立“君子营”，石勒“进军攻钜鹿、常山，害二郡守将。陷冀州郡县堡壁百余，众至十余万，其衣冠人物集为君子营。乃引张宾为谋主，始署军功曹”①。

公元420年东晋灭亡而南朝宋建立。439年，北魏太武帝拓跋焘灭北凉政权，统一北方。中国历史自此进入南北朝时期，一直到589年隋朝统一全国结束，南北分裂局面长达近三百年。

北魏是中国历史上第一个由少数民族建立的统治时间较长的中原政权，而燕赵地区是北魏鲜卑汉化的最重要地区。建立后魏的鲜卑部，直接将黄帝作为自己的族源：“黄帝以土德王，北俗谓土为拓，谓后为跋，故以为氏。”②北魏道武帝拓跋珪署置百官，多用幽冀诸州士人。太武帝拓跋焘诏举逸民名士，范阳卢玄、博陵崔绰、赵郡李灵、河间邢颖、勃海高允、广平游雅、清

① （唐）房玄龄：《晋书》卷一〇四《石勒上》，中华书局1974年版，第2711页。
② （北齐）魏收：《魏书》卷一《序纪》，中华书局1974年版，第1页。

河崔浩等燕赵人物由此进入北魏政权。

北魏孝文帝推行汉化改革，其改革方案主要是在邺城西宫制定的。孝文帝以大执法（后改为丞相）总管朝政，由汉人充任，第一任大执法是河北汉族士人张宾，“专总朝政，位冠僚首”①，并掌汉人官吏选举。孝文帝为汉化而迁都：

> （北魏孝文帝）又谓陆睿曰：“北人每言‘北俗质鲁，何由知书！’朕闻之，深用怃然！今知书者甚众，岂皆圣人！顾学与不学耳。朕修百官，兴礼乐，其志固欲移风易俗。朕为天子，何必居中原！正欲卿等子孙渐染美俗，闻见广博；若永居恒北，复值不好文之主，不免面墙耳。”②

“北魏历代帝后14人为汉人或汉化胡人，其中10人祖籍河北幽、冀诸州。”③

燕赵地区因此成为中原汉族法律文化与草原法律文化交流的主要舞台。北魏时清河（今河北故城）崔浩、渤海（今河北景县东）高允制定《神麚律》，后任县（今河北任县）游雅制定《正平律》，是北魏诸律中比较完备的《正始律》的基础。渤海高绰、高遵、封琳等修订的《太和律》，是北魏法律封建化过程中的关键法典。“每当少数民族政权统治燕赵地区时，燕赵的学术与教育便会相应地产生若干新的成就。”④ 古代河北地区作为中原农业文明与北方游牧文明的交汇点，燕赵古代法学成就与中华民族的民族融合形势有密切的关联性。

燕赵人士参与制定了多部北魏法典，促使当时出现了北朝律学兴盛的局面。北魏时期的律典，上承汉魏，下启隋唐，在中华法系的形成过程中起着承前启后的重要作用。

---

① （唐）房玄龄：《晋书》卷一〇五《石勒下》，中华书局1974年版，第2735页。

② （宋）司马光：《资治通鉴》卷第一三九《齐纪五》，中华书局1956年版，第4359—4360页。

③ 严兰绅主编，牛润珍著：《河北通史·魏晋北朝卷》，河北人民出版社2000年版，第200页。

④ 宁可、杜荣泉等主编：《中华文化通志·地域文化典·燕赵文化志》，上海人民出版社1998年版，第192页。

一、崔宏参修《天兴律》

鲜卑人建国前长期生活在氏族社会，由于缺少文字而实行口耳相传的习惯法，部落首领由众人推选产生。鲜卑拓跋部的拓跋什翼犍时，鲜卑“犹逐水草，无城郭”[①]，“决辞讼，以言语约束，刻契记事，无囹考讯之法，诸犯罪者，皆临时决遣。”[②]

公元338年，拓跋什翼犍在繁峙继位代王，“始置百官，分掌众职”，任命汉人燕风、许谦参照汉律，设定罪名，“始制反逆、杀人、奸盗之法。”[③] 由此形成较为系统的法律，这是拓跋政权最早的成文法律。

公元386年，拓跋珪建立北魏政权。天兴元年（398），拓跋珪迁都平城（今山西大同市）称帝，史称魏道武帝。拓跋珪强制解散所有被征服的部落，失去了部族组织的游牧民众成为国家管理的编户齐民，这极大加快了民族融合的速度。拓跋珪仿照魏晋制度，建立了官僚体系；推广儒学，置五经博士；三教并行，营建佛寺。史籍中给予拓跋珪高度评价：“太祖用漠北醇朴之人，南入中地，变风易俗，化洽四海，自与羲农齐列。”[④]

拓跋珪因“患前代刑纲峻密”[⑤]，于天兴元年（398）诏令尚书吏部郎中邓渊典官制，立爵品，定律吕，协音乐；仪曹郎中董谧撰郊庙、社稷、朝觐、飨宴之仪；三公郎中王德定律令，申科禁；太史令晁崇造浑仪，考天象；吏部尚书崔宏（玄伯）总而裁之。

崔宏（？—418），字玄伯，因名犯高祖元宏讳，故史书中以字称。清河东武城（今河北故城县与山东武城县交界）人，“少有隽才，号曰冀州神

① （南朝梁）萧子显：《南齐书》卷五七《魏虏传》，中华书局1972年版，第984页。

② （北齐）魏收：《魏书》卷一一一《刑罚志》，中华书局1974年版，第2873页。

③ （宋）司马光：《资治通鉴》卷九六《晋纪》，中华书局1956年版，第3025页。

④ （北齐）魏收：《魏书》卷三五《崔浩传》，中华书局1974年版，第811页。

⑤ （宋）王钦若：《册府元龟》卷六一一《刑法部》，凤凰出版社2006年版，第7054页。

童。”① 初为冀州牧苻融的属官，后被苻坚征为太子舍人。苻坚败亡后，任后燕慕容垂政权的吏部郎。北魏建立后，被拓跋珪任命为黄门侍郎、吏部尚书，“与张衮对总机要，草创制度”②。拓跋珪常常向崔宏询问“古今旧事，王者制度，治世之则”，崔宏回答深得君意，故拓跋珪在制定国家律令制度之时，皆由“玄伯总而裁之，以为永式”。③

拓跋珪任命崔宏制定法令，因时在天兴年间，因此这部法令被称为《天兴律》。拓跋珪统治时期，其辖境内的民众已经不只是鲜卑人，还有很大一部分是汉人，《天兴律》的条文反映了胡汉混杂的实际情况，是中原法律文化与鲜卑民族习惯的综合产物。

《魏书·刑罚志》载有《天兴律》主要内容：“当死者，听其家献金马以赎；犯大逆者，亲族男女无少长皆斩；男女不以礼交皆死；民相杀者，听与死家马牛四十九头，及送葬器物以平之；无系讯连逮之坐；盗官物，一备五，私则备十。”④

从法典的内容可以看出，《天兴律》中规定杀人者不是以命抵命，而是可以用马牛羊赎罪代刑；对犯大逆者，不分男女长幼，凡是亲族一律诛杀；凡是偷盗者，官物五倍赔偿，私物则十倍赔偿。《天兴律》具有非常浓郁的鲜卑习惯法的特点，也表现了维护统治者私有财产的阶级实质。《天兴律》中仍然保留了屠城、诛杀俘虏、夷五族等残酷的刑法。⑤

《天兴律》是北魏立国以来第一部成文法典。《天兴律》的制定，标志着魏律从游牧民族的原始习惯法向儒家化法典转变的开始。

北魏太宗明元帝拓跋嗣继位之后，崔宏建议：“王者治天下，以安民为本。……法度不平，亦须荡而更制。夫赦虽非正道，而可以权行，自秦汉以

① （北齐）魏收：《魏书》卷二四《崔玄伯传》，中华书局1974年版，第620页。
② （北齐）魏收：《魏书》卷二四《崔玄伯传》，中华书局1974年版，第620页。
③ （北齐）魏收：《魏书》卷二四《崔玄伯传》，中华书局1974年版，第621页。
④ （北齐）魏收：《魏书》卷一一一《刑罚志》，中华书局1974年版，第2873页。
⑤ （北齐）魏收：《魏书》卷一五《秦王觚》，中华书局1974年版，第374页。

来，莫不相踵。屈言先诛后赦，会于不能两去，孰与一行便定。若其赦而不改者，诛之不晚。”[①] 崔宏强调儒家安民轻刑的治国观念，为明元帝所称道。

泰常三年（418），崔宏卒，谥文贞公。

二、崔浩、高允参修《神麚律》

北魏《天兴律》有许多不成熟的地方，杂有过多的民族法、习惯法的内容，而且刑罚严酷，难以适应北魏政权领土扩大的形势。

神麚四年（431），太武帝拓跋焘诏崔浩、高允改定律令。崔浩（？—450），是清河崔宏之长子，字伯渊。崔浩通经律，重礼法，“从太宗幸西河、太原……遂与同僚论五等郡县之是非，考秦始皇、汉武帝之违失。好古识治，时伏其言。”[②] 高允（390—487），字伯恭，渤海蓨县（今河北景县东）人，[③]“性好文学，担笈负书，千里就业。博通经史天文术数，尤好《春秋公羊》。”[④] 初为渤海郡功曹，迁冀州从事中郎，又征为中书博士，“与侍郎公孙质、李虚、胡方回共定律令。世祖引允与论刑政，言甚称旨。……初，真君中以狱讼留滞，始令中书以经义断诸疑事。……允据律评刑三十余载，内外称平。”[⑤]

崔浩、高允主持制定的《神麚律》共 390 条，其中门诛 14 条，大辟 145 条，五刑 231 条，删除了《天兴律》中一些苛严的刑罚，对孕妇、儿童等群体的刑罚作了轻刑改革，为防止官吏恃权滥杀而对死刑加强了控制和监督，冤案实行登闻鼓直诉制度：

> 世祖（拓跋焘）即位，以刑禁重，神麚中，诏司徒崔浩定律令。除五岁四岁刑，增一年刑。分大辟为二科死，斩死，入绞。大逆不

① （北齐）魏收：《魏书》卷二四《崔玄伯传》，中华书局 1974 年版，第 622 页。
② （北齐）魏收：《魏书》卷三五《崔浩传》，中华书局 1974 年版，第 814 页。
③ 《畿辅通志》载：“高允墓在景州西南二十五里高义村。”
④ （北齐）魏收：《魏书》卷四八《高允传》，中华书局 1974 年版，第 1067 页。
⑤ （北齐）魏收：《魏书》卷四八《高允传》，中华书局 1974 年版，第 1069 页。

道腰斩，诛其同籍，年十四已下腐刑，女子没县官。害其亲者轘之。为蛊毒者，男女皆斩，而焚其家。巫蛊者，负羖羊抱犬沉诸渊。当刑者赎，贫则加鞭二百。畿内民富者烧炭于山，贫者役于圊溷，女子入舂槁；其固疾不逮于人，守苑囿。王官阶九品，得以官爵除刑。妇人当刑而孕，产后百日乃决。年十四已下，降刑之半，八十及九岁，非杀人不坐。拷讯不逾四十九。谕刑者，部主具状，公车鞫辞，而三都决之。当死者，部案奏闻。以死不可复生，惧监官不能平，狱成皆呈，帝亲临问，无异辞怨言乃绝之。诸州国之大辟，皆先谳报乃施行。阙左悬登闻鼓，人有穷冤则挝鼓，公车上奏其表。①

崔浩、高允制定《神䴥律》时，也充分体现了门阀观念，“齐整人伦，分明姓族。”②《神䴥律》不仅吸收了曹魏律中的“八议”之法、晋律中的“以服制定罪”法，而且将南朝的“官当”法正式列入了法典：“王官阶九品，得以官爵除刑”③，“五等列爵及在官品令从第五，以阶当刑二岁；免官者，三载之后听仕，降先阶一等。”“官人若罪本除名，以职当刑，犹有余资，复降阶而叙。”④

“官当”是允许犯罪官员用官爵等折抵一定刑期的封建特权法，实质是“官人犯流、徒罪之特殊赎刑”⑤。“官当”给犯罪官吏提供了重新进入仕途的门径，带有浓厚的封建贵族特权色彩。

《神䴥律》是北魏时汉族与少数民族法治理想的结合，陈寅恪说：“胡人之欲统治中国，必不得不借助于此种汉人之大族，而汉人大族亦欲藉统治之胡人以实现其家世传统之政治理想，而巩固其社会地位。”⑥

① （北齐）魏收：《魏书》卷一一一《刑罚志》，中华书局 1974 年版，第 2874 页。
② （北齐）魏收：《魏书》卷四七《卢玄传》，中华书局 1974 年版，第 1045 页。
③ （北齐）魏收：《魏书》卷一一一《刑罚志》，中华书局 1974 年版，第 2874 页。
④ （北齐）魏收：《魏书》卷一一一《刑罚志》，中华书局 1974 年版，第 2879 页。
⑤ 刘俊文：《唐律疏议笺解》，中华书局 1996 年版，第 192 页。
⑥ 陈寅恪：《崔浩与寇谦之》，载《金明馆丛稿初编》，译林出版社 2020 年版，第 149 页。

《神麚律》是北魏法律从游牧民族的原始法向中原儒家法转变的里程碑。崔浩、高允等人把传统儒学中“礼有等差”“明德慎刑”等观念引入了北魏法律，对北魏鲜卑政权的汉化有着深刻的影响。

《神麚律》在刑名、罪名和刑罚原则诸方面皆有新的发展，推动了北朝律学兴盛局面的形成，是北魏前期的一部重要法典。

三、游雅参修《正平律》

《神麚律》修定后，太武帝拓跋焘仍认为法律严苛，第二次命令修律：“刑网太密，犯者更众，朕甚愍之。有司其案律令，务求厥中。自余有不便于民者，依比增损。”① 正平元年（451），主要由太子少傅游雅、中书侍郎胡方回等人主持改定律制，修成《正平律》。

《正平律》的主要变动有：“初盗律，赃四十匹致大辟，民多慢政，峻其法，赃三匹皆死。……游雅与中书侍郎胡方回等改定律制。盗律复旧，加故纵、通情、止舍之法及他罪，凡三百九十一条。门诛四，大辟一百四十五，刑二百二十一条。”②

游雅（？—461），字伯度，小名黄头，广平任县（今河北任县东南）人，太武帝拓跋焘时征拜中书博士、东宫内侍长，迁著作郎。游雅精通律学，认为《神麚律》刑网过密、律令苛严，曾上书太武帝建议慎用死刑，而代之以徒、流之刑：“帝王之于罪人，非怒而诛之，欲其徙善而惩恶。谪徙之苦，其惩亦深。自非大逆正刑，皆可从徙，虽举家投远，忻喜赴路，力役终身，不敢言苦。且远流分离，心或思善。如此，奸邪可息，边垂足备。”③

《正平律》不够完善，“有司虽增损条章，犹未能阐明刑典。”④ 在文成帝

---

①（北齐）魏收：《魏书》卷一一一《刑罚志》，中华书局 1974 年版，第 2875 页。
②（北齐）魏收：《魏书》卷一一一《刑罚志》，中华书局 1974 年版，第 2875 页。
③（北齐）魏收：《魏书》卷一一一《刑罚志》，中华书局 1974 年版，第 2875 页。
④（北齐）魏收：《魏书》卷一一一《刑罚志》，中华书局 1974 年版，第 2875 页。

拓跋濬太安年间对《正平律》重新修订，“增律七十九章，门房之诛十有三，大辟三十五，刑六十二。”① 修改后此律改称《太安律》。

《神䴥律》和《正平律》是北魏成文法向成熟阶段转型的标志性律典。

四、高绰、高遵、封琳参修《太和律》

冯太后（442—490），长乐郡信都县（今河北省衡水市冀州区岳良村）人，鲜卑化汉族，文成帝拓跋濬皇后，献文帝拓跋弘、孝文帝拓跋宏时期曾两度临朝称制。冯太后与孝文帝拓跋宏开展了全面汉化的“太和改制”。其主要内容有：一是从平城迁都洛阳；二是禁鲜卑服，禁鲜卑语；三是改拓跋姓为元；四是进一步学习和采纳汉族的生活方式和典章制度。制定《太和律》是“太和改制”的重要内容。

《太和律》的制定，经过四次重大修订而不断完善。

太和元年（477）八月，冯太后“诏群臣定律令于太华殿”②。废除了裸体行刑等一系列酷刑：“故事，斩者皆裸形伏质，入死者绞，虽有律，未之行也。太和元年，诏……民由化穆，非严刑所制。防之虽峻，陷者弥甚。今犯法至死，同入斩刑，去衣裸体，男女亵见。岂齐之以法，示之以礼者也。今具为之制。”③ 鉴于“律令不具，奸吏用法，致有轻重”的状况，太和五年（481）冬，冯太后继续修订《太和律》：“凡八百三十二章，门房之诛十有六，大辟之罪二百三十五，刑三百七十七；除群行剽劫首谋门诛，律重者止枭首。”④ 太和十年（486），冯太后认为：“三千之罪，莫大于不孝，而律不逊父母，罪止髡刑。于理未衷，可更详改。”⑤ 明确指出要加重对不孝父母者的惩罚，体现了儒家思想。《太和律》还首创“存留养亲制”：“诸犯死罪，若祖

① （北齐）魏收：《魏书》卷一一一《刑罚志》，中华书局 1974 年版，第 2875 页。
② （唐）李延寿：《北史》卷三《魏本纪》，中华书局 1974 年版，第 93 页。
③ （北齐）魏收：《魏书》卷一一一《刑罚志》，中华书局 1974 年版，第 2876 页。
④ （北齐）魏收：《魏书》卷一一一《刑罚志》，中华书局 1974 年版，第 2877 页。
⑤ （北齐）魏收：《魏书》卷一一一《刑罚志》，中华书局 1974 年版，第 2878 页。

父母、父母年七十已上，无成人子孙，旁无期亲者，具状上请。流者鞭笞，留养其亲，终则从流，不在原赦之例。”① 即使罪犯判决为死罪，但如祖父母、父母年七十以上且无依无靠，也可降低刑罚去服侍家长。

太和十四年（490）孝文帝亲政后，更加重视法律建设，不仅强调“法为治要”，还“诏群臣于皇信堂更定律条，流徒限制，帝亲临决之”②，亲自参与到法律的制定过程之中。太和十五年（491），孝文帝“诏刊律令，永作通式”③，《太和律》正式确定，史称“北魏律”。《太和律》荟萃了鲜卑等北方各少数民族习惯法的精华，也吸取了汉族王朝的立法经验，被史家誉为“北系诸律之嚆矢”④。

《太和律》共20篇，在唐代以前即已散佚，而今从各种史籍中零星考知的仅存《刑名》《法例》《宫卫》《违制》《户律》《厩牧》《擅兴》《贼律》《盗律》《斗律》《系讯》《诈伪》《杂律》《捕亡》《断狱》等15篇。

太和九年（485），冯太后还亲自作《黄诰》18篇和《劝戒歌》300余章，于正月在太华殿正式颁布《黄诰》，作为孝文帝拓跋宏和百官学习的行为准则。

《太和律》主要是由渤海律学世家的高绰、高遵、封琳等共同参与议定完成的。

高绰（475—522），字僧裕，渤海蓨县（今河北省景县）人，中书监高允之孙。沉雅有度量，博涉经史。曾为洛阳令，为政强直，不避豪右，京邑惮之，为世人所称道。太和十五年（491），高绰奉孝文帝诏与常景、李琰之等进行编修。

高遵，字世礼，渤海蓨县（今河北省景县）人，受家学熏陶，“涉历文

① （北齐）魏收：《魏书》卷一一一《刑罚志》，中华书局1974年版，第2885页。

② （北齐）魏收：《魏书》卷七《高祖纪》，中华书局1974年版，第169页。

③ 程树德：《九朝律考》卷五《后魏律考序》，中华书局2006年版，第349页。

④ 程树德：《九朝律考》卷五《后魏律考序》，中华书局2006年版，第333页。

史，颇有笔札”[①]，进中书侍郎。高遵形貌庄洁，精晓礼法，常兼太祝令，“跪赞礼事，为俯仰之节，粗合仪矩”，深得孝文帝赏识。后奉诏与游明根、高闾、李冲等人议律令，“亲对御坐，时有陈奏”[②]，得到孝文帝重用，出为立忠将军、齐州刺史。

封琳（？—519），字彦宝，渤海蓨县（今河北省景县）人，北魏前朝太尉封弈的后人，为中书侍郎。在参与修订《太和律》时，封琳“议定律令，有识者称之”[③]。

《太和律》的制定，基本消除了北魏法律制度中的奴隶制残余和游牧部族落后习俗，完全吸收了中原文明的礼法精神，“《太和律》实现了礼、法合一，基本上吸收了汉晋法律的基本要素，《太和律》奠定了法律北系的基本框架。”[④] 北魏法制的多元性深刻影响了隋唐法律。

程树德在《后魏律考序》中讲：“太和中改定律令，君臣聚议一堂，考订之勤，古今无与伦比。”[⑤] 在孝文帝提出的“法为治要”[⑥]、“礼教为先”[⑦] 思想指导下，高绰、高遵、封琳等河北律学家，将儒家的礼制贯彻到修律的过程中。因此，使《太和律》不仅保持了前代律令中的“八议”“官当”等内容，而且增加了使之更符合儒家伦常的法条。在刑罚轻简方面，一是罢“门房之诛”，二是废“裸露行斩”之法。在儒家伦常方面，一是加重了对不孝罪的处罚；二是创制存留养亲之法；三是加重亲属相犯的惩罚。同时加强了惩贪立法。《太和律》的这些变革，更突出体现了取精用宏、开拓创新的特点，

---

① （北齐）魏收：《魏书》卷八九《高遵传》，中华书局 1974 年版，第 1920 页。

② （北齐）魏收：《魏书》卷八九《高遵传》，中华书局 1974 年版，第 1921 页。

③ （唐）李延寿：《北史》卷二四《封孝琰传》，中华书局 1974 年版，第 897 页。

④ 关志国：《论北方少数民族王朝法律与中华法系——中华一体理论的视角》，载程尼娜、傅百臣主编《辽金史论丛——纪念张博泉教授逝世三周年论文集》，吉林人民出版社 2003 年版，第 175 页。

⑤ 程树德：《九朝律考》卷五《后魏律考序》，中华书局 2006 年版，第 339 页。

⑥ （北齐）魏收：《魏书》卷七《高祖纪》，中华书局 1974 年版，第 180 页。

⑦ （北齐）魏收：《魏书》卷一九《任城王》，中华书局 1974 年版，第 469 页。

是北魏法制迈向封建化的一次飞跃。①

第三节 第一个南北朝时期，燕赵人士参与修法的第一次历史高潮：北齐与南朝时期

一、高欢、高洋、高湛修《麟趾格》《北齐律》

北魏渤海郡蓨县（今衡水市景县）人高欢，鲜卑名贺六浑，因祖父犯法被发配到六镇中的怀朔镇充兵户，世代为边关镇将，“累世北边，故习其俗，遂同鲜卑”②，后为北魏大将，掌握军权。高欢很有军事才能，作战时能“统驭军众，法令严肃，临敌制胜，策出无方”③。

北魏孝明帝孝昌元年（525），杜洛周起兵反魏。公元534年，高欢趁机立傀儡皇帝魏孝静帝元善见，史称东魏。至此，北魏分裂为东魏、西魏，与南梁三分天下。渤海蓨县高氏家族由此登上了历史舞台。

高欢认为汉人世家豪族掌握粮食及军需物资资源，而鲜卑人是政权的武力支柱，因而精通“胡汉分治”的策略，“（高）欢每号令人士，常令丞相属代郡张华原宣旨，其语鲜卑则曰：‘汉民是汝奴，夫为汝耕，妇为汝织，输汝粟帛，令汝温饱，汝何为陵之？’其语华人，则曰：‘鲜卑是汝作客，得汝一斛粟、一匹绢，为汝击贼，令汝安宁，汝何为疾之？’”④ 并且在辅政之时，高欢亦能“听断昭察，不可欺犯”⑤。

高欢相当重视对法律的修定。东魏初，依然沿用北魏律，但“民讼殷

① 郭东旭：《燕赵法文化研究（古代版）》，河北大学出版社2009年版，第133页。
② （唐）李百药：《北齐书》卷一《神武帝纪》，中华书局1972年版，第1页。
③ （唐）李百药：《北齐书》卷二《神武帝纪》，中华书局1972年版，第24页。
④ （宋）司马光：《资治通鉴》卷一五七《梁纪十三》，中华书局1956年版，第4882页。
⑤ （唐）李百药：《北齐书》卷二《神武帝纪》，中华书局1972年版，第24页。

繁”，而北魏律“前格后诏，自相与夺”[①]，各种单行刑事法规相互矛盾，司法官难以适从，因而造成了“法吏疑狱，簿领成山”[②] 的状况。基于这种情况，兴和三年（541），高欢建议修订法律，《魏书·孝静帝纪》载：“齐文襄王（高洋）自晋阳来朝，先是诏文襄王与群臣于麟趾阁，议定新制，甲寅班于天下。”[③] 由此制定了东魏的基本法典《麟趾格》。名为“格”，是为自别于律之正统，优先于律而适用。《唐六典》云：“后魏以格代科，于麟趾殿删定，名为《麟趾格》。”[④] “科，课也，课其不如法者，罪责之也。”[⑤] 《麟趾格》“以格代科”，是汉代以来法律形式的一大变化，也是隋唐法律形式之一“格”之先河。《麟趾格》“充当决狱之准的刑法性质”[⑥]。东魏《麟趾格》是把格上升为独立法典，与后代把格作为行政法规不同。[⑦]《麟趾格》由尚书左丞崔暹任“主议”，三公郎中封述为主要执笔者，温子升、邢邵等文官预议。

高欢认为北魏都城洛阳，过于靠近西魏与南梁的边界，为四战之地，军事上难于防守，因此在天平元年（534）十月，挟魏孝静帝将都城从洛阳迁到邺城（今河北邯郸临漳西南邺镇）。“神武（高欢）以孝武既西，恐逼崤、陕，洛阳复在河外，接近梁境，如向晋阳，形势不能相接，乃议迁邺，护军祖莹赞焉。诏下三日，车驾便发，户四十万狼狈就道。神武留洛阳部分，事毕还晋阳，自是军国政务，皆归相府。”[⑧] 自此邺城实际位于高欢实权统治之下，高欢“令百官每月面敷政事，明扬侧陋，纳谏屏邪，亲理狱讼，褒黜勤怠”[⑨]。

---

① （北魏）杨衒之撰，杨勇校笺：《洛阳伽蓝记校笺》卷三《城南》，中华书局 2006 年版，第 125 页。

② （北魏）杨衒之撰，周祖谟校释：《洛阳伽蓝记校释》卷三《城南》，中华书局 2010 年版，第 102 页。

③ （唐）李延寿：《北史》卷五《魏本纪》，中华书局 1974 年版，第 190 页。

④ （唐）李林甫撰，陈仲夫点校：《唐六典》卷六《尚书刑部》，中华书局 1992 年版，第 185 页。

⑤ 程树德：《九朝律考》卷一《汉律考》，中华书局 2006 年版，第 29 页。

⑥ 楼劲：《魏晋南北朝隋唐立法与法律体系——敕例、法典与唐法系源流》，中国社科学出版社 2014 年版，第 307 页。

⑦ 陈晓枫、柳正权：《中国法制史》，武汉大学出版社 2012 年版，第 256 页。

⑧ （唐）李百药：《北齐书》卷二《神武帝纪》，中华书局 1972 年版，第 18 页。

⑨ （唐）李百药：《北齐书》卷二《神武帝纪》，中华书局 1972 年版，第 21 页。

武定五年（547），高欢逝世，由其长子高澄继位，但不久高澄被部下所杀，其弟高洋（鲜卑名侯尼干）继位。高洋于天保元年（550）废魏孝静帝元善见，自己登上了皇帝的宝座，建立了北齐王朝，他就是北齐文宣帝，史称北齐神武帝。

北齐文宣帝高洋十分重视法律在安邦定国中的作用。北齐立国之初，仍以东魏的《麟趾格》为主要法典，但《麟趾格》“尤未尽善”，致使“政刑不一，决狱定罪，罕依律文”。[①] 天保元年（550）八月，高洋诏令群臣重新刊定《麟趾格》：“群官更加论究，适治之方，先尽要切，引纲理目，必使无遗。”[②] 高洋在重新删定《麟趾格》的同时着手制定《北齐律》，但高欢在世时齐律并未制成。“文宣天保元年，始命群官刊定魏朝《麟趾格》。是时军国多事，政刑不一，决狱定罪，罕依律文，相承谓之变法从事。……大齐受命已来，律令未改，非所以创制垂法，革人视听。于是始命群官，议造《齐律》，积年不成。其决狱犹依魏旧。”[③]

太宁元年（561），北齐武成帝高湛即位，“思存轻典”，乃下诏曰：“王者所用，唯在赏罚，赏贵适理，罚在得精。然理容进退，事涉疑似，盟府司勋，或有开塞之路，三尺律令，未穷画一之道。想文王之官人，念宣尼之止讼，刑赏之宜，思获其所。自今诸应赏罚，皆赏疑从重，罚疑从轻。”[④] 又频加催督，终于在河清三年（564），“尚书令、赵郡王等，奏上《齐律》十二篇。”[⑤] 至此，历经14年之久的《北齐律》终于修成。

《北齐律》是在“久为法官、明解律令”的出身渤海律学世家的封述及崔昂、赵彦深、魏收、马敬德等人主持下完成的。《北齐律》共12篇，949条，是在总结历代执法经验和律学成就的基础上经过悉心研究完成的，既克服了

---

① （唐）魏徵、令狐德棻：《隋书》卷二五《刑法志》，中华书局1973年版，第704页。
② （唐）李百药：《北齐书》卷四《文宣帝纪》，中华书局1972年版，第53页。
③ （唐）魏徵、令狐德棻：《隋书》卷二五《刑法志》，中华书局1973年版，第704页。
④ （唐）魏徵、令狐德棻：《隋书》卷二五《刑法志》，中华书局1973年版，第705页。
⑤ （唐）魏徵、令狐德棻：《隋书》卷二五《刑法志》，中华书局1973年版，第705页。

汉魏法律的繁芜，也避免了北周法律的古而不要，成为中国法律史上第一部“法令明审，科条简要”① 的封建法典。《北齐律》是南北朝时期最高水准的封建法典，也是对隋唐法典影响最直接的一部法典。

《北齐律》由于早已散逸，其详细内容已不可考，仅存其篇章体例，据此亦可窥见《北齐律》在中国法律发展史上的贡献。

一是首创《名例》篇并置首。《北齐律》将西晋《泰始律》中的《刑名》和《法例》合并为《名例》，放在律典第一篇。《名例律》作为总则篇目，其律典置首位置进一步突出了法典总则的性质和地位，从而使法典的体例结构更加规范。隋唐直至明清各代，其法典的首篇均为《名例律》。

二是精练了刑法分则，法典篇目由《北魏律》的20篇精减为12篇：《名例》《禁卫》《户婚》《擅兴》《违制》《诈伪》《斗讼》《贼盗》《捕断》《毁损》《厩牧》《杂律》。12篇的体例为隋唐法典所沿袭。

三是首创“重罪十条”，即将危害统治阶级根本利益和违反封建伦理纲常的十种重罪置于“名例律”之中，以突出打击的重点。其内容包括：“列重罪十条：一曰反逆，二曰大逆，三曰叛，四曰降，五曰恶逆，六曰不道，七曰不敬，八曰不孝，九曰不义，十曰内乱。”② 并规定：“其犯此十者，不在八议论赎之限。”③ 隋初制定的《开皇律》将这一规定稍加修改而称为“十恶”，其主要内容与基本精神与“重罪十条”一脉相承。“重罪十条”是礼法结合的重要表现，直到清末都是封建法律中一项最基本、最重要、最核心的内容。

四是确立了死、流、徒、杖、鞭（隋唐改为笞）五刑，规定鞭刑为四十、五十、六十、八十、一百共五等，杖刑为十、二十、三十共计三等，徒罪即劳役刑一年至五年共计五等，流刑为一等，死刑为绞、斩、枭首、轘四等，一共由十八等构成。这为隋唐封建刑罚体系奠定了基础。

---

① （唐）魏徵、令狐德棻：《隋书》卷二五《刑法志》，中华书局1973年版，第706页。
② （唐）魏徵、令狐德棻：《隋书》卷二五《刑法志》，中华书局1973年版，第706页。
③ （唐）魏徵、令狐德棻：《隋书》卷二五《刑法志》，中华书局1973年版，第706页。

《北齐律》上承汉魏律之精神，下开隋唐律之先河。程树德这样评价《北齐律》："南北朝诸律，北优于南，而北朝尤以齐律为最。"① 隋唐二代之律，均以《北齐律》为蓝本，"盖唐律与齐律，篇目虽有分合，而沿其十二篇之旧；刑名虽有增损，而沿其五等之旧；十恶名称，虽有歧出，而沿其重罪十条之旧。……故读唐律者，即可因之推见齐律。"② 可见《北齐律》在中国封建法制发展史上，实居于上承汉魏、下启隋唐的重要地位。

燕赵人封隆之、封述作为渤海封氏律学世家的主要代表，"久为法官，明解律令，议断平允"③，对"仕门子弟，常讲习之，齐人多晓法律"④。故而后世认为"渤海封氏，世长律学"⑤。封述参与删定《麟趾格》，"校正今古，所增损十有七八。"⑥ 而且封述参与了修定《北齐律》，亲自撰写律条。渤海封氏卓越的律学成就成为汉魏以来律学世家的绝响。⑦ 为中国北朝时期律学"衰于南而盛于北"⑧ 的局面作出卓越贡献。

二、南朝崔祖思的重法思想

公元420年刘裕代晋，以建康（今江苏南京）为都城的政权相继有南朝宋、南朝齐、南朝梁、南朝陈四朝，合称南朝。

崔祖思（440—480），字敬元，清河郡东武城县（今河北故城）人，汉末中尉崔琰七世孙，祖父崔諲曾为宋冀州刺史，其父崔僧护，曾是州里的秀才。崔祖思一直在南朝宋、齐为官，曾为冀州中正，又任青、冀二州刺史。

南北朝时期，南方政治风气与北方相差很大，南朝士族崇尚佛老、热衷

① 程树德：《九朝律考》卷六《北齐律考序》，中华书局2006年版，第333页。
② 程树德：《九朝律考》卷六《北齐律考序》，中华书局2006年版，第393页。
③ （唐）李百药：《北齐书》卷四三《封述传》，中华书局1972年版，第573页。
④ （唐）魏徵、令狐德棻：《隋书》卷二五《刑法志》，中华书局1973年版，第706页。
⑤ 程树德：《九朝律考》卷六《北齐律考序》，中华书局2006年版，第393页。
⑥ （唐）李百药：《北齐书》卷三〇《崔昂传》，中华书局1972年版，第411页。
⑦ 郭东旭、申慧青：《渤海封氏——中国律学世家的绝响》，《河北学刊》2009年第5期。
⑧ 程树德：《九朝律考》卷五《南朝诸律考序》，中华书局2006年版，第311页。

于清谈、轻视名法，“江左以清谈相尚，不崇名法。”① 出身燕赵的崔祖思表现出强烈的务实精神，在沉溺于清谈玄学的南方士人群体中显得相当突出。崔祖思非常重视儒家的名法观，他给齐高帝萧道成的《陈政事启》集中表现了他的法律思想。

南北朝时期，中国南北方的政治家对法律的认识与态度出现了冷热反差极大的局面。北朝政治家重视法律的社会功能，重用北方汉族律学家和儒学名士，总结历代立法和司法经验，频繁修律更法，重用知法官员；而南朝统治者却多视法治为俗务，缺少显著的修法成果，也不重视官员的司法才能。因此北朝涌现出数量众多的律学家，而南朝却缺少法律名臣，因此崔祖思关于重视法治的思想就更为可贵。

崔祖思在《陈政事启》中以议古明今的方式，建议齐高帝重视法律在国家治理中的重要性，选用提拔明法官员：

> 宪律之重，由来尚矣。故曹参去齐，唯以狱市为寄，余无所言。路温舒言“秦有十失，其一尚在，治狱之吏是也”。实宜请置廷尉，茂简三官，寺丞狱主，弥重其选，研习律令，删除繁苛。诏狱及两县，一月三讯，观貌察情，欺枉必达。使明慎用刑，无忝大《易》；宁失不经，靡愧《周书》。汉来治律有家，子孙并世其业，聚徒讲授，至数百人。故张（释之）、于（定国）二氏，洁誉文、宣之世；陈（陈咸、陈宠）、郭（郭弘、郭躬）两族，流称武、明之朝。决狱无冤，庆昌枝裔，槐兖相袭，蝉紫传辉。今廷尉律生，乃令史门户，族非咸、弘，庭缺于训。刑之不措，抑此之由。如详择笃厚之士，使习律令，试简有征，擢为廷尉僚属。苟官世其家而不美其绩，鲜矣；废其职而欲善其事，未之有也。若刘累传守其业，庖人不乏龙肝之馔，断可知矣。②

① 程树德：《九朝律考》卷五《南朝诸律考序》，中华书局 2006 年版，第 311 页。
② （南朝梁）萧子显：《南齐书》卷二八《崔祖思传》，中华书局 1972 年版，第 519 页。

就像是缺少龙肝的厨师，难以做出世间美味；如果没有知法懂法的官员，皇帝就难以实现治理清明。

南朝的社会风气以清谈相尚，故而佛道思想影响很大。崔祖思则认为要重视儒家的“扬善”与法家的“惩恶”的作用，认为道德教化和法律约束都是治国安邦的关键之所在：

> 论儒者以德化为本，谈法者以刻削为体。道教治世之粱肉，刑宪乱世之药石，故以教化比雨露，名法方风霜。是以有耻且格，敬让之枢纽；令行禁止，为国之关键。①

崔祖思认为以法治国的重要方面是保证“赏罚”的公正性，严格的奖惩制度可以规范世人的行为，可以实现道德教化与法律规范协调作用的治理局面：

> 然则天下治者，赏罚而已矣。赏不事丰，所病于不均；罚不在重，所困于不当。如令甲勋少，乙功多，赏甲而舍乙，天下必有不劝矣；丙罪重，丁眚轻，罚丁而赦丙，天下必有不悛矣。是赏罚空行，无当乎劝沮。将令见罚者宠习之臣，受赏者仇雠之士，戮一人而万国惧，赏匹夫而四海悦。②

崔祖思还建议齐高帝兴教学，尚俭约，减赋役，敦农稼。崔祖思的重法思想虽在中国法律的历史长河中并不突出，但在律学“北优于南”“南衰北盛”的南北朝时期，在南朝社会中则是具有现实意义的一股清流。

---

① （梁）萧子显：《南齐书》卷二八《崔祖思传》，中华书局1972年版，第519页。
② （梁）萧子显：《南齐书》卷二八《崔祖思传》，中华书局1972年版，第520页。

第四章　从隋至唐朝中期：中华法系定型过程中明法制律的燕赵人官员群体

公元534年，高欢拥立元善见为傀儡皇帝，都邺城，史称东魏。与此同时，宇文泰拥立元宝炬登基为帝，都长安，史称西魏。557年，宇文护迫使西魏恭帝禅让于宇文觉，北周政权建立。后北周武帝宇文邕攻灭北齐，统一了北方。

公元581年杨坚受禅代周，建立隋朝，结束了南北分裂，再建统一大帝国。“北周灭北齐是通过战争的方式占领河北；而杨坚取代北周，则是通过和平的方式统治河北。在北方‘旧齐’之地是隋王朝的新统治区，而河北又是‘旧齐’之地的腹心所在。”[①] 因而燕赵人士较少能进入隋王朝核心统治层。

隋朝末年，形成了以关中的李渊、河南的王世充、河北的窦建德为主的势力割据局面。后李建成采用魏徵的建议：收复人心为主，军事镇压为辅，“宜悉解其囚俘，慰谕遣之，则可坐视离散”[②]，以怀柔政策安抚河北人心，初步统一了河北地区。唐朝建立后，实行科举取士制度，燕赵人士也多经由此途径进入唐中央政权之中。

“秦汉政权的统一秩序是汉族政权在北方所建立起来的统一秩序，而隋唐

---

① 严兰绅主编，杜荣泉著：《河北通史·隋唐五代卷》，河北人民出版社2000年版，第8页。

② （宋）司马光：《资治通鉴》卷一九〇《唐纪六》，中华书局1956年版，第5963页。

政权的统一秩序则是融合了周边少数民族政权后确立起来的胡汉南北融合后的新的统一秩序。”[①] 隋唐时期是中华封建法制文明的完善时期，以《唐律疏议》为代表的唐代立法，继承了魏晋以来“礼刑并用”的法学传统，并使《唐律》成为中华法系的代表性法典。

在隋唐时期，博陵安平（今河北安平）人李德林、渤海蓨县（今河北景县）人高颎、贝州武城（今河北清河）人崔善为、冀州（今河北衡水）人李桐客、渤海蓨县（今河北景县）人高季辅、定州义丰人张行成、邢州南和（今河北南和）人宋璟在《开皇律》《武德律》《贞观律》《永徽律》《开元后格》制定中，皆作出了突出贡献。隋唐时期，也涌现出一批河北籍明法官员群体，如冀州衡水（今河北衡水市）人孔颖达、钜鹿下曲城（今河北晋州市）人魏徵等。

隋唐时期，在法典修订与司法治理方面，燕赵法律名臣群体都作出了杰出贡献。

第一节　隋唐是中华法系的成熟期，参与隋唐法律制定的燕赵人群体

一、李德林、高颎参修《开皇律》

李德林（530—590），字公辅，博陵安平（今衡水市安平县，另说今衡水市饶阳县五公村）人，少有神童之誉，“年十五，诵五经及古今文集，日数千言。俄而该博坟典，阴阳纬候，无不通涉。”[②] 北齐天保中举秀才，北齐任城王高湝很赏识李德林的才能：“燕赵固多奇士，此言诚不为谬。今岁所贡秀才李德林者，文章学识，固不待言，观其风神器宇，终为栋梁之用。至如经国

① 高珣：《隋朝法制与统一秩序研究》，法律出版社 2008 年版，第 28 页。
② （唐）魏徵、令狐德棻：《隋书》卷四二《李德林传》，中华书局 1973 年版，第 1193 页。

大体，是贾生、晁错之俦；雕虫小技，殆相如、子云之辈。今虽唐、虞君世，俊乂盈朝，然修大厦者，岂厌夫良材之积也？吾尝见孔文举《荐祢衡表》云：'洪水横流，帝思俾乂。'以正平比夫大禹，常谓拟谕非伦。今以德林言之，便觉前言非大。"[①] 后李德林累官通直散骑侍郎，典机密。北周武帝宇文邕灭北齐，授内史上士。北周宣帝时，李德林任御正下大夫，赐爵成安县男。北周静帝时，杨坚执政，李德林参谋兵略，起草军书羽檄。禅代之际，文书戕表玺书，皆出自李德林手笔。开皇初李德林为内史令，成为隋朝建国佐命功臣。隋初，李德林以宰相之职奉召修律。《隋书·李德林传》载："开皇元年，敕令与太尉任国公于翼、高颎等同修律令。事讫奏闻，别赐九环金带一腰，骏马一匹，赏损益之多也。"[②]

高颎（541—607），一名敏，字昭玄，渤海蓨县（今河北景县）人。高颎的曾祖高暠自辽东归魏，其父高宾，仕东魏，累官至龙骧将军、谏议大夫、立义都督，后因受人嫉恨，为避奸臣谗言，投奔西魏，被宇文泰重用。高宾任咸阳郡守期间，"政存简惠，甚得民和"[③]，史称他"敏于从政，果敢决断，案牍虽繁，绰有余裕"[④]。北周大司马独孤信引其为僚佐，并赐姓独孤氏，因而高颎的鲜卑名为独孤颎。高颎少年时明敏练达，颇涉经史，17 岁在杨坚丞相府任司录。后因高颎强明、知兵事、多计谋，出任尚书左仆射兼纳言，成为辅佐隋文帝杨坚的一代贤相。《隋书》中对其评价很高："颎有文武大略，明达世务。及蒙任寄之后，竭诚尽节，进引贞良，以天下为己任。苏威、杨素、贺若弼、韩擒等，皆颎所推荐，各尽其用，为一代名臣。自余立功立事者，不可胜数。当朝执政将二十年，朝野推服，物无异议。治致升平，颎之力也，论者以为真宰相。及其被诛，天下莫不伤惜，至今称冤不已。所有奇

① （唐）魏徵、令狐德棻：《隋书》卷四二《李德林传》，中华书局 1973 年版，第 1194 页。
② （唐）魏徵、令狐德棻：《隋书》卷四二《李德林传》，中华书局 1973 年版，第 1200 页。
③ （唐）令狐德棻：《周书》卷三七《高宾传》，中华书局 1971 年版，第 670 页。
④ （唐）令狐德棻：《周书》卷三七《高宾传》，中华书局 1971 年版，第 670 页。

策密谋及损益时政，颎皆削稿，世无知者。”[①] “高颎有经国大才，为隋文帝赞成霸业，知国政者一十余载，天下赖以康宁。”[②]

杨坚称帝之后，针对北周刑法繁杂苛酷的情况，于开皇元年（581）“诏尚书左仆射、勃海公高颎，上柱国、沛公郑译，上柱国、清河郡公杨素，大理前少卿、平源县公常明，刑部侍郎、保城县公韩浚，比部侍郎李谔，兼考功侍郎柳雄亮等，更定新律。”[③] 新律的主要修定原则是：“参用周、齐旧政，以定律令，除苛惨之法，务在宽平。”[④] 高颎与李德林、杨素、郑译等人制定新律时认为北周律“今古杂糅，礼律凌乱”[⑤]，因另以“科条简要，非虚誉也”[⑥] 的《北齐律》为蓝本，进行了去重就轻、删繁为简的修改。高颎等人修订的开皇新律，又经开皇三年（583）苏威、牛弘等人的再次删订，最终形成了“刑网简要，疏而不失”[⑦] 的《开皇律》。

《开皇律》“多采后齐之制”[⑧]，“隋唐律因北齐而不袭后周”[⑨]。《开皇律》贯彻了以德为主、德刑并用的儒家法律观，其进步性主要体现为：

1.《开皇律》在《北齐律》“重罪十条”的反、逆、叛、降罪前增加了“谋”字，表明对“十恶”之反、逆、叛罪的处罚时段从实行阶段扩大到谋划（预备）阶段。《开皇律》又将“重罪十条”中的“降”归入叛罪，增“不睦”之罪，并正式以“十恶”概称，使十种罪名定型化。“十恶”罪自《开皇律》开始，成为历代封建法典中重要的核心内容，是有效维护封建皇权和统治秩序的有力武器。《北齐律》中的“罪”变为《开皇律》中的“恶”，可

---

① （唐）魏徵、令狐德棻：《隋书》卷四一《高颎传》，中华书局 1973 年版，第 1184 页。
② （唐）吴兢撰，谢保成集校：《贞观政要集校》卷六，中华书局 2009 年版，第 340 页。
③ （唐）魏徵、令狐德棻：《隋书》卷二五《刑法志》，中华书局 1973 年版，第 710 页。
④ （唐）魏徵、令狐德棻：《隋书》卷二五《刑法志》，中华书局 1973 年版，第 712 页。
⑤ 程树德：《九朝律考》卷七《后周律考序》，中华书局 2006 年版，第 411 页。
⑥ 程树德：《九朝律考》卷六《北齐律考》，中华书局 2006 年版，第 399 页。
⑦ （唐）魏徵、令狐德棻：《隋书》卷二五《刑法志》，中华书局 1973 年版，第 712 页。
⑧ （唐）魏徵、令狐德棻：《隋书》卷二五《刑法志》，中华书局 1973 年版，第 711 页。
⑨ 陈寅恪：《隋唐制度渊源略论稿》，河北教育出版社 2002 年版，第 114 页。

能是借用了佛教用语。①

2.《开皇律》确立了死、流、徒、杖、笞五种刑罚制度，“其刑名有五：一曰死刑二，有绞，有斩。二曰流刑三，有一千里、千五百里、二千里。应配者，一千里居作二年，一千五百里居作二年半，二千里居作三年。应住居作者，三流俱役三年。近流加杖一百，一等加三十。三曰徒刑五，有一年、一年半、二年、二年半、三年。四曰杖刑五，自五十至于百。五曰笞刑五，自十至于五十。而蠲除前代鞭刑及枭首轘轘裂之法。”②《开皇律》中确定的刑种和刑等，构成了一个相对合理的刑罚体系，反映了中国封建社会刑罚制度基本成熟。

3.《开皇律》调整了12篇法典结构顺序和名称。一是将《北齐律》中的《禁卫律》改为《卫禁律》，《婚户律》改为《户婚律》，《违制律》改为《职制律》，《厩牧律》改为《厩库律》，从而突出了法律调整和保护的对象。二是删除了《毁损律》，把《捕断律》分为《捕亡》和《断狱》两篇，置于律典之末。《开皇律》前十篇属于实体法，确认了罪名、权利和义务等内容；《捕亡》和《断狱》属于程序法，确认了法律运行的规则、方式和秩序。《开皇律》中实体法和程序法的分开，是中国传统立法技术的重大进步。

4.《开皇律》的法律本质还是为了维护封建贵族、官员的统治利益，因而确立了“议、减、赎、当”等不同减免罪行的方法，根据犯罪的性质、应处罚的种类、官员的品级、与皇族的关系等，使封建官僚和贵族在法律上享有特权。

高颎等人制定的《开皇律》，“刑网简要，疏而不失”，促进了当时社会的发展，隋朝初期出现了“仓廪实，法令行，君子咸乐其生，小人各安其业，强无陵弱，众不暴寡，人物殷阜，朝野欢娱”③的社会局面。

---

① 周东平：《隋〈开皇律〉十恶渊源新探》，《法学研究》2005年第4期。
② （唐）魏徵、（唐）令狐德棻：《隋书》卷二五《刑法志》，中华书局1973年版，第711页。
③ （唐）魏徵、（唐）令狐德棻：《隋书》卷二《高祖纪》，中华书局1973年版，第55页。

此后高颎又奉诏编定《开皇令》，共30卷，27篇，内容涵盖中央三省六部制、地方州县制、九品中正制、科举制、均田制、租调制及户籍制等内容。《开皇令》已经失传，仅存篇目。宋人曾评价高颎曰：“以经世之才，议定科律，轻重之准，识者以为尽天下之平。”①

高颎和李德林的法律思想中，都十分重视维护司法制度。

高颎敢于向皇帝直言。隋文帝“性猜忌，素不悦学。……恒令左右觇视内外，有小过失，则加以重罪。……每于殿廷打人，一日之中，或至数四。尝怒问事挥楚不甚，即命斩之”②。高颎多次谏言：“朝堂非杀人之所，殿庭非决罚之地。”③ 高颎对隋王朝的统一和中央集权的加强都有很多功劳。

李德林认为要维护法律的稳定性，反对律文的朝成暮毁，数有更张，朝令夕改就会使人民无所适从，法律也就会失去权威性。《开皇律》及令格式制定之后，太子少保苏威提出更改隋律，李德林认为：“格式已颁，义须画一，纵令小有踌驳，非遇蠢政害民者，不可数有改张。”④ 因而坚决反对改律。苏威又提出废郡，李德林亦指出：“修令时，公何不论废郡为便？今令才出，其可改乎！”⑤

隋文帝建立了完善的里保户籍制度：“五家为保，保有长，保五为闾，闾四为族，皆有正。畿外置里正，比闾正，党长比族正，以相检察。”⑥ 苏威又提议设置五百家乡正，“令理民间辞讼。”⑦ 对此，李德林认为，“本废乡官判事，为其里闾亲戚，剖断不平，今令乡正专治五百家，恐为害更甚。且今时吏部，总选人物，天下不过数百县，于六七百万户内，诠简数百县令，犹不

① （清）沈家本撰，邓经元、骈宇骞点校：《历代刑法考·刑法分考·充军》，中华书局1985年版，第236页。

② （唐）魏徵、令狐德棻：《隋书》卷二五《刑法志》，中华书局1973年版，第713页。

③ （唐）魏徵、令狐德棻：《隋书》卷二五《刑法志》，中华书局1973年版，第713页。

④ （唐）魏徵、令狐德棻：《隋书》卷四二《李德林传》，中华书局1973年版，第1200页。

⑤ （唐）魏徵、令狐德棻：《隋书》卷四二《李德林传》，中华书局1973年版，第1200页。

⑥ （唐）魏徵、令狐德棻：《隋书》卷二四《食货志》，中华书局1973年版，第680页。

⑦ （唐）魏徵、令狐德棻：《隋书》卷四二《李德林传》，中华书局1973年版，第1200页。

能称其才，乃欲于一乡之内，选一人能治五百家者，必恐难得。又即时要荒小县，有不至五百家者，复不可令两县共管一乡。”① 隋文帝意图更改官制，李德林则认为：“兹事臣本以为不可，然置来始尔，复即停废，政令不一，朝成暮毁，深非帝王设法之义。臣望陛下自今群臣于律令辄欲改张，即以军法从事；不然者，纷纭未已。”② 李德林参佐隋文帝十余年，慎重沉稳，为文帝重臣。

此外，隋朝恒山新市（今河北正定东北）郎茂，非常重视法律在治国安邦中的作用，他认为：“民犹水也，法令为堤防，堤防不固，必致奔突，苟无决溢，使君何患哉?”③ 因此郎茂主张治国要以德礼为本，刑罚为用，恩威并重。

二、崔善为、李桐客参修《武德律》

617 年，太原留守李渊在晋阳起兵反隋，占领长安，“布宽大之令”④，“约法为十二条，惟制杀人、劫盗、背军、叛逆者死，余并蠲除之。”⑤ 因此争取到民心支持。618 年隋炀帝在江都被宇文化及所杀，李渊称帝，改国号唐。

武德元年（618）五月，李渊鉴于隋末滥施苛法终致亡国，诏令在隋《开皇律》基础上制定法律：“敕尚书左仆射裴寂、尚书右仆射萧瑀及大理卿崔善为、给事中王敬业、中书舍人刘林甫颜师古王孝远、泾州别驾靖延、太常丞丁孝乌、隋大理丞房轴、上将府参军李桐客、太常博士徐上机等，撰定律令，大略以开皇为准。于时诸事始定，边方尚梗，救时之弊，有所未暇，惟正五十三条格，入于新律，余无所改。”⑥ 武德七年（624）新律完成，史称《武

① （唐）魏徵、令狐德棻：《隋书》卷四二《李德林传》，中华书局 1973 年版，第 1200 页。
② （唐）魏徵、令狐德棻：《隋书》卷四二《李德林传》，中华书局 1973 年版，第 1207 页。
③ （唐）魏徵、令狐德棻：《隋书》卷六六《郎茂传》，中华书局 1973 年版，第 1554 页。
④ （后晋）刘昫等：《旧唐书》卷五〇《刑法志》，中华书局 1975 年版，第 2133 页。
⑤ （后晋）刘昫等：《旧唐书》卷五〇《刑法志》，中华书局 1975 年版，第 2133 页。
⑥ （后晋）刘昫等：《旧唐书》卷五〇《刑法志》，中华书局 1975 年版，第 2134 页。

德律》，这是唐朝立法的开端。

参修《武德律》的大理卿崔善为、上将府参军李桐客都是燕赵人物。

崔善为，贝州武城（今河北清河）人，祖父崔颙是北魏的员外散骑侍郎。父亲崔权会，任北齐丞相府参军。崔善为少年好学，“兼善天文算历，明达时务。弱冠州举，授文林郎。”① 隋文帝仁寿年间，任楼烦都司户司佐，与太原太守李渊交好，密劝李渊反隋自立。李渊起事后，崔善为任大将军府司户参军，封清河县公爵位。参修《武德律》后，于贞观年间任大理寺卿、司农卿，后离京任秦州刺史。

李桐客，冀州衡水（今河北衡水市）人。隋朝时为门下录事，后隋炀帝见中原已乱，不想回北方，打算把国都迁到丹阳，保守江东，下令群臣在朝堂上议论迁都之事。公卿俱言：“江右黔黎，皆思望幸，巡狩吴会，勒石纪功，复禹之迹，今其时也。”只有李桐客反对迁都：“江南卑湿，地狭州小，内奉万乘，外给三军，吴人力屈，不堪命。且逾越险阻，非社稷之福。”② 隋亡后李桐客投靠窦建德，后为时为秦王的李世民召授为秦府法曹参军。贞观初，被任命为通州、巴州二州的刺史。李桐客治理地方，政绩卓著，“所在清平流誉，百姓呼为慈父。”③

《武德律》以《开皇律》为基础，增加“五十三条新格”内容制成，也分为12篇，和《开皇律》没有太大的区别。

《武德律》以《开皇律》为基础，共12篇500条，“其篇目一准隋开皇之律，刑名之制又亦略同”④，对流刑和居作的刑法则作了一些修改。《开皇律》规定，流刑为一千里、一千五百里、二千里三等，《武德律》把每等都加一千里：“三流皆加一千里，居作三年、二年半、二年皆一年。”⑤《开皇律》规定

① （后晋）刘昫等：《旧唐书》卷一九一《崔善为传》，中华书局1975年版，第5088页。
② （后晋）刘昫等：《旧唐书》卷一八五《李桐客传》，中华书局1975年版，第4785页。
③ （后晋）刘昫等：《旧唐书》卷一八五《李桐客传》，中华书局1975年版，第4785页。
④ （唐）李林甫著，陈仲夫点校：《唐六典》卷六《尚书刑部》，中华书局1992年版，第183页。
⑤ （唐）李林甫著，陈仲夫点校：《唐六典》卷六《尚书刑部》，中华书局1992年版，第183页。

判处流刑的犯人到流放地点还要服劳役二年、二年半、三年，《武德律》则一律改为一年。另一个变动是把武德元年制定的五十三条格，即“除苛细五十三条”[①] 入律。《武德律》对其后唐朝的修律活动都有很重要的影响，创立了唐朝标准的法典形式，“永垂宪则，贻范后昆。”[②]《武德律》之后，贞观、永徽、开元几朝对唐律的修订，都是在《武德律》基础上进行的。

三、高季辅、张行成参修《永徽律》

唐初的《武德律》对《开皇律》有所损益，但基本一仍其旧，没有太大发展。唐太宗李世民登基称帝时，《武德律》已不能适应当时形势的需要。鉴于此，李世民即位后，钜鹿（今河北钜鹿县）人魏徵建议：“专尚仁义，当慎刑恤典。”[③] 渤海蓨县（今河北景县）人高季辅上书太宗，申明选拔人才、修订新律的必要性：“时已平矣，功已成矣，然而刑典未措者，何哉？良由谋猷之臣，不弘简易之政；台阁之吏，昧于经远之道。……至如设官分职，各有司存。尚书八座，责成斯在，王者司契，义属于兹。伏愿随方训诱，使各扬其职。”[④]

李世民于贞观元年（627）命长孙无忌、房玄龄等人重新修订法律，积十年之功，成一代之典，于贞观十一年（637）正式颁行。这就是《贞观律》，其中定律500条，分为12卷。相对于隋律，《贞观律》“减大辟者九十二条，减流入徒者七十一条”[⑤]，体现了“慎刑”的原则。

《贞观律》对《武德律》的改动包括：第一，废除斩趾酷刑，增设加役流；第二，大大减少了旧律中重刑条款的数量；第三，缩小了族刑、连坐的范围；第四，确立了五刑、十恶、八议、请、减、赎、当、免及化外人有犯、

① （唐）李林甫著，陈仲夫点校：《唐六典》卷六《尚书刑部》，中华书局1992年版，第183页。
② （后晋）刘昫等：《旧唐书》卷五〇《刑法志》，中华书局1975年版，第2135页。
③ （唐）吴兢撰，谢保成集校：《贞观政要集校》卷五，中华书局2009年版，第294页。
④ （后晋）刘昫等：《旧唐书》卷七八《高季辅传》，中华书局1975年版，第2701页。
⑤ （后晋）刘昫等：《旧唐书》卷五〇《刑法志》，中华书局1975年版，第2138页。

类推、死刑复奏等基本原则和制度。《贞观律》面面俱到、严谨周全，成为唐朝后五代、宋、元、明、清制定律典的经典范本。

贞观二十三年（649），李世民逝世，李治继位，改元永徽，称唐高宗。永徽二年（651），高宗李治下令修改律令，并形成一个约20人的法律团队：“高宗即位，遵贞观故事，务在恤刑。……永徽初，敕太尉长孙无忌、司空李勣、左仆射于志宁、右仆射张行成、侍中高季辅、黄门侍郎宇文节、柳奭、右丞段宝玄、太常少卿令狐德棻、吏部侍郎高敬言、刑部侍郎刘燕客、给事中赵文恪、中书舍人李友益、少府丞张行实、大理丞元绍、太府丞王文端、刑部郎中贾敏行等，共撰定律令格式。旧制不便者，皆随删改。……三年……太尉赵国公无忌、司空英国公勣、尚书左仆射兼太子少师监修国史燕国公志宁、银青光禄大夫刑部尚书唐临、太中大夫守大理卿段宝玄、朝议大夫守尚书右丞刘燕客、朝议大夫守御史中丞贾敏行等，参撰《律疏》，成三十卷，四年十月奏之，颁于天下。自是断狱者皆引疏分析之。”①

在唐高宗时制定律典的团队中，右仆射张行成、侍中高季辅是燕赵人士。

高季辅（596—654），渤海蓨县（今河北景县）人，是北朝渤海高氏的后人，其父高衡曾为隋朝的万年县令。高季辅勤学好武，事母至孝，隋末跟随李密起义，后归顺唐朝，授陟州户曹参军。唐太宗时，担任监察御史，“多所弹纠，不避权要。”② 后转任中书舍人、检校吏部侍郎等职，精通政事，为官清正。因多次上疏切谏时政得失，唐太宗特赐钟乳一剂，曰：“进药石之言，故以药石相报。”又“尝赐金背镜一面，以表其清鉴焉”。③ 唐太宗时为培养太子李治，特授高季辅为太子的右庶子。唐太宗东征高句丽，派高季辅在定州（今河北正定）辅佐太子李治。李治登皇帝位后，高季辅成为唐高宗法律团队的主要成员。

---

① （后晋）刘昫等：《旧唐书》卷五〇《刑法志》，中华书局1975年版，第2141页。
② （后晋）刘昫等：《旧唐书》卷七八《高季辅传》，中华书局1975年版，第2700—2701页。
③ （后晋）刘昫等：《旧唐书》卷七八《高季辅传》，中华书局1975年版，第2703页。

张行成（587—653），字德立，定州义丰（今河北安国）人。张行成早年曾师从河间名士刘炫，刘炫对门生说：“行成体局方正，廊庙（朝廷官员）才也。”① 隋末时被举为孝廉，授为谒者台散从员外郎，后为王世充政权的郑国度支尚书。归顺唐朝后，应制举乙科，历任谷熟尉、陈仓尉、富平主簿、殿中侍御史、给事中、刑部侍郎等职。唐太宗曾有意对山东（陕州以东）人、关中人进行地域区分，张行成认为皇帝这样的言论不妥，因而谏言：“臣闻天子以四海为家，不当以东西为限；若如是，则示人以益狭。”② 太宗善其言，赐名马一匹、钱十万、衣一袭。贞观十七年（643），唐太宗挑选刑部侍郎张行成到东宫任职，以本职兼任太子少詹事，成为李治的东宫属官。唐太宗东征高句丽时，张行成与高季辅等人一同在定州（今河北正定）辅佐太子李治。李治登皇帝位后，张行成成为唐高宗法律团队的主要成员。

高季辅、张行成曾于燕地“辅导储皇”③，成为唐高宗重要的辅政大臣。永徽二年（651），高宗李治命长孙无忌领衔，以《贞观律》为蓝本，制定新律。高季辅、张行成等人行事悉“遵贞观故事”，他们以《贞观律》为蓝本，“旧制不便者，皆随删改”④，制定出《永徽律》12 卷，500 条。永徽二年（651），《永徽律》颁行天下。同时，高季辅、张行成等人又修永徽令、格、式，分格为 2 部，《散颁天下格》7 卷，《留本司行格》18 卷，以曹司常务为《行格》，天下所共为《散颁格》，永徽三年（652）完成。

鉴于当时中央和地方在审判中对法律条文理解不一，“律学未有定疏，每年所举明法，遂无凭准，宜广召解律人条义疏奏闻。”⑤ 唐高宗稍后又召集律学通才对《永徽律》进行逐条逐句的解释，“条义疏奏闻。”⑥ 历时一年，撰

---

① （宋）欧阳修、宋祁：《新唐书》卷一〇四《张行成传》，中华书局 1975 年版，第 4012 页。
② （后晋）刘昫等：《旧唐书》卷七八《张行成传》，中华书局 1975 年版，第 2703 页。
③ （后晋）刘昫等：《旧唐书》卷七八《张行成传》，中华书局 1975 年版，第 2708 页。
④ （后晋）刘昫等：《旧唐书》卷五〇《刑法志》，中华书局 1975 年版，第 2141 页。
⑤ （后晋）刘昫等：《旧唐书》卷五〇《刑法志》，中华书局 1975 年版，第 2141 页。
⑥ （后晋）刘昫等：《旧唐书》卷五〇《刑法志》，中华书局 1975 年版，第 2141 页。

《律疏》30卷，与《永徽律》合编在一起，于永徽四年（653）十月经高宗批准，将疏议分附于律文之后颁行，计分12篇，共30卷。“律疏”附于律文之下，与律疏具有同等的法律效力，当时称为《永徽律疏》，后世称之为《唐律疏议》，成为唐朝最重要也最具有代表性的法典。元代以后，官员认为疏文皆以“议曰”二字始，故又称为《唐律疏议》。

《唐律疏议》是我国迄今为止完整保存下来的一部最早、最完备、影响最大的封建成文法典。它总结了中国历代统治者立法和注律的经验，继承了汉代以来德主刑辅的思想和礼律结合的传统，“《唐律疏议》是我国古代文献中将法和礼的关系体现得最为完整而又较早的典型之作。”① 中国封建法律至此发展到最成熟、最完备的阶段，标志着中国封建立法技术达到最高水平。《唐律疏议》以其丰富的内容、高超的技术和鲜明的特色成为中华法系的代表性法典，并对当时周围其他亚洲国家和后世各王朝的封建立法产生极为深远的影响。《唐律疏议》在整个中国法律制度发展史上占有最重要的地位，在世界法制史上独树一帜。②

四、宋璟主持删定《开元后格》

宋璟（663—737），邢州南和（今河北省南和县）人。“少耿介，有大节，博学，工于文翰。”③ 弱冠举进士，累迁凤阁舍人，后任左台御史中丞，以“以频论得失”④ 为武则天所重。睿宗景云元年（710）宋璟自洛州长史入为吏部尚书、同中书门下三品，掌铨选。针对选官“为权门所制，九流失叙，预用两年员阙注拟，不足，更置比冬选人”⑤ 的现象，宋璟亲自主持铨选制度

① 陈戍国：《从〈唐律疏议〉看唐礼及相关问题》，《湖南大学学报》1999年第1期，第50页。
② 郭东旭：《燕赵法文化研究（古代版）》，河北大学出版社2009年版，第161页。
③ （后晋）刘昫等：《旧唐书》卷九六《宋璟传》，中华书局1975年版，第3029页。
④ （宋）王谠撰，周勋初校证：《唐语林校证》卷三，中华书局1987年版，第230页。
⑤ （后晋）刘昫等：《旧唐书》卷九六《宋璟传》，中华书局1975年版，第3031页。

的公正运行，结果“集者万余人，留者三铨不过二千”①，时称“取舍平允，铨综有叙”②，“请谒路绝”③。唐玄宗开元初，宋璟为广州都督，开元四年（716）召入为刑部尚书，不久代姚崇为相。宋璟居相位，以择人为务，随才授任，使百官各称其职。他刑赏无私，敢犯颜直谏，为玄宗所敬惮，与姚崇并称贤相，史家曾有“唐世贤相，前称房杜，后称姚宋，他人莫得比焉”④之誉。

唐玄宗李隆基时期的法律建设主要体现在行政法规的完善上。宋璟在中书省、门下省、尚书省、御史台四大国家最高权力机构都担任过重要职务，因此主持了相关行政法规的修订工作。

宋璟像

（明）朱天然绘：《历代古人像赞》（文物出版社2018年版，第151页）

中国封建时代行政法规称为“格”，“格者，百官有司之所常行之事也。”⑤“格”的名称，始用于东魏。隋朝时，律、令、格、式并行，唐代沿用。

① （宋）司马光：《资治通鉴》卷二一〇《唐纪》，中华书局1956年版，第6660页。
② （后晋）刘昫等：《旧唐书》卷九六《宋璟传》，中华书局1975年版，第3031页。
③ （宋）司马光：《资治通鉴》卷二一〇《唐纪》，中华书局1956年版，第6660页。
④ （宋）司马光：《资治通鉴》卷二一一《唐纪》，中华书局1956年版，第6725页。
⑤ （宋）欧阳修、宋祁：《新唐书》卷五六《刑法志》，中华书局1975年版，第1407页。

开元六年（718），唐玄宗李隆基敕令时为吏部侍郎兼侍中的宋璟与苏颋等人，删定律、令、格、式，至七年（719）三月奏上。律、令、式仍依旧名，格曰《开元后格》[①]，成为开元盛世的重要法典。瀛州司法参军阎义颛、幽州司功参军侯郢琎等燕赵人士也参加了《开元后格》的制定。开元二十二年（734）唐玄宗又令人改修格令，至开元二十五年（737）完成，编定《律》12卷、《律疏》30卷、《令》30卷、《式》20卷、《开元新格》10卷。又撰《格式律令事类》40卷，“以类相从，便于省览”[②]，开后世“刑统”之滥觞。宋璟在唐玄宗时期大规模修律活动中发挥了重要作用。

宋璟的法律思想中，以“当官正色”[③]为主要特征，执法严明、刚正不阿。武则天当政时，张昌宗、张易之兄弟得宠，“纵恣益横，倾朝附之”[④]，后张昌宗被人举报谋反，武则天想要私下宽恕二人，宋璟倾力反对，要求按照法律严惩二人，认为“谋反大逆，无容首免。请勒就御史台勘当，以明国法”[⑤]。其后，张氏兄弟仍被特赦，宋璟对此深为不满，在张易之等上门辞谢之时，“拒而不见，曰：‘公事当公言之，若私见，则法无私也。’”[⑥]因此连武则天也“惮其公正”[⑦]。唐中宗时，处士韦月将上书告发武三思“潜通宫掖，必为逆乱”[⑧]，中宗听信武三思诬陷韦月将的谗言，特令处斩韦月将。宋璟坚持根据韦月将的罪状，按律定刑。唐中宗谓宋璟曰：“朕谓已诛矣，尚何请？”[⑨]宋璟认为，中宗“不问即斩”是偏袒武三思，为此事冒死力争：“请先诛臣，不然，终不奉诏。”[⑩]在宋璟的坚持下，韦月将一案“按其罪状，然

---

① （后晋）刘昫等：《旧唐书》卷五〇《刑法志》，中华书局1975年版，第2138页。
② （后晋）刘昫等：《旧唐书》卷五〇《刑法志》，中华书局1975年版，第2150页。
③ （后晋）刘昫等：《旧唐书》卷九六《宋璟传》，中华书局1975年版，第3029页。
④ （后晋）刘昫等：《旧唐书》卷九六《宋璟传》，中华书局1975年版，第3030页。
⑤ （后晋）刘昫等：《旧唐书》卷九六《宋璟传》，中华书局1975年版，第3030页。
⑥ （后晋）刘昫等：《旧唐书》卷九六《宋璟传》，中华书局1975年版，第3030页。
⑦ （宋）王谠撰，周勋初校证：《唐语林校证》卷三，中华书局1987年版，第230页。
⑧ （宋）司马光：《资治通鉴》卷二〇八《唐纪》，中华书局1956年版，第6602页。
⑨ （宋）欧阳修、宋祁：《新唐书》卷一二四《宋璟传》，中华书局1975年版，第4390页。
⑩ （宋）欧阳修、宋祁：《新唐书》卷一二四《宋璟传》，中华书局1975年版，第4390页。

后申明典宪”①，最终仅获流刑。

唐睿宗时，太平公主欲废太子李隆基，因此邀集宰相，暗示他们更换太子，“众皆失色。”时为宰相兼太子右庶子的宋璟明确表态：“东宫有大功于天下，真宗庙社稷之主，安得有异议！”② 唐玄宗时，宋璟坚持维护法律的威严与公正：“令之所载，预作纪纲，情既无穷，故为之制度，不因人以摇动，不变法以爱憎。顷谓金科玉条，盖以此也。”③ 唐玄宗对宋璟坚持维护法律威严的行为也甚为称赞：“朕每事常欲正身以成纲纪，至于妻子，情岂有私？然人所难言，亦在于此。卿等乃能再三坚执，成朕美事，足使万代之后，光扬我史策。”④

宋璟一生经历了高宗、武周、中宗、睿宗、玄宗五位皇帝，在任 52 年，为“开元之治”的形成作出了贡献。

宋欧阳修在其所修《新唐史》中，称赞宋璟“刚正又过于崇（姚崇），玄宗素所尊惮，常屈意听纳。故唐史臣称崇善应变以成天下之务，璟善守文以持天下之正”⑤。

第二节　隋唐是中国传统法律思想的兴盛期，涌现出身燕赵的明法官员群体

一、魏徵的法律思想

唐朝前期，政治清明，形成了著名的谏官群体：“时有魏徵、王珪、虞世南、李大亮、岑文本、刘洎、马周、褚遂良、杜正伦、高季辅，咸以切谏，

① （后晋）刘昫等：《旧唐书》卷九六《宋璟传》，中华书局 1975 年版，第 3031 页。
② （后晋）刘昫等：《旧唐书》卷九六《宋璟传》，中华书局 1975 年版，第 3032 页。
③ （后晋）刘昫等：《旧唐书》卷九六《宋璟传》，中华书局 1975 年版，第 3034 页。
④ （后晋）刘昫等：《旧唐书》卷九六《宋璟传》，中华书局 1975 年版，第 3034 页。
⑤ （宋）欧阳修、宋祁：《新唐书》卷一二四《宋璟传》，中华书局 1975 年版，第 4395 页。

引居要职。”[①] 魏徵性刚正，才识超群，在这个群体中更是以敢于犯颜切谏著称于世，“所谏前后二百余事，皆称朕意”[②]，史书评价他“前代诤臣，一人而已”[③]。

魏徵像

选自（清）顾沅辑，孔莲卿绘《古圣贤像传略》，
载郭磬、廖东编《中国历代人物像传》
（齐鲁书社 2002 年版，第 1065 页）

魏徵（580—643），字玄成，唐初钜鹿下曲城（今河北晋州市，另说河北馆陶、河北巨鹿）人。“少孤，落魄……有大志，通贯书术。”[④] 隋末魏徵参加瓦岗起义军，李密败降唐，又被窦建德所获，任起居舍人。窦建德失败后，归顺太子李建成，并说服李密旧部李勣献地归唐，献策平定刘黑闼。唐太宗即位后，拜为谏议大夫，奉命安抚河北。贞观元年（627），升授尚书左丞。贞观三年（629）任秘书监，校订秘府图籍，参与朝政。贞观七年（633）任中央行政长官之一的侍中知门下省，累授左光禄大夫、太子太师，封郑国

① （宋）欧阳修、宋祁：《新唐书》卷一三二《吴兢传》，中华书局 1975 年版，第 4527 页。
② （唐）吴兢撰，谢保成集校：《贞观政要集校》卷二，中华书局 2009 年版，第 62 页。
③ （后晋）刘昫等：《旧唐书》卷七一《魏徵传》，中华书局 1975 年版，第 2563 页。
④ （宋）欧阳修、宋祁：《新唐书》卷九七《魏徵传》，中华书局 1975 年版，第 3867 页。

公。贞观十七年（643）去世，赠司空，谥曰文贞。

魏徵是唐太宗李世民的重要辅佐者，是贞观之治的核心人物，他的法律思想多见于《贞观政要》和他主编的《群书治要》。魏徵的法律思想主要体现在以下三点。

1. **“公之于法”的思想**

魏徵对法律的社会治理作用有高度认识，“法，国之权衡也，时之准绳也。权衡所以定轻重，准绳所以正曲直。”如果舍法不用，就是“舍准绳以正曲直，弃权衡而定轻重”，任凭喜怒，“高下在心”，就会使民众“不亦惑哉？”①

魏徵认为执法者要出于公心，忠实地执行代表王朝统治阶层利益的法定权力，即使是罪重刑轻也可以变通。而执法者出于私心，将维护国家公共利益的法律变为谋求私欲的工具，怎么做都不行。“公之于法，无不可也，过轻亦可；私之于法无可也，过轻则纵奸，过重则伤善。”② 因此魏徵特别强调要“公之于法”，坚决反对“私之于法”和“任心弃法”。他指出：“圣人之于法也，公矣。然犹惧未也，而救之以化，此上古所务也。”③ 魏徵认为法律的标准要统一，不论亲疏贵贱，都应同等对待，一视同仁，不可“取舍在于爱憎，轻重由乎喜怒。爱之者，罪虽重而强为之辞；恶之者，过虽小而深探其意”④，这样必然是以私意乱公法。

魏徵认为司法中如果出于私心，就会造成官吏舞文、有法不依、任情轻重、曲成重罪、法枉刑滥的后果。他说：“罪人欲其严酷，喜怒肆志，高下在心，是则舍准绳以正曲直，弃权衡而定轻重者也。”他又说：“法无定科，任情以轻重；人有执论，疑之以阿伪。故受罚者无所控告，当官者莫敢正言。不服其心，但穷其口，欲加之罪，其无辞乎？”⑤

① （唐）吴兢撰，谢保成集校：《贞观政要集校》卷五，中华书局 2009 年版，第 297 页
② （唐）吴兢撰，谢保成集校：《贞观政要集校》卷五，中华书局 2009 年版，第 295 页。
③ （唐）吴兢撰，谢保成集校：《贞观政要集校》卷五，中华书局 2009 年版，第 295 页。
④ （唐）吴兢撰，谢保成集校：《贞观政要集校》卷五，中华书局 2009 年版，第 295 页。
⑤ （唐）吴兢撰，谢保成集校：《贞观政要集校》卷五，中华书局 2009 年版，第 295 页。

总之，魏徵强调封建王朝的执法者要秉公执法，忠实法律，不可任私心以弃公法，这样才能使“太平之基不坠”①。

2.“一一于法”的思想

魏徵认为法律是“定轻重”和“正曲直”的标准，所以官吏在执法时要“志存公道，人有所犯，一一于法”，就是在法律适用上对所有人都用一个统一的标准，不能分此轻彼重，因人而异。皇帝也要依法办事，不能离开统一的法律，任情轻重。他说：“刑赏之本，在乎劝善而惩恶，帝王之所以与天下为画一，不以亲疏贵贱而为轻重者也。”②

魏徵认为“一一于法”在赏罚方面的表现，就是要公正分明：“赏不遗疏远，罚不阿亲贵，以公平为规矩。”③ 魏徵对谬赏滥刑的现象进行了深刻批评：如果“罚不及于有罪，赏不加于有功”④，就会破坏公平，“今之刑赏，未必尽然。或屈伸在乎好恶，或轻重由乎喜怒。遇喜则矜其情于法中，逢怒则求其罪于事外。所好则钻皮出其毛羽；所恶则洗垢求其瘢痕。瘢痕可求，则刑斯滥矣；毛羽可出，则赏因谬矣。刑滥则小人道长，赏谬则君子道消。小人之恶不惩，君子之善不劝，而望治安刑措，非所闻也。”⑤ 所以魏徵又强调，“君之赏不可以无功求，君之罚不可以有罪免。”⑥ 魏徵认为赏罚分明才能维护法律的尊严和权威。

3.“法宽刑慎”的思想

魏徵积极参与修改隋末律令法制，使其简约、轻缓。魏徵等人“言旧律令重，于时议绞刑之属五十条。免死罪，断其右趾，应死者多蒙全活”⑦。

魏徵总结历史经验，认为“隋氏以富强而丧败，动之也；我以贫寡而安

---

① （唐）吴兢撰，谢保成集校：《贞观政要集校》卷八，中华书局2009年版，第440页。
② （唐）吴兢撰，谢保成集校：《贞观政要集校》卷八，中华书局2009年版，第440页。
③ （唐）吴兢撰，谢保成集校：《贞观政要集校》卷三，中华书局2009年版，第168页。
④ （唐）吴兢撰，谢保成集校：《贞观政要集校》卷五，中华书局2009年版，第311页。
⑤ （唐）吴兢撰，谢保成集校：《贞观政要集校》卷八，中华书局2009年版，第440页。
⑥ （唐）吴兢撰，谢保成集校：《贞观政要集校》卷三，中华书局2009年版，第168页。
⑦ （后晋）刘昫等：《旧唐书》卷五〇《刑法志》，中华书局1975年版，第2135页。

宁，静之也”[①]，因而主张国家与皇帝应当少“作为”，而多“不作为”，“无为而治，德之上也。”[②] 因而魏徵主张皇帝应当与民休息，轻徭薄赋，少兴土木，少动兵戈。

在立法的指导思想上，魏徵主张“作法贵其宽平”[③]，明慎典刑。魏徵认为立法的目的在于“防奸救乱”，“凡立法者，非以司民短，而诛过误也，乃以防奸恶，而救祸患，检淫邪，而内正道。……忠厚积，则致太平；浅薄积，则致危亡。是以圣帝明王，皆敦德化而薄威刑也。”[④] 魏徵的立法宽简思想，是对儒家仁政学说的继承。

在司法审判方面，魏徵主张要重事实，反对严刑拷讯，“凡理狱之情，必本所犯之事以为主，不严讯，不旁求，不贵多端。”[⑤] 即法官断案，要以事实为根据，不得严刑逼供，亦不许法外别求，更不准“先为之意”。

4.“教之以化”的思想

在儒学的社会治理理论中，尤其重视教化的作用，如孔子讲：“道（导）之以政，齐之以刑，民免而无耻；道（导）之以德，齐之以礼，有耻且格。”[⑥]

魏徵的法律思想继承了儒家的“明德慎刑”“德主刑辅”的思想原则。唐朝初定天下，乱世之后采用何种治国理念是当时的争论问题。以战争平定天下的军功大臣主张“以威刑肃天下”，魏徵以秦尚刑而亡、隋酷法致灭的历史教训，认为“威刑”只能“权救于当时，固非致化之通轨”，竭力主张“圣哲君临，移风易俗，不资严刑峻法，在仁义而已。……仁义，理之本也；刑罚，理之末也。为理之有刑罚，尤执御之有鞭策也。人皆从化，而刑罚无所施；马尽其力，则鞭策无所用。由此言之，刑罚不可致理亦已明矣”。[⑦] 魏徵

① （唐）吴兢撰，谢保成集校：《贞观政要集校》卷八，中华书局2009年版，第441页。
② （唐）吴兢撰，谢保成集校：《贞观政要集校》卷一，中华书局2009年版，第17页。
③ （唐）吴兢撰，谢保成集校：《贞观政要集校》卷五，中华书局2009年版，第297页。
④ （唐）吴兢撰，谢保成集校：《贞观政要集校》卷五，中华书局2009年版，第294页。
⑤ （唐）吴兢撰，谢保成集校：《贞观政要集校》卷五，中华书局2009年版，第296页。
⑥ （三国魏）何晏撰，高华平校释：《论语集解校释·为政第二》，辽海出版社2007年版，第16页。
⑦ （唐）吴兢撰，谢保成集校：《贞观政要集校》卷五，中华书局2009年版，第293页。

认为治国之本在于广施仁义，遵守德礼，要把礼义道德教化放在首位，把法律惩罚置于次要的辅助地位。如果通过礼义教化使人们之间能够相爱相敬，无伤害之意，无奸邪之心，法律刑罚就可以不用，就像马在尽力跑时，驾车人的马鞭就没有用武之地："为理之有刑罚，犹御之有鞭策也。人皆从化，而刑罚无所施；马尽其力，则鞭策无所用。"①

魏徵在《谏太宗十思疏》中提出以德治国的理念："求木之长者，必固其根本；欲流之远者，必浚其泉源；思国之安者，必积其德义。源不深而望流之远，根不固而求木之长，德不厚而望国之治，虽在下愚，知其不可，而况于明哲乎？"②

魏徵坚持将"三纲五常"视为理国为政的基本原则："国之大纲，在于父子君臣，不可斯须而废也。"③ 魏徵认为断案必须以儒家封建伦理纲常为指导，权衡罪行轻重，"原情论罪"，"凡听讼理狱，必原父子之亲，立君臣之义，权轻重之序，测浅深之量。"④

魏徵的法律思想，促进了唐朝"德本刑用""礼法合一"时代特征的形成。

二、孔颖达注经中的法律思想

孔颖达（574—648），字冲远、仲达，冀州衡水（今河北衡水市桃城区）人。孔颖达出身官宦人家，自幼受到传统的儒学教育，以精通五经称于世。隋炀帝大业（605—618）初年，举明经高第，授河内郡博士。隋炀帝时，召诸儒官于东都洛阳辩论诘难，"时炀帝征诸郡儒官集于东都，令国子秘书学士与之论难，颖达为最。时颖达少年，而先辈宿儒耻为之屈，潜遣刺客图之。

① （唐）吴兢撰，谢保成集校：《贞观政要集校》卷五，中华书局2009年版，第293页。
② （唐）吴兢撰，谢保成集校：《贞观政要集校》卷一，中华书局2009年版，第17页。
③ （唐）吴兢撰，谢保成集校：《贞观政要集校》卷五，中华书局2009年版，第308页。
④ （唐）吴兢撰，谢保成集校：《贞观政要集校》卷五，中华书局2009年版，第296页。

礼部尚书杨玄感舍之于家，由是获免。补太学助教。”① 隋朝末年，天下大乱，孔颖达避居虎牢关。秦王李世民在洛阳平定了王世充，引用他为秦王府文学馆学士，成为李世民智囊团中重要人物，是著名的“十八学士”之一，当时人称登“瀛州”。后历任国子博士、国子司业、国子祭酒等职。

孔颖达像

选自（清）顾沅辑，孔莲卿绘《古圣贤像传略》，
载郭磬、廖东编《中国历代人物像传》
（齐鲁书社 2002 年版，第 1139 页）

唐太宗认为古书师出多门，注释也较为繁杂，“经籍去圣久远，文字多讹谬”②，便命孔颖达与其他学者共同撰定《诗经》《尚书》《周易》《礼记》《春秋》等“五经”的注疏，取名《义赞》。书成奏上，唐太宗认为这是文化盛事，大为高兴，但对《义赞》之名不太满意，于是下诏改为《正义》，并对孔颖达大为赞赏：“卿等博综古今，义理该洽，考前儒之异说，符圣人之幽旨，实为不朽。”③

贞观二十二年（648），孔颖达病逝，他奉敕编撰的《五经正义》的修订

① （后晋）刘昫等：《旧唐书》卷七三《孔颖达传》，中华书局 1975 年版，第 2601 页。
② （后晋）刘昫等：《旧唐书》卷一八九《儒学列传》，中华书局 1975 年版，第 4941 页。
③ （后晋）刘昫等：《旧唐书》卷七三《孔颖达传》，中华书局 1975 年版，第 2602 页。

虽未能完成，但在永徽四年（653）书成后，仍以孔颖达署名。

孔颖达在为《尚书》《礼记》《春秋左传》作疏时，对儒家经典中的法制内容也作出诠释，孔颖达的法律思想也蕴含其中。

孔颖达特别强调“礼”在维护尊卑贵贱的等级社会秩序中的作用，他认为：“夫礼者，经天地，理人伦，本其所起在天地未分之前，故《礼运》云：‘夫礼必本于大一’，是天地未分之前已有礼也。礼者理也，其用以治则与天地俱兴。”[①] 孔子说：“制度在礼，文为在礼。行之其在人乎！”孔颖达疏解曰：

> “制度在礼”者，言国家尊卑、上下制度存在于礼。“文为在礼”者，人之文章所为，亦在于礼，言礼为制度、文章之本。[②]

孔颖达尊崇礼教的思想，还体现在他对“礼有等差”的认识上，在《礼记正义·乐记》篇中提出“‘礼者为异’者，谓尊卑各别，恭敬不等”[③]，即要求以君臣父子的封建伦理关系为基础，以“礼”维护封建等级制度。

孔颖达对法律在安邦定国中的重要意义有深刻的认识，所以他强调要遵纪守法。他在为《周易》所作“疏”中，提出“若苟顺私情，故违君命，犯律触法，则事不可赦耳”[④]。但孔颖达重视法律，依然是从维护礼教原则出发的。他对《礼记》中的“事亲有隐而无犯”解释说：“据亲有寻常之过，故无犯。若有大恶，亦当犯颜，故《孝经》云‘父有争子，则身不陷于不义’是也。”[⑤] 为了维护以宗法制为基础的儒家礼制，孔颖达首先肯定了孔子所提倡的“亲亲互隐”原则，然而，从维护皇权政治下的社会稳定出发，他又指出：这种“为亲者讳”也是有底线的，一旦亲属的犯罪行为严重到“十恶”的地步，就必须告发，否则就是“不义”。孔颖达的这一论述，是对汉律所确定的“亲亲得相首匿”这一法律原则的进一步阐释和完善，对唐朝的法律建

① （清）阮元校刻：《十三经注疏·礼记正义·序》，中华书局 2009 年版，第 2653 页。
② （清）阮元校刻：《十三经注疏·礼记正义》卷五〇，中华书局 2009 年版，第 3504 页。
③ （清）朱彬撰，饶钦农点校：《礼记训纂》卷一九《乐记》，中华书局 1996 年版，第 566 页。
④ （清）阮元校刻：《十三经注疏·礼记正义》卷二，中华书局 2009 年版，第 49 页。
⑤ （清）阮元校刻：《十三经注疏·礼记正义》卷六，中华书局 2009 年版，第 2759 页。

设影响深远。在《唐律疏议》当中，就对亲属容隐制度作了更为详细的限制，规定“若犯谋叛以上者，不用此律”①，即规定谋反、谋大逆、谋叛等“十恶重罪”不得容隐。这正是孔颖达“若有大恶，亦当犯颜”思想的具体体现。

孔颖达还将孔子所提出的“民可使由之，不可使知之”② 的观点进一步发挥，提出了“刑不可知，威不可测，则民畏上也。今制法以定之，勒鼎以示之，民知在上不敢越法以罪己，又不能曲法以施恩，则权柄移于法，故民皆不畏上”③ 的主张，竭力保持法律的秘密状态，不向全社会公开，以便“临事议罪”，使民畏于上。这是儒家“人治”思想的突出体现。④

孔颖达的法律思想将礼与法有机地结合在一起，相辅相成，维护封建伦理纲常，维护以君权、父权、夫权为核心的封建家长制度，使唐律成为维护封建礼仪、打击各种违礼行为的工具。孔颖达的思想和观点对当时的士大夫阶层，包括参加科举考试的学子有重要影响。

唐律确定了“德礼为政教之本，刑罚为政教之用”的法制理论原则，礼与法走向了统一，中国古代德礼的法律化正式完成。在这一过程中，以孔颖达为代表的唐代儒学家们起到了重要的推动作用，他们在推崇礼义教化的同时，也注意到了法律在治国中的重要意义，大力提倡礼法结合，为唐代的法律建设作出了重要的贡献。

三、孙伏伽的法律思想

孙伏伽（？—658），字伏伽，贝州武城（今河北故城）人。⑤ 隋末任京畿万年县（今陕西西安）的法曹，李渊在长安称帝后，孙伏伽降唐。武德五年（622）十二月在科举取士中，孙伏伽名列甲榜第一名，状元及第，因而成

① 刘俊文：《唐律疏议笺解》卷六《名例》，中华书局 1996 年版，第 467 页。
② （清）阮元校刻：《十三经注疏 · 论语注疏》卷八，中华书局 2009 年版，第 5401 页。
③ （清）阮元校刻：《十三经注疏 · 春秋左传注疏》卷四三，中华书局 2009 年版，第 4438 页。
④ 郭东旭：《燕赵法文化研究（古代版）》，河北大学出版社 2009 年版，第 86 页。
⑤ 今河北省故城县西半屯镇双屯村北有孙伏伽墓。

为唐代第一科状元，也是我国历史上记载完备、有据可查的第一位状元。王定保《唐摭言·述进士上篇》载：“进士，隋大业中所置也。如侯君素、孙伏伽，皆隋之进士也明矣。”[①] 王鸿鹏等《中国历代文状元》一书，则把孙伏伽列为隋、唐两朝状元之首。[②]

玄武门之变中，孙伏伽支持李世民，因有功而被赐男爵，食邑乐安。贞观元年（627），升为大理寺少卿。贞观五年（631），迁刑部郎中，再任大理少卿，转调民部侍郎，管理民政、户籍、财务部门。贞观十四年（640），拜大理寺卿，迁陕州刺史。孙伏伽是当时主要的司法官员，“房杜之时……持宪法则张元素、孙伏伽。”[③]

孙伏伽出身小吏，任万年县法曹期间负责审理刑狱，督捕奸盗，查办赃赂。入唐后，针对隋朝灭亡的教训，孙伏伽认为隋朝灭亡的原因之一是“君不受谏”，因此劝告皇帝虚怀纳谏，重用诤臣：

> 天子有诤臣，虽无道不失其天下；父有诤子，虽无道不陷于不义。故云子不可不诤于父，臣不可不诤于君。以此言之，臣之事君，犹子之事父故也。隋后主所以失天下者，何也？止为不闻其过。当时非无直言之士，由君不受谏，自谓德盛唐尧，功过夏禹，穷侈极欲，以恣其心。天下之士，肝脑涂地，户口减耗，盗贼日滋，而不觉知者，皆由朝臣不敢告之也。向使修严父之法，开直言之路，选贤任能，赏罚得中，人人乐业，谁能摇动者乎？……陛下勿以唐得天下之易，不知隋失之不难也。[④]

此外，孙伏伽还认为：“百戏散乐，本非正声，有隋之末，大见崇用，此谓淫风，不可不改。”[⑤] 因而建议应废省伎乐。孙伏伽引用古语“性相近，习

---

① （清）徐松：《登科记考》卷二八《别录上》，中华书局1984年版，第1128页。

② 王鸿鹏等编著：《中国历代文状元》，解放军出版社2004年版。

③ （宋）曾巩：《曾巩集》卷一五《上杜相公书》，中华书局1984年版，第241页。

④ （宋）欧阳修、宋祁：《新唐书》卷一〇三《孙伏伽传》，中华书局1975年版，第3995页。

⑤ （后晋）刘昫等：《旧唐书》卷七五《孙伏伽传》，中华书局1975年版，第2635页。

相远”，劝告皇帝防止身边的人误国坏事，尤其要“妙选贤才”为“皇太子及诸王等左右群僚”，不要亲近“无义之人，及先来无赖……好奢华驰猎驭射，专作慢游狗马、声色歌舞之人”。①

唐初平定王世充、窦建德后，李渊曾大赦天下。但平定东都洛阳之后，很快又降旨要惩罚那些农民起义军的领袖，“责其党与，并令配迁。”② 孙伏伽上谏表认为国家法令必须保持稳定：

> 臣闻王言无戏，自古格言；去食存信，闻诸旧典。故《书》云：“尔无不信，朕不食言。”又《论语》云：“一言出口，驷不及舌。”以此而论，言之出口，不可不慎。伏惟陛下……丝纶一发，取信万方，使闻之者不疑，见之者不惑。陛下今月二日发云雨之制，光被黔黎，无所间然，公私蒙赖。既云常赦不免，皆赦除之，此非直赦其有罪，亦是与天下断当，许其更新。……因何王世充及建德部下，赦后乃欲迁之？此是陛下自违本心，欲遣下人若为取则？……往者天下未平，威权须应机而作；今四方既定，设法须与人共之。但法者，陛下自作之，还须守之，使天下百姓信而畏之。……赏罚之行，达乎贵贱，圣人制法，无限亲疏。③

在这篇奏疏中，孙伏伽引经据典，认为只有法律保持稳定性，才能使法律具有权威性。只有做到法律公平和赏罚分明，百姓才会服从法律的管理，才能真正实现“王道”。

孙伏伽还主张复兴儒学，“以复雅正”④，以德治国。孙伏伽为唐朝法律形成“德主刑辅”的时代特征作出了贡献。

---

① （后晋）刘昫等：《旧唐书》卷七五《孙伏伽传》，中华书局 1975 年版，第 2635 页。
② （后晋）刘昫等：《旧唐书》卷七五《孙伏伽传》，中华书局 1975 年版，第 2636 页。
③ （后晋）刘昫等：《旧唐书》卷七五《孙伏伽传》，中华书局 1975 年版，第 2637 页。
④ （宋）欧阳修、宋祁：《新唐书》卷一〇三《孙伏伽传》，中华书局 1975 年版，第 3996 页。

四、张鷟撰写《龙筋凤髓判》

张鷟是唐代文学家、法律学家，深州陆泽（今河北深州市）人。字文成，号浮休子。生于唐贞观时，为儿童时，梦紫色大鸟，五彩成文，降于家庭，其祖以为文章之瑞，因名为鷟。其聪颖绝纶，书无不览。一生经太宗后期、高宗、武后、中宗、睿宗及玄宗前期诸代。高宗调露二年（680）中进士及第，后因“对策尤工”首选考功员外郎，任职吏部。调授岐王府参军。鷟凡应八举，皆登甲科。再授长安尉，迁鸿胪丞。其间参加四次书判考选，判策为铨府之最。成为当时精通律令的著名官员。张鷟文辞出众，初登进士第，考功员外郎骞味道赏之曰：“如此生，天下无双矣！”主持铨选的吏部员外郎员半千谓人曰：“张子之文如青钱，万简万中，未闻退时。”时流重之，目为“青钱学士”。[①] 鷟下笔敏速，著述尤多，言颇诙谐。是时天下知名，无贤不肖，皆记诵其文。新罗、日本东夷诸蕃，尤重其文，每遣使入朝，必重出金贝以购其文，其才名远播如此。其作《游仙窟》在日本流传至今。张鷟有丰富的司法经验，据《折狱龟鉴》载，他在任南阳县尉时，曾智断失驴案，并为仓督冯忱洗冤，将盗卖官粟的吕元绳之以法。为御史李全交所纠，言鷟语多讥刺，时坐贬岭南。追敕移于近处，开元中，入为司门员外郎卒。著有《龙筋凤髓判》《朝野佥载》。张鷟的事迹，见于《旧唐书·张鷟传》《桂林风土记》中。

所谓“判”，是唐代官府决狱断案而写下的判词。唐判并非实判，即不是法吏断案时所作的判决书，而是为参加铨选考试所作的拟判。《新唐书·选举志下》载：“凡择人之法有四：一曰身，体貌丰伟；二曰言，言辞辩正；三曰书，楷法遒美；四曰判，文理优长。”[②] 四者之中，“判”处于首要位置。马端临《文献通考·选举考·举官》中说：“唐取人之法，礼部则试以文学，故曰策，曰大义，曰诗赋；吏部则试以政事，故曰身，曰言，曰书，曰判。然

---

① （后晋）刘昫等：《旧唐书》卷一四九《张荐传》，中华书局1975年版，第4023页。

② （宋）欧阳修、宋祁：《新唐书》卷四五《选举志下》，中华书局1975年版，第1171页。

吏部所试四者之中，则判为尤切。盖临政治民，此为第一义。必通晓事情，谙练法律，发摘隐伏，皆可以此觇之。”①

“试判”因此成为唐代文人经由科举而进入仕途的一大关口，从而受到时人的重视。张鷟《龙筋凤髓判》和今《白居易全集》中之《百道判》都是这方面的代表作。唐判多不具体引用律条正文，一般不具体记述犯罪过程和事实情节，而是用主要篇幅分析性质，强调其危害性，或评判曲直，论证事理。此外，判词皆为骈文，文辞华丽，语句典雅，多用典故。

《龙筋凤髓判》4 卷，100 篇，明代刘允鹏校注，后收入《四库全书》。《龙筋凤髓判》选唐代中央及地方各级官司关于行政、司法、军事、教育诸种措施事迹，并引经据典，详判其是非曲直。形式大多列数事例说明案由，以短文简述，后以骈文作判。该书按各官署分为 50 门，第一卷共收集中书省、门下省等 12 个中央部门的 22 条判例案由；第二卷共收集礼部、祠部等 11 个中央部门的 21 条判例案由；第三卷共收集史馆、金吾卫等 10 个中央部门的 18 条判例案由；第四卷收集左右卫率府、太庙等 17 个中央与地方部门的 18 条判例案由。总计 79 条判例案由，是当时判官断案、士子应考的必读书目。

学者认为张鷟的《龙筋凤髓判》是我国迄今为止完整传世的最早的一部官方判例，并且认为《唐律疏议》中的律文的疏议和张鷟的《龙筋凤髓判》的判例解释，代表了唐代律学的最高水准。以《贞观律》为基础，经永徽、开元数朝修刊而定型化的《唐律》，以及《龙筋凤髓判》中的经典判例与规定则成为中华法系的代表作，具备了中国封建法律的典型价值与特征。②

《龙筋凤髓判》通常包括判目与判词两部分，现列举几例：

卷一中书省【案由】中书舍人王秀露泄机密断绞，秀不伏，款于掌事张

---

① （元）马端临：《文献通考》卷三七《选举考》，中华书局 2011 年版，第 1092 页。

② 郭成伟：《〈龙筋凤髓判〉初步研究》，载田涛、郭成伟点校《龙筋凤髓判》，中国政法大学出版社 1996 年版。

会处传得语，秀合是从；会款所传是实，亦非大事，不伏科。

【判】凤池清切，鸡树深严，敷奏帝俞，对扬休命。召为内史，流雅誉于周年，荀作令君，振芳尘于魏阙。张会掌机右掖，务在便蕃；王秀负版中书，情惟密勿。理宜克清克慎，慕金人以缄口，一心一德，仰星街而卷舌。温树之号，问且无言，恶木之荫，过而不息。岂得漏秦相之车骑，故犯疏罗，盗魏将之兵符，自轻刑典。张会过言出口，驹马无追；王秀转泄于人，三章莫舍。若潜谋讨袭，理实不容；漏彼诸蕃，情更难恕。非密既非大事，法许准法勿论。待得指归，方可裁决。

卷一尚书都省【案由】左司郎中许鉴饮酒停制，敕依问，款称遇霍乱，不得判署，遂失机。

【判】锵锵会府，掌北斗之机衡；肃肃礼闱，握南宫之枢奥。是称仙宇，实号文昌。虞书典百揆之宗。周礼统六卿之职，许鉴位膺列宿，职绾通班。总八座之繁司，承万机之要务。端标指影，检局亏违，置治和钧，纠绳稽失。举宏纲于鸟网，则万目皆张；振修领于狐裘，则千毛自整。兢兢戒慎，尚有差违；翼翼小心，仍尤失坠。岂得不存恭肃，自纵荒淫。放旷鹦鹉之杯，淹停凤凰之制。恪居官次，异文惠之勤公；职务不修，同景山之中圣。始云霍乱，未可依凭；滞失机宜，理从明宪。

卷二少府监【案由】府史杜元掌造金玺，遂盗一枚，铸改为酒器，断绞不伏。云：玺未进，合准常盗，不合死。

【判】传国之宝，有道必资。式开瑞象之文，秖启象麟之享。白玉为检，映犀钮以分辉；黄金为绳，莹龙綖而动色。既施宝玉，复假金银。封以青布之囊，带以采组之绶。杜元一介庸琐，千载寒微。驰策十年之门，始预九流之选。理须悟勤匪懈，宁孙贺之曹；夙夜在公，宁常林之教。岂得小心之誉未出于街庭，大憝之踪已流于台寺。创此六玺，辄盗一枚，遽残螭角之辉，翻作裹蹏之用。方寸妙篆，奄就炉销；五字灵文，俄从灰坏。量其犯状，罪不容诛；语其刑名，死有余责。既投无赦之律，合处不敬之伦。禹泣既不原辜，汤祝如何免罪？宜从绞坐，以肃朝章。

尽管四六骈文辞藻华丽，文采飞扬，对仗工整，讲究平仄，善于用典，给人以美的享受。但常常言语冗杂，并不符合司法文书简洁准确的语言要求，省略一些无关辞藻，可以更加明白晓畅。

卷三金吾卫【案由】左金吾卫将军赵宜检校街时，大理丞徐逖鼓绝后于街中行，宜决二十。奏付法，逖有故，不伏科罪。

【判】……赵宜名参列校……既而鲸钟隐隐，路绝行人；鹤鼓冬冬，街收马迹。徐逖躬沾士职，名属法官，应知玉律之严，颇识钩陈之禁。岂有更深夜静，仍纵辔于三条；月暗星繁，故扬鞭于五剧。……付法将推，状称有故。但犯夜之罪，惟坐两条；被捉之时，曾鞭二十；元犯已从决讫，无故亦合停科。罪既总除，固宜从释。

近来学者研究认为张鷟判词适值唐代判文发展的第一阶段，即“取州县案牍疑议”为问目者，与后来判文“取经籍为问目”不同。[①] 并认为《龙筋凤髓判》判文问目源自当时真实案例、奏状、史事者，昭昭可考。唯张鷟为避讳，虽保留涉案人原姓，却略省、更改其名，在很大程度上掩盖了它的真面目。但实际上，张鷟判词问目是武周、中宗两朝的实录。[②]

另张鷟还有《判决录》一卷，为张鷟就一些案件所作的论述判断，有科罪、评允、辨雪、翻异、判罢、判留、驳正、驳审、末减、案寝等十事。有元陶宗仪纂、明陶埏重辑本，明弘治九年上海郁文博《说郛》正编本等。[③]

---

① 霍存福：《张鷟〈龙筋凤髓判〉与白居易〈甲乙判〉异同论》，《法制与社会发展》1997 年第 2 期。

② 霍存福：《〈龙筋凤髓判〉判目破译——张鷟判词问目源自真实案例、奏章、史事考》，《吉林大学社会科学学报》1998 年第 2 期。

③ 高潮、刘斌：《中国法制史古籍目录学》，北京古籍出版社 1991 年版。

第三节 燕赵地域与中原文明的关系变化，“慷慨悲歌”从贬到褒的词义转变

中国古代燕赵地域法律文化的特征，实际上与战国至汉唐时期中国政治中心的地域评价直接相关。自战国至汉唐，关中平原是中华文明的政治中心，因而可以说“关中评价”主导了燕赵地域法律文化特征的话语权。

在战国时期，燕赵政权作为关中地区的僻远与敌对势力辖区，汉代史家对燕赵地域“悲歌慷慨”的评价是与“地薄人众”“淫地余民”“仰机利而食”“椎剽掘冢”“作巧奸冶”“民俗懁急”“奸巧弄物”“游媚富贵”“任侠为奸”“男女无别”“相聚游戏”等词汇联系在一起的。

秦汉建立统一王朝后，燕赵地域成为帝国的组成部分，燕赵地区作为中原政权抗击北方游牧民族前沿重地的地理位置突显出来。秦汉时期，河北北部的代、上谷、渔阳、右北平、辽西等五边郡常为匈奴、乌桓、鲜卑等部落南下侵扰，史籍多有记载，“匈奴入燕”①，“匈奴入上谷，杀略吏民”②，“匈奴入上谷、渔阳，杀略吏民千余人”③，匈奴“复寇上谷、中山，杀略抄掠甚众，北边无复宁岁”④，“渔阳乌桓与右北平胡千余寇代郡、上谷”⑤，“辽东鲜卑寇右北平，因入渔阳”⑥，“鲜卑入上谷，攻居庸关”⑦。

秦汉时期，燕赵地区出现了名将现象。“一般说来，秦汉历代中央政权在河北北边五郡均派有重兵防守。有不少名将被特遣至边郡任职，主持当地军政事务。例如，汉武帝时，材官将军韩安国任渔阳、右北平太守，李广任右

① （汉）司马迁：《史记》卷一一《孝景本纪》，中华书局1982年版，第444页。
② （汉）班固：《汉书》卷六《武帝纪》，中华书局1962年版，第165页。
③ （汉）班固：《汉书》卷六《武帝纪》，中华书局1962年版，第170页。
④ （南朝宋）范晔：《后汉书》卷八九《南匈奴列传》，中华书局1965年版，第2940页。
⑤ （南朝宋）范晔：《后汉书》卷九〇《乌桓鲜卑列传》，中华书局1965年版，第2983页。
⑥ （南朝宋）范晔：《后汉书》卷九〇《乌桓鲜卑列传》，中华书局1965年版，第2986页。
⑦ （南朝宋）范晔：《后汉书》卷九〇《乌桓鲜卑列传》，中华书局1965年版，第2987页。

北平太守；汉昭帝时，中郎将赵充国率军驻屯上谷；汉宣帝时，赵充国又以后将军率四万骑驻屯北边九郡。东汉光武帝时，因匈奴、乌桓多次大举南下，北边形势紧张，除以讨虏将军王霸任上谷太守外，甚至还以建义大将军朱祐屯常山，横野大将军王常屯涿郡，捕虏将军马武屯下曲阳，伏波将军马援屯襄国，以备匈奴、乌桓。李广英勇善战，匈奴因号之曰'汉飞将军'，数年不敢入右北平界。王霸在上谷任职长达二十余年，匈奴南单于、乌桓皆降服，北边无事。"①

三国时期燕赵地域涌现众多名将。辽西令支（今河北迁安）人公孙瓒组建了强大的骑兵部队："步兵三万余人为方陈，骑为两翼，左右各五千余匹，白马义从为中坚，亦分作两校，左射右，右射左，旌旗铠甲，光照天地。"②

涿郡（治今河北涿州）人刘备，善于用人，是蜀汉政权的开国皇帝，与曹操、孙权形成三足鼎立之势。涿郡人张飞是当时以勇猛著称的名将。常山真定（今河北正定）人赵云是被称赞为"一身是胆"的名将。右北平土垠（今河北丰润东）人程普是吴国名将。河间鄚（今河北任丘北）人张郃则是曹魏名将。曹植的《白马篇》描写了一位武艺高超、奋不顾身、渴望卫国立功的燕赵边塞游侠少年形象："白马饰金羁，连翩西北驰。借问谁家子？幽并游侠儿。……控弦破左的，右发摧月支。仰手接飞猱，俯身散马蹄。狡捷过猴猿，勇剽若豹螭。……长驱蹈匈奴，左顾陵鲜卑。……捐躯赴国难，视死忽如归。"③ 这一时期，燕赵人士勇武的形象已经得到广泛认可，燕赵精兵已经成为王朝重要的军事支柱："幽州突骑，冀州强弩，为天下精兵，国家胆核，四方有事，军师奋攻，未尝不取办于二州也。"④

南北朝时期，燕赵地区成为北方民族政权的领土，与关中地区是对立关

① 严兰绅主编，吕苏生著：《河北通史·秦汉卷·绪言》，河北人民出版社2000年版，第9页。

② （晋）陈寿：《三国志》卷六《魏书》，中华书局1982年版，第193页。

③ （三国魏）曹植著，黄节笺注：《曹子建诗注》卷二《白马篇》，中华书局2008年版，第106页。

④ （清）严可均辑：《全上古三代秦汉三国六朝文·全后汉文》卷七一《谏用三互法疏》，中华书局1958年版，第1729页。

系，中原文士对燕赵地域民风持否定性言论，北魏地理学家阚骃在其《十三州记》中说："冀州之地……人患剽悍。故语曰'仕宦不偶值冀部'。其人刚狠，浅于恩义，无宾序之礼，怀居悭啬……为逋逃之薮。"①

隋朝统一南北后，建立统一政权，对燕赵地域文化给予肯定性评价："自古言勇侠者，皆推幽、并。"②《隋书》在记叙冀州、幽州民风时概括道："信都、清河、河间、博陵、恒山、赵郡、武安、襄国，其俗颇同。人性多敦厚，务在农桑，好尚儒学，而伤于迟重。前代称冀、幽之士钝如椎，盖取此焉。俗重气侠，好结朋党，其相赴死生，亦出于仁义。"③"勇侠""敦厚""重侠""仁义"诸个词汇反映了隋朝时对燕赵地域文化的高度肯定。

隋末唐初，贝州漳南（今衡水市故城县）人窦建德成为反隋农民起义军首领，占领河北山东地区，自立为夏王。在窦建德的治理之下，燕赵地区秩序井然，社会平安，"劝课农商，境内无盗，商旅野宿。"④窦建德的作风使唐统治集团加深了燕赵重仁义的地域特点。窦建德"少重然诺，喜侠节"，急乡人之困，作为起义军首领保持简朴的生活作风，"不啖肉，常食唯有菜蔬、脱粟之饭"⑤，"倾身接物，其执苦与士卒均"⑥，能与士兵同富贵，共甘苦，"妻曹未尝衣纨绮。及为王，妾侍裁十数。每下城破敌，赀宝并散赉将士。"⑦唐人高度评价了窦建德的个人品格，"夏氏为国，知义而尚仁，贵忠而爱贤，无暴虐及民，无淫凶于已，故兵所加而胜，令所到而服。……行军有律，而身兼勇武；听谏有道，而人无拒拂。……建德宽容御众，得其归附。……自建德亡，距今已久远，山东、河北之人，或尚谈其事，且为之祀。"⑧

---

① （宋）乐史撰，王文楚点校：《太平寰宇记》卷六三《河北道》，中华书局2007年版，第1284页。
② （唐）魏徵、令狐德棻：《隋书》卷三〇《地理中》，中华书局1973年版，第860页。
③ （唐）魏徵、令狐德棻：《隋书》卷三〇《地理中》，中华书局1973年版，第859页。
④ （宋）司马光：《资治通鉴》卷一八八《唐纪》，中华书局1956年版，第5878页。
⑤ （后晋）刘昫等：《旧唐书》卷五四《窦建德传》，中华书局1975年版，第2238页。
⑥ （宋）欧阳修、宋祁：《新唐书》卷八五《窦建德传》，中华书局1975年版，第3697页。
⑦ （宋）欧阳修、宋祁：《新唐书》卷八五《窦建德传》，中华书局1975年版，第3699页。
⑧ （清）董诰等：《全唐文》卷七四四《窦建德碑》，中华书局1983年版，第7704页。

隋炀帝在与高句丽的战争中，将涿郡发展成北方防务中心。唐朝定都于长安，北方边境常受到突厥、契丹和奚族的侵袭，唐王朝因为其辖境内拥有多处能够放牧饲养马匹的草原地区，有建立强大骑兵的物质条件，因而制定了不修长城而以军队守边的政策。为应对北方少数民族的军事压力，唐朝设置河北道，管辖黄河以北地区。唐高宗时期建立起多层次的防御体系，"自东向西，自北向南，分设有安东都护府以镇抚高句丽旧地；营州都督府以押两蕃和靺鞨；幽州都督府则防御突厥及两蕃。"①

幽州由此成为唐朝北方的边防重镇。贾至《燕歌行》曰："国之重镇惟幽都，东威九夷北制胡。"② 张九龄说："渔阳、平卢，东北重镇，匈奴断臂，山戎扼喉，节制之权，莫不在此。"③ 宋朝文人也总结说："当日幽蓟为唐北门，命帅屯兵，扼其险阻，是以戎马不敢南牧。"④

武则天统治时，幽州成为中原政权北方防线的重心。圣历二年（699），突厥首领默啜可汗占领定州、赵州，狄仁杰等带兵到河北讨袭突厥，未能追到。此战中，因容城守城坚固，避免沦陷之祸，武则天赐名全节县。唐玄宗时，幽州成为守护大唐的东北藩篱，驻有重兵。唐玄宗先天二年（713），设置幽州节度使，负责防御突厥、奚、契丹，"范阳节度使，临制奚、契丹，统经略、威武、清夷、静塞、恒阳、北平、高阳、唐兴、横海等九军。（原文注：范阳节度使，理幽州，管兵九万一千四百人，马六千五百匹，衣赐八十万匹段，军粮五十万石。……高阳军，在易州城内，管兵六千人。唐兴军，在莫州城内，管兵六千人。）"⑤

由于唐朝统治区域内承平日久，大多国土驻兵不多，唐朝精兵多集中布

---

① 李松涛：《论契丹李尽忠、孙万荣之乱》，载王小甫主编《盛唐时代与东北亚政局》，上海辞书出版社2003年版，第96页。

② （清）彭定求：《全唐诗》卷二三五《燕歌行》，中华书局1960年版，第2594页。

③ （唐）张九龄撰，熊飞校注：《张九龄集校注》卷八《敕幽州节度张守珪书》，中华书局2008年版，第543页。

④ （宋）李焘：《续资治通鉴长编》卷四六，咸平三年春，中华书局2004年版，第999页。

⑤ （后晋）刘昫等：《旧唐书》卷三八《地理志》，中华书局1975年版，第1387页。

置于河北地区，尤其是安禄山身兼范阳、平卢、河东三道节度使之后，河北地区已经成为事实上的唐朝的军事中心，大部分“中唐以后的政治中心与关键，已渐由中央政府转移至方镇”[①]。

唐朝长安是政治中心，而河北为军事中心。同时北方藩镇也积极吸引唐朝文人作为幕职，因而唐代文人对河北风俗进行了高度肯定。

唐朝众多诗人歌颂了河北作为军事中心的燕赵风情，也描绘了燕赵游侠的精神气概。李白《出自蓟北门行》，描写了盛唐时候幽州的情况：“画角悲海月，征衣卷天霜。挥刃斩楼兰，弯弓射贤王。”[②] 崔颢：“少年负胆气，好勇复知机。仗剑出门去，孤城逢合围。杀人辽水上，走马渔阳归。”[③] 高适《蓟门五首》曰：“幽州多骑射，结发重横行……纷纷猎秋草，相向角弓鸣。”[④]“男儿事长征，少小幽燕客。赌胜马蹄下，由来轻七尺。杀人莫敢前，须如猬毛磔。”[⑤] 高适还写有《邯郸少年行》：“邯郸城南游侠子，自矜生长邯郸里。千场纵博家仍富，几度报仇身不死。宅中歌笑日纷纷，门外车马常如云，未知肝胆向谁是，令人却忆平原君。君不见即今交态薄，黄金用尽还疏索。以兹感叹辞旧游，更于时事无所求。且与少年饮美酒，往来射猎西山头。”[⑥] 高适《燕歌行》描写了悲壮的战斗场景：“摐金伐鼓下榆关，旌旆逶迤碣石间。校尉羽书飞瀚海，单于猎火照狼山。山川萧条极边土，胡骑凭陵杂风雨。战士军前半死生，美人帐下犹歌舞！大漠穷秋塞草腓，孤城落日斗兵稀。身当恩遇常轻敌，力尽关山未解围。铁衣远戍辛勤久，玉箸应啼别离后。少妇城南欲断肠，征人蓟北空回首。边庭飘摇那可度，绝域苍茫无所有！杀气三时作阵云，寒声一夜传刁斗。相看白刃血纷纷，死节从来岂顾勋？君不见沙场

① 王寿南：《唐代藩镇与中央关系之研究》，台北大化书局1978年版，第8页。
② （唐）李白：《李太白全集》卷五《出自蓟北门行》，中华书局1977年版，第315页。
③ （清）彭定求：《全唐诗》卷二五《游侠篇》，中华书局1960年版，第332页。
④ （清）彭定求：《全唐诗》卷二四《蓟门行》，中华书局1960年版，第311页。
⑤ （清）彭定求：《全唐诗》卷一三三《古意》，中华书局1960年版，第1355页。
⑥ （清）彭定求：《全唐诗》卷二四《邯郸少年行》，中华书局1960年版，第329页。

征战苦，至今犹忆李将军！”①

贾岛诗歌体现了河北的尚侠之俗，“十年磨一剑，霜刃未曾试。今日把示君，谁有不平事？”② 刘叉《嘲荆卿》：“白虹千里气，血颈一剑义。报恩不到头，徒作轻生士。”③ 崔涯《侠士诗》：“太行岭上二尺雪，崔涯袖中三尺铁。一朝若遇有心人，出门便与妻儿别。”④ 杜甫则言“渔阳豪侠地”⑤。

汉代史家提出的燕赵古代地域文化中“慷慨悲歌”特色，在唐时诗人笔下从贬义演变成了褒奖。李白言：“邹鲁多鸿儒，燕赵饶壮士。盖风土之然乎。”⑥ 唐韩愈说：“燕赵古称多感慨悲歌之士。”⑦ “中原还逐鹿，投笔事戎轩。纵横计不就，慷慨志犹存。”⑧

经过唐代诗人的集体正名之后，“慷慨悲歌”也由此成为燕赵地域最广为人知的文化特征。

---

① （清）彭定求：《全唐诗》卷二一三《燕歌行》，中华书局1960年版，第2217页。

② （清）彭定求：《全唐诗》卷五七一《剑客》，中华书局1960年版，第6618页。

③ （清）彭定求：《全唐诗》卷三九五《嘲荆卿》，中华书局1960年版，第4446页。

④ （清）彭定求：《全唐诗》卷五〇五《侠士诗》，中华书局1960年版，第5741页。

⑤ （清）彭定求：《全唐诗》卷一八《后出塞》，中华书局1960年版，第186页。

⑥ （唐）李白：《李太白全集》卷二七《春于姑熟送赵四流炎方序》，中华书局1977年版，第1265页。

⑦ （唐）韩愈：《韩昌黎文集校注》卷四《送董邵南序》，上海古籍出版社1986年版，第247页。

⑧ （清）彭定求：《全唐诗》卷一八《出关》，中华书局1960年版，第182页。

第五章　从唐后期至辽宋金：燕赵地域法律文化在第二个“南北朝时代”的绽放

唐朝前期，长安与洛阳是政治中心，以幽州为代表的河北地区是军事中心。安史之乱后，长安及洛阳的政治影响力下降，而河北地区的河朔藩镇政治离心力最强，“长安集团与河北集团政治文化对立之形势”，“当时大唐帝国以内实有截然不同之二分域。”① 因而总体上呈现东西对峙的地域格局。

唐朝覆亡后，各地藩镇纷纷自立，形成了“五代十国”。“五代”依次为后梁、后唐、后晋、后汉、后周五个朝代，“十国”为南吴、吴越、前蜀、后蜀、闽、南汉、南平、马楚、南唐、北汉。中国的地域格局由东西对峙转变为南北竞争格局，河北地区则成为北方割据政权主要的区域组成。

深州乐寿（今河北献县）人刘守光为卢龙节度使刘仁恭之子，曾狂言：“我大燕地方二千里，带甲三十万，东有鱼盐之饶，北有塞马之利。”② “直作河北天子，谁能禁我！”③ 刘守光建立大燕政权，后为李存勖所灭亡。

---

① 陈寅恪：《唐代政治史述论稿》上篇《统治阶级之氏族及其升降》，商务印书馆 2011 年版，第 210 页。

② （宋）薛居正：《旧五代史》卷一三五《刘守光传》，中华书局 1976 年版，第 1804 页。

③ （宋）司马光：《资治通鉴》卷二六八《后梁纪》，中华书局 1956 年版，第 8743 页。

李存勖为推翻后梁，以李唐王朝的继承者自居，建立后唐政权。李存勖指斥后梁为伪梁、伪廷。为了证明正统的合法性，李存勖意图延续唐朝的法统。同光元年（923）十二月，御史台奏言：“当司刑部、大理寺本朝（笔者注：此处指唐朝）法书，自朱温僭逆，删改事条，或重货财，轻人命，或自徇枉过，滥加刑罚。今见在三司收贮刑书，并是伪廷删改者，兼伪廷先下诸道追取本朝法书焚毁，或经兵火所遗，皆无旧本节目。只定州敕库有本朝法书具在，请敕定州节度使速写副本进纳，庶刑法令式，并合本朝旧制。”不久，“定州王都进纳唐朝格式律令，凡二百八十六卷。”[①] 在唐后期的乱政局面中，定州敕库唯一完整保存了唐朝的法典文书，为传承唐朝的法律文化作出了贡献。

“后唐的建立可谓名副其实的政权地理革命。从后唐开始，全部皇族包括沙陀部都起家于河北或河东北部，其中包括：后唐末帝李从珂是河北镇州人，后周太祖郭威和后周世宗柴荣是河北邢州人，及赵匡胤、赵光义兄弟俩本属于河北幽州人。”[②] 河北从中国自商周到汉唐时的文化边缘地带发展成为“燕蓟多文士”[③] 的文化富集地区。

有学者运用社会学统计方法发现梁唐之际北方中央政权文职武职之中的河北出身者数量陡升，在后唐政权中占到了33.5%，领先于后唐起家的河东以及后梁的核心区河南，因而将这种现象称为“河北优势”现象。[④]

后唐清泰二年（935），河东节度使石敬瑭在晋阳反叛后唐政府，认耶律德光为父，将“燕云十六州”（或称“幽云十六州”）割献给契丹，包括幽（今北京，另称燕京）、蓟（今天津蓟州区）、瀛（今河北河间）、鄚（今河北

---

① （宋）薛居正：《旧五代史》卷一四七《刑法志》，中华书局1976年版，第1962页。

② 谭凯：《晚唐河北人对宋初文化的影响——以丧葬文化、语音以及新兴精英风貌为例》，载《唐研究》第19卷，北京大学出版社2013年版，第260页。

③ （宋）薛居正：《旧五代史》卷六〇《王缄传》，中华书局1976年版，第805页。

④ 毛汉光：《五代之政治延续与政权转移》，原刊于《史语所集刊》第51本第2分册，后收于氏著《中国中古政治史论》，上海书店出版社2002年版，第418—474页。

任丘北)、涿（今河北涿州市)、檀（今北京密云)、顺（今北京顺义)、新（今河北涿鹿)、妫（今河北怀来)、儒（今北京延庆)、武（今河北宣化)、云（今山西大同)、应（今山西应县)、寰（今山西朔州市东北)、朔（今山西朔州)、蔚（今河北蔚县）等十六州，总面积近12万平方公里。

燕云十六州的割让是河北割据政治发展的恶果，致使中原地区失去了与北方游牧民族之间的天然和人工防线。“幽、燕诸州，盖天造地设以分蕃汉之限，诚一夫当关，万夫莫前”①，由于失去了燕山山脉，占据燕云地区的游牧民族取得了“北倚山险，南压区夏，若坐堂隍，俯视庭宇”② 的战略地理优势。“其地东北有卢龙塞，西北有居庸关，中国恃此以界限北狄。自十六州既割之后，山险皆为虏所有，而河北尽在平地，无险可守。”③

燕云十六州中，有十二州皆为河北之地，归属不同政权后，就从地理上将河北地区分割为南北两部，辽和北宋政权也大体延续了这种地缘格局。

第一节　燕赵地域内南北两京同时出现，南北两种法治模式同时并存

一、燕赵地域内南北两京同时出现

周太祖郭威为邢州尧山（今河北隆尧县）人，是后周政权的建立者。当时律令多沿用唐律及杂以后晋、后汉等朝敕令，“律条繁冗，轻重无据，吏得因缘为奸”④，因此任命大名宗城（今河北威县）人范质、范阳（今河北涿州市）人剧可久共同编修新律，凡“律令之有难解者，就文训释；格敕之有繁

---

① （宋）叶隆礼：《契丹国志》卷三，中华书局2014年版，第46—47页。

② （元）脱脱等：《金史》卷九六《梁襄传》，中华书局1975年版，第2134页。

③ （宋）程大昌：《北边备对》，收入李勇先主编《宋元地理史料汇编》第二册，四川大学出版社2007年版，第398—399页。

④ （元）脱脱等：《宋史》卷二四九《范质传》，中华书局1985年版，第8794页。

杂者，随事删削；其有矛盾相违，轻重失宜者，尽从改正，无或拘牵”①。显德五年（958）终于完成了后周法典《显德刑统》20卷。《显德刑统》的编修，“用律为主；辞旨之有难解者，释以疏意；义理之有易了者，略其疏文。式令之有附近者次之，格敕之有废置者又次之。事有不便于今、该说未尽者，别立新条于本条之下，其有文理深古、虑人疑惑者，别以朱字训释。至于朝廷之禁令，州县之常科，各以类分，悉令编附。”② 《显德刑统》的内容表述、条令规范、编修原则等方面，较之唐律都有显著的变化，解决了自唐后期以来法典中存在的律疏混同、律令不明的缺点，为《宋刑统》的制定奠定了法典基础。

清人绘周世宗柴荣像

北周世宗柴荣是邢州尧山柴家庄（今河北省邢台市隆尧县）人，他非常敏锐地意识到失去燕云十六州所导致的战略被动，认为由契丹政权控制的燕云地区必将成为中原政权的心腹大患。为了改变这种地理上的战略被动局面，周世宗于显德六年（959）五月开始北伐，收复了十六州中最南的瀛州、鄚州等地。后因周世宗突然生病，北伐只能到此终止，白沟（今拒马河）一线成为契丹与汉族政权间的疆界。

公元960年，赵匡胤在陈桥兵变而黄袍加身，建立北宋政权，后周领土归于赵宋。北宋政府，亦迫切希望收回燕云地区。宋太宗消灭北汉政权后，期望顺势收复幽、蓟而回到农耕政

① （元）脱脱等：《宋史》卷二七〇《剧可久传》，中华书局1985年版，第9256页。
② （宋）薛居正：《旧五代史》卷一四七《刑法志》，中华书局1976年版，第1965页。

权与游牧政权传统的分界："幽、蓟土宇，复归中原，朔漠之外，悉以相与。"[①] 然而979年宋军在高粱河（今北京西直门外）战役中，惨败于辽军，宋太宗中箭，退至涿州，乘驴车逃回。986年，在岐沟关（今河北涞水东）之战中，又为辽军击败，宋军伤亡惨重。宋太宗从此心灰意冷，放弃收复燕云地区的壮志，转而实行"议定华戎之疆，永息征战之事"[②] 的对外战略。这种政策转变，为宋太宗后的宋朝历代皇帝所继承，因此周世宗所收复的三关地区变成了宋辽对峙的前线，在10—11世纪的中国，出现宋辽"二元并立"的天下格局。

公元1004年，即宋真宗景德元年、辽圣宗统和二十二年，宋、辽双方最终签订了和平协定，即《澶渊之盟》。《澶渊之盟》约定：（1）宋每年向辽提供岁币绢二十万匹、银十万两；（2）宋、辽互为兄弟之国，以地理方位，辽国称北朝，宋朝称南朝。[③]

辛丑録契丹誓書頒河北河東諸州軍始通和所
致書皆以南北朝冠國號之

辽宁图书馆藏宋刻本

《续资治通鉴长编》景德元年十二月辛丑条，
"南北朝"的称呼使中国第一次有了对等外交

① （元）脱脱等：《宋史》卷四九一《外国七》，中华书局1977年版，第14130页。

② （宋）李焘：《续资治通鉴长编》卷二八，雍熙四年四月己亥，中华书局2004年版，第635页。

③ （宋）李焘：《续资治通鉴长编》卷五八，景德元年十二月辛丑，中华书局2004年版，第1299页。

宋辽签订《澶渊之盟》后，东亚秩序发生了重大变化。姚从吾认为：“《澶渊之盟》自然助成东亚区域内东北草原文化与中原农业文化的彼此交流混合，双方文化互助交流以后，第11世纪塞外西辽河流域的契丹人，很自然地归入中原汉、唐文化的主流。”[①]

自失去燕云十六州至澶渊之盟，河北历史发生重大转变，进入了继南北朝之后的又一个大分裂时期，可以称为第二个南北朝时期。

在宋辽对峙的政治局面下，幽州作为燕赵地域中文明交汇的城市，从一方都会上升为王朝都城。“幽燕自昔称雄。左环沧海，右拥太行，南襟河济，北枕居庸。苏秦所谓天府百二之国，杜牧所谓王不得不可为王之地。”[②] 契丹族建立辽国后，升幽州为辽之陪都，称为南京。南京道是辽朝科举人才的主要集中地，学者统计辽朝进士及第者的籍贯发现，南京道是辽朝及第进士分布集中的地区：“是辽朝儒家文化最为发达的地区，给辽朝官僚机构输送了大批汉族治世人才。”[③]

北宋定都开封府，“开封地平四出，诸道辐辏，南与楚境，西与韩境，北与赵境，东与齐境，无名山大川之限。无汴、蔡诸水参贯，巾车错毂，蹄踵交道，轴轳衔尾，千里不绝，四通五达之郊也。故其地利战，自古号为战场。”[④] 且“燕蓟以南，平壤千里，无名山大川之阻”[⑤]，因而宋朝统治者“常有戎马在郊之忧”[⑥]。

为了保卫开封府的军事安全，宋朝以“大河以北，易水之南”的河北地区作为防御辽国的第一道军事前线。宋祁说：“天下根本在河北，河北根本在

① 姚从吾：《姚从吾先生全集》第二册《辽金元史讲义——甲：辽朝史》，台北正中书局1972年版，第179页。

② （清）孙承泽：《天府广纪》卷一，北京古籍出版社1984年版，第6页。

③ 张希清：《中国科学制度通史·辽金卷》，上海人民出版社2015年版，第137页。

④ （明）李濂撰，周宝珠、程民生点校：《汴京遗迹志》卷一八，中华书局1999年版，第339页。

⑤ （宋）李焘：《续资治通鉴长编》卷三〇，端拱二年春正月癸巳，中华书局2004年版，第667页。

⑥ （宋）叶适：《叶适集》卷一〇《取燕三》，中华书局2010年版，第763页。

镇、定，以其扼贼冲要，为国门户也。”[①] 范镇说：“河北，朝廷根本，而雄州河北咽喉。”[②] 黄河北岸的大名府（即唐后期魏博藩镇治所）成为北宋河北布防的重要军事屏障，宋人以“北门锁钥”[③]“惟是北门之重，正居中冀之冲”[④]来评价大名府的军事地位。

北宋庆历二年（1042），辽朝为得到瓦桥关、益津关、淤口关三关之关南十县之地，有南伐之意，陈兵幽州境上，宋辽关系再度紧张。北宋统治者于是“建大名府为北京”[⑤]，以示意宋帝“将亲征，以伐其谋”[⑥]，出内藏库缗钱10万修北京。并以“北京为河朔根本”[⑦]，在大名“宿重兵控扼大河南北，内则屏蔽王畿，外则声援诸路”[⑧]，任以重臣，号令全路，大名成为北宋在河北的军事指挥和防御中枢。宋神宗熙宁时河北路分为东、西两路，大名府又成为河北东路的治所。

“938年时，辽国始以燕京（今北京市）作陪都，时称南京。1042年时，北宋以大名府（治今大名县东北）为北京，两个都城同处河北一地，标志着河北具有举足轻重、动关大局的历史地位。”[⑨]“以宋代为界，此前中国都城主要在东西轴线上流转，此后主要在南北轴线上移动。”[⑩]

---

① （元）脱脱等：《宋史》卷二八四《宋祁传》，中华书局1977年版，第9596页。

② （宋）范镇：《东斋记事》补遗，中华书局2006年版，第47页。

③ （宋）李焘：《续资治通鉴长编》卷七〇，大中祥符元年十二月辛亥，中华书局2004年版，第1528页。

④ （宋）韩琦撰，李之亮、徐正英点校：《安阳集编年笺注》卷三一，巴蜀书社2000年版，第964页。

⑤ （宋）李焘：《续资治通鉴长编》卷一三六，庆历二年五月戊午，中华书局2004年版，第3260页。

⑥ （宋）李焘：《续资治通鉴长编》卷一三六，庆历二年五月戊午，中华书局2004年版，第3260页。

⑦ （元）脱脱等：《宋史》卷一九六《兵志》，中华书局1977年版，第4897页。

⑧ （元）脱脱等：《宋史》卷一九六《兵志》，中华书局1977年版，第4897页。

⑨ 严兰绅主编，谢志诚著：《河北通史·宋辽金元卷·绪言》，河北人民出版社2000年版，第1页。

⑩ 冯天瑜：《中国文化的地域分野》，《地域文化研究》2017年第1期，第5页。

二、燕赵地域内南北两种法治模式同时并存

在10—11世纪，河北区域内以白沟为界施行两种法治体系：一是辽朝的二元法制，可称为“北朝法”；二是宋朝的中原法制，可称为“南朝法”。

辽朝统治者仿行汉制，亦以“中华”为尚。“自契丹侵取燕、蓟以北，称中国位号，仿中国官属，任中国贤才，读中国书籍，用中国车服，行中国法令。……所为皆与中国等。”① “辽人嗜学中国”，“典章文物，仿效甚多。”② 辽圣宗、兴宗时期，契丹族已经开始以“炎黄子孙”自称。③ 辽道宗自信辽国“文物彬彬，不异中华”④，曾以白金数百两铸两佛像，铭其背曰：“愿后世生中国。”⑤ 大致在辽道宗前后，契丹开始以“中国”自称。

据《辽史·百官志》，辽“既得燕、代十有六州，乃用唐制，复设南面三省、六部、台、院、寺、监、诸卫、东宫之官。诚有志帝王之盛制，亦以招徕中国之人也”⑥。

当时辽的统治地域是宋国土的两倍，最强盛时辽朝的疆域“东至于海，西至金山（今阿尔泰山），暨于流沙，北至胪朐河（今蒙古国克鲁伦河），南至白沟，幅员万里。”⑦ 辽朝地跨游牧和农耕两大区域，“有城国，有行国”⑧，呈现出蕃汉杂糅的社会面貌。辽朝统治者采取了“因俗而治”的政策。在官制上采取“南北面官制”：“官分南北，以国制治契丹，以汉制待汉人。”⑨

---

① （宋）李焘：《续资治通鉴长编》卷一五〇，庆历四年六月戊午，中华书局2004年版，第3640—3641页。

② （宋）朱彧：《萍洲可谈》卷二，中华书局2007年版，第142页。

③ 赵永春：《辽人自称“中国”考论》，《社会科学辑刊》2010年版第5期，第145页。

④ （宋）洪皓：《松漠纪闻》卷上，中华书局1985年版，第6页。

⑤ （宋）晁说之：《嵩山文集》卷二《朔问下》，上海书店出版社1985年版，第23—24页。

⑥ （元）脱脱等：《辽史》卷四七《百官志三》，中华书局1974年版，第772页

⑦ （元）脱脱等：《辽史》卷三七《地理志一》，中华书局1974年版，第438页。

⑧ （宋）李焘：《续资治通鉴长编》卷三二八，元丰五年七月乙未，中华书局2004年版，第7899—7900页。

⑨ （金）元好问：《元好问文编年校注》卷四《故金漆水郡侯耶律公墓志铭》，中华书局2012年版，第343页。

“辽国官制，分北、南院。北面治宫帐、部族、属国之政，南面治汉人州县、租赋、军马之事。因俗而治，得其宜矣。”[①]

自唐末五代，辽国境内生活着大量汉人。“刘守光暴虐，幽、涿之人多亡入契丹。阿保机乘间入塞，攻陷城邑，俘其人民，依唐州县置城以居之。”[②]《陷虏记》的作者胡峤曾居契丹七年，记述了辽朝上京西楼[③]的汉人生活状况，曰：“又行三日，遂至上京，所谓西楼也。西楼有邑屋市肆，交易无钱而用布。有绫锦诸工作、宦者、翰林、伎术、教坊、角牴、秀才、僧、尼、道士等，皆中国人，而并、汾、幽、蓟之人尤多。”[④] 此外“东京辽阳府……外城谓之汉城……河、朔亡命，皆籍于此”[⑤]。

神册六年（921），耶律阿保机谓侍臣曰：“凡国家庶务，巨细各殊，若宪度不明，则何以为治，群下亦何由知禁。”乃诏大臣：“定治契丹及诸夷之法，汉人则断以《律》《令》，仍置钟院以达民冤。”[⑥] 这次修律史称《神册律》，所谓《律》《令》即《唐律》和《唐令》。《神册律》将“治契丹及诸夷法”与“断以《律》《令》汉法”并列，奠定了辽国二元法制的最初治理格局。辽朝自此在法律上实行“一国两法”：对汉人、渤海人施行唐律，“断以《律》《令》”；对契丹及其他游牧民族则依“治契丹及诸夷之法”。各族“衣服言语，各从其俗；四姓相犯，皆用汉法；本类自相犯者，用本国法。故别立契丹司以掌其狱”。[⑦]

东京辽阳府地区与幽云地区是辽朝汉人和渤海人聚居地区，因此皆由南

---

① （元）脱脱等：《辽史》卷四五《百官志一》，中华书局1974年版，第685页。

② （宋）欧阳修：《新五代史》卷七二《四夷附录》，中华书局1974年版，第886页。

③ 耶律阿保机于大部落（即迭剌部）之地建行宫，名为“西楼”，此地是契丹本土建立的第一座城池，后发展为上京。

④ （宋）欧阳修：《新五代史》卷七三《四夷附录》，中华书局1974年版，第906页。

⑤ （元）脱脱等：《辽史》卷三八《地理志二》，中华书局1974年版，第456页。

⑥ （元）脱脱等：《辽史》卷六一《刑法志上》，中华书局1974年版，第937页。

⑦ （宋）余靖：《武溪集》卷一八，景印文渊阁《四库全书》本，台北商务印书馆1983年版，第1089册，第175页。

面官治理，主要用《唐律》处理社会矛盾。幽云地区是辽朝的南制地区，而作为宋辽边境的白沟自然成为当时辽朝南制的最南地理边缘。①

公元1089年，苏辙使辽时调查过辽朝法律的适用情况：“北朝之政，宽契丹，虐燕人，盖已旧矣。然臣等访闻山前诸州祇候公人，止是小民争斗杀伤之狱则有此弊。至于燕人强家富族，似不至如此。”② 辽朝后来也引用宋律，如辽圣宗曾诏：“汉儿公事皆须体问南朝法度。”③

宋朝的中原法制是对唐代法制的继承，北宋前中期以律、令、格、式为主要法律形式。宋神宗时开始“以敕代律”后，则以敕、令、格、式为主要法律形式。

建隆四年（963），宋太祖命大理卿窦仪等人以后周《显德刑统》为基础，更定成《建隆重详定刑统》十二篇三十卷，后称《宋刑统》。《宋刑统》的篇目、条数与唐律完全相同，因而后世有“宋律是唐律的翻版”之评价。《宋刑统》的条文可统称作“律”，是宋朝建国后第一部系统的成文法典，也是赵宋直至灭亡都奔而不废的祖宗成宪。

《宋史·刑法志》载：“宋法制因唐律令格式，而随时损益则有编敕。”④ 敕是皇帝针对具体人事而发布的临时诏令，也称散敕；经系统编撰整理后正式颁行，便成为具有普遍意义的法律形式。编敕始于唐代，但不作任何改动称为“格后敕”。五代称为“编敕”。从唐后期开始，敕的作用突显出来，凡有刑狱先看有没有“敕”，如没敕文才检用律条。北宋立国之初，宋太祖“别取旧削出格令、宣敕及后来续降要用者，凡一百六条，为编敕四卷”⑤。宋朝

---

① 贾文龙：《面中原而背北国：中国古代北族政权时期雄安区域地理职能的转变》，2023年10月开封“唐宋时期的地方治理及其启示”学术研讨会提交文章。

② （宋）苏辙：《苏辙集》卷四二《北使还论北边事札子五道·二论北朝政事大略》，中华书局1990年版，第749页。

③ （宋）叶隆礼：《契丹国志》卷七，中华书局2014年版，第82页。

④ （元）脱脱等：《宋史》卷一九九《刑法一》，中华书局1985年版，第4962页。

⑤ （清）沈家本撰，邓经元、骈宇骞点校：《历代刑法考·律令六·建隆重定刑统》，中华书局1985年版，第968页。

编敕也具有优先引用的法律地位，“今世断狱，只是敕；敕中无，方用律。”[1]敕令格式是宋朝的主要法律结构：

> 法令之书，其别有四，敕、令、格、式是也。神宗圣训曰：“禁于未然之谓敕，禁于已然之谓令，设于此以待彼之至谓之格，设于此使彼效之谓之式。”凡入笞杖徒流死，自例以下至断狱十有二门，丽刑名轻重者，皆为敕；自品官以下至断狱三十五门，约束禁止者，皆为令；命官庶人之等，倍全分厘之给，有等级高下者皆为格；表奏、帐籍、关牒、符檄之类，有体制模楷者，皆为式。元丰编敕用此，后来虽数有修定，然大体悉循用之。[2]

河北区域内辽朝“北朝法”与宋朝“南朝法”并存的局面，终结于金朝统一河北地区。

金朝占领燕汉之地后，也是施行两元法制，“始用辽南、北面官僚制度。”[3] 金的南面官主要是枢密院制，北面官主要是勃极烈制。金太宗统治时期（1123—1134），金军占领了山东、河北、河东以至陕西诸路。金熙宗即位，推行天眷新制，全面推行中原王朝的专制政体，以三省六部制取代勃极烈制。与此同步，金熙宗命学士院讨论条例，“以本朝旧制，兼采隋、唐之制，参辽、宋之法，类以成书，名曰《皇统制》，颁行中外。”[4]《皇统制》是金朝第一部成文法典。金熙宗时，改燕京枢密院为行台尚书省，将枢密院变为中央尚书省的派出机构即行台尚书省，标志着二元法制的正式结束。皇统元年（1141），金与南宋签订“绍兴和议”，划定以淮水至大散关为边界。淮水以北地区全部被金朝所占领。贞元元年（1153）完颜亮正式迁都于燕京，

---

① （宋）黎靖德编，王星贤点校：《朱子语类》卷一二八《本朝二》，中华书局1986年版，第3080页。

② （宋）洪迈撰，孔凡礼点校：《容斋随笔·三笔》卷一六《敕令格式》，中华书局2005年版，第616页。

③ （元）脱脱等：《金史》卷七八《列传史赞》，中华书局1975年版，第1779页。

④ （元）脱脱等：《金史》卷四五《刑志》，中华书局1975年版，第1015页。

并改燕京为中都，正式宣布以中都作为首都，中都成为北部半个中国的政治中心。至此，河北区域内辽朝“北朝法”与宋朝“南朝法”并立的局面正式结束，实行行省体制的金制成为河北域内的统治法。金末于各地设行省、行六部，开我国省制的先河，为后来元朝在全国普遍设立行省创造了条件。

金与南宋的对峙，则形成中国全域内的南北朝局面。对这种局面，元代史臣在修前朝史时发生了剧烈争论。南方学者坚持以宋为正统，将辽金列入《宋史》的“载论”部分；而北方文人如修端等人从辽金历史出发，根据金代占有中原地区，并实行礼乐，主张效仿《南史》《北史》，以北宋为《宋史》，南宋为《南宋史》，辽金为《北史》。现代学者认为：“两次北方民族的大规模南下直接造成东晋和南宋的南渡偏安，造成中国社会经济重心及文化精英的两次南移，以及随之而来的4—6世纪、10—13世纪的两个南北朝近200年的对峙。”①

第二节　第二个南北朝时期，燕赵人士参与修法的第二次高潮：辽金时期

晚唐至辽宋金时期，是一个沙陀、契丹、女真和汉人各族政权争雄对峙、民族关系异常复杂的战乱动荡时代，又是一个少数民族迅速发展、各族人民不断融合的社会进步时代。在辽宋金时期，燕赵地域正是南北朝对峙的主要区域，燕赵律学家积极参与了辽宋金三朝的法制建设。

一、韩知古、韩延徽、韩德让与辽代的法律建设

公元916年，契丹总首领耶律阿保机仿照汉人王朝的体制建立契丹国，是为辽太祖。契丹人没有成文法律，史书称：“辽以用武立国，禁暴戢奸，莫

① 李治安：《民族融汇与中国历史发展的第二条基本线索论纲》，《史学集刊》2019年第1期，第14页。

先于刑。国初制法，有出于五服、三就之外者，兵之势方张，礼之用未遑也。”[①] 辽太祖执政之初，仍然沿用契丹习惯法，对一般犯罪“量轻重决之”，惩治叛逆不道之人则“权宜立法”，并且设立多项严酷的刑罚制度如枭磔、生瘗、射鬼箭、炮掷、肢解之刑，“归于重法，闲民使不为变耳。”[②] 辽太祖晚年，采用胡汉分治原则，“诏大臣定治契丹及诸夷之法，汉人则断以律令。”[③] 阿保机选拔任用众多汉族士人，幽燕汉臣是其中的主要人员。赵志忠《虏庭杂纪》曰：“有韩知古、韩颖、康枚、王奏事、王郁，皆中国人。”[④] “阿保机的建元、立国、称皇帝，并不意味着国家机构的完善和制度的确定。它需要有整套礼法、制度来充实。这对刚刚从原始状态脱胎出来的草原牧民来说，是十分生疏的。实际上，契丹人的国家制度，在阿保机称帝后短短的十几年内便已初具规模。这种迅速发展，主要是因为阿保机掌握了一个由汉人组成的‘智囊团’，而这个智囊团的成员，几乎都是燕蓟的旧官吏。”[⑤]

大同元年（947），辽太宗耶律德光改国号为大辽，建都上京（今内蒙古巴林左旗南）。耶律德光将汉法的适用范围扩大到原渤海国，并大量任用以韩延徽为代表的汉族士人，加速汉化的进程，扩大汉律在辽国法律中的适用范围，对辽初封建化的进程起到了重要的推动作用。

韩知古，为蓟州玉田（今河北玉田县）人[⑥]，其家世为燕地汉人：“近代则起家于燕壤，仕禄于辽庭焉。”[⑦] 辽太祖平蓟时，淳钦皇后之兄萧敌鲁俘获了6岁的韩知古，后将韩知古作为述律后的陪嫁奴隶献给阿保机，为阿保机私

① （元）脱脱等：《辽史》卷六一《刑法志》，中华书局1974年版，第935页。

② （元）脱脱等：《辽史》卷六一《刑法志》，中华书局1974年版，第937页。

③ （元）脱脱等：《辽史》卷六一《刑法志》，中华书局1974年版，第937页。

④ （宋）司马光：《资治通鉴》卷二六六，太祖开宝元年五月，中华书局1956年版，第8678页。

⑤ 王玲：《辽代燕京与契丹社会的发展》，载陈述主编《辽金史论集》第一辑，上海古籍出版社1987年版，第167页。

⑥ 现代地方文史学者认为玉田韩氏家族祖籍在今河北省玉田县小韩庄村，参见胡炳成、王希安《玉田县地名志》，中国对外翻译出版公司1998年版，第117页。

⑦ 陈述辑校：《全辽文》卷五《韩瑜墓志铭》，中华书局1982年版，第99页。

奴。韩知古后来得到阿保机的信任而被重用。契丹建国之初，对汉仪知之甚少，知古将汉地礼仪介绍到草原并与契丹“国俗”参互使用制定了辽朝礼制：

久之，信任益笃，总知汉儿司事，兼主诸国礼仪。时仪法疏阔，知古援据故典，参酌国俗，与汉仪杂就之，使国人易知而行。①

韩知古将蕃汉礼制相结合，为契丹创制“易知而行”的仪法，推进了契丹文明的发展。

韩延徽（881—959），字藏明，幽州安次（今河北廊坊安次区）人。“父梦殷，累官蓟、儒、顺三州刺史。延徽少英，燕帅刘仁恭奇之，召为幽都府文学、平州录事参军，同冯道祗候院，授幽州观察度支使。”② 后又“侍刘守光为幕府参军”③。

韩延徽后奉后唐命出使契丹，被耶律阿保机所扣留，阿保机召其论事，“合上意，立命参军事”④，从此成为辽朝属臣：

守光末年衰困，卢龙巡属皆入于晋，遣延徽来求援。太祖怒其不拜，留之，使牧马于野。延徽有智略，颇知属文，述律太后言于太祖曰：“延徽能守节不屈，此今之贤者，奈何辱以牧圉，宜礼用之”。太祖召延徽与语，悦之，遂以为谋主，举动访焉。⑤

在辽期间，韩延徽曾私归后唐，然因与原刘仁恭旧吏王缄有隙，不久又惧祸而归。阿保机不但不怪罪他，还赐名匣列（辽言复来），“即命为守政事令、崇文馆大学士，中外事悉令参决。”⑥ 韩延徽从此尽心辅佐阿保机，为其军事扩张出谋划策，“攻党项、室韦，服诸部落，延徽之筹居多。”⑦ 天赞四年（925），从征渤海，因功拜左仆射。

---

① （元）脱脱等：《辽史》卷七四《韩知古传》，中华书局 1974 年版，第 1233 页。
② （元）脱脱等：《辽史》卷七四《韩延徽传》，中华书局 1974 年版，第 1231 页。
③ （宋）叶隆礼：《契丹国志》卷一六《韩延徽传》，中华书局 2014 年版，第 160 页。
④ （元）脱脱等：《辽史》卷七四《韩延徽传》，中华书局 1974 年版，第 1231 页。
⑤ （宋）叶隆礼：《契丹国志》卷一六《韩延徽传》，中华书局 2014 年版，第 160 页。
⑥ （元）脱脱等：《辽史》卷七四《韩延徽传》，中华书局 1974 年版，第 1231 页。
⑦ （元）脱脱等：《辽史》卷七四《韩延徽传》，中华书局 1974 年版，第 1231 页。

韩延徽向阿保机提出了胡汉分治的策略，“乃请树城郭，分市里，以居汉人之降者。又为定配偶，教垦艺，以生养之。以故逃亡者少。”① 在韩延徽的建议之下，始设“头下军州”，阿保机以汉治汉，不仅安抚了治下的汉族人口，而且契丹的政治、经济等各方面也有了很大的发展。

胡汉分治的政策初见成效之后，韩延徽更进一步将汉族的生活习惯、生产方式等引入契丹，“始教契丹建牙开府，筑城郭，立市里，以处汉人，使各有配偶，垦艺荒田”②，在他的协助之下，契丹族迅速摆脱了原始蒙昧的生活状态，开始了封建化进程。公元916年，阿保机称帝建契丹国，拜韩延徽为相，累迁至中书令。契丹国初建之际，“太祖初元，庶事草创，凡营都邑，建宫殿，正君臣，定名分，法度井井，延徽力也。”③ 韩延徽将汉人的“礼法合一”的原则引入契丹法律建设当中，大大推动了契丹国的封建化进程。

耶律阿保机逝世后，其子耶律德光继位，为辽太宗，封韩延徽为鲁国公，仍为政事令。其后，韩延徽又辅佐辽世宗耶律阮，是名副其实的三朝元老。他兢兢业业，大力推行汉化政策，初步完成了法律的规范化，为辽圣宗朝的大修国律打下了基础。辽穆宗应历九年（959）韩延徽卒，享年78岁，赠尚书令，葬幽州之鲁郭，世为崇文令公。

清人罗惇衍有《韩延徽》诗赞其事云：

乞援慷慨发幽州，不屈何辞怒见留。
塞上马肥羁客恨，帷中鹤去故园秋。
册封议礼贤人倚，匣列更名学士优。
佐命功臣应数尔，规模草创尽鸿猷。④

韩延徽去世时，辽朝的法律建设还很不完善，仍保留着众多契丹族传统

---

① （元）脱脱等：《辽史》卷七四《韩延徽传》，中华书局1974年版，第1231页。
② （宋）叶隆礼撰，贾敬颜、林荣贵点校：《契丹国志》卷一，中华书局2014年版，第2页。
③ （元）脱脱等：《辽史》卷七四《韩延徽传》，中华书局1974年版，第1232页。
④ 蒋祖怡、张涤云：《全辽诗话》，岳麓书社1992年版，第445页。

的苛刑酷法。辽穆宗耶律璟更是残暴不仁，“嗜酒及猎，不恤政事，五坊、掌兽、近侍、奉膳、掌酒人等，以獐鹿、野豕、鹘雉之属亡失伤毙，及私归逃亡，在告踰期，召不时至，或以奏对少不如意，或以饮食细故，或因犯者迁怒无辜，辄加炮烙铁梳之刑。甚者至于无算。或以手刃刺之，斩击射燎，断手足，烂肩股，折腰胫，划口碎齿，弃尸于野。且命筑封于其地，死者至百有余人。京师置百尺牢以处系囚。盖其即位未久，惑女巫肖古之言，取人胆合延年药，故杀人颇众。后悟其诈，以鸣镝丛射、骑践杀之。及海里之死，为长夜之饮，五坊、掌兽人等及左右给事诛戮者，相继不绝。”① 酷刑的滥用，已经使法律完全丧失了其维护封建秩序的本来意义，成为“人主快情纵意之具”②。

983 年，辽圣宗耶律隆绪继位，因其年幼，由其母萧太后摄行国政，开始改革法律，翻译汉法，宽减苛刑，修改辽律，大大推进了辽国法律的汉化进程。韩德让是这一过程中主要的设计者与执行者。

韩德让（941—1011），蓟州玉田（今河北玉田县）人，出身河北望族玉田韩氏。辽景宗时，韩德让参与朝政，“以谨饬闻”③。景宗崩，圣宗以年少即位，承天皇太后临朝称制，“母寡子弱，族属雄强，边防未靖。”④ 韩德让与室昉、耶律斜轸等辅政大臣，“同心辅政，整析蠹弊，知无不言，务在息民薄赋，以故法度修明，朝无异议。”⑤ 乾亨元年（979），高梁河之役，宋军围城，韩德让亲自登城“日夜守御”，“安人心，捍城池”⑥，以功拜辽兴军节度使，后为南院枢密使。公元 1004 年，韩德让从萧太后、圣宗南征，与宋签订《澶渊之盟》，结束了辽宋争战局面。因功为辽圣宗赐名德昌，又赐姓耶律，名

---

①（元）脱脱等：《辽史》卷六一《刑法志上》，中华书局 1974 年版，第 938 页。
②（元）脱脱等：《辽史》卷六一《刑法志上》，中华书局 1974 年版，第 938 页。
③（元）脱脱等：《辽史》卷八二《耶律隆运传》，中华书局 1974 年版，第 1289 页。
④（元）脱脱等：《辽史》卷七一《景宗睿智皇后萧氏传》，中华书局 1974 年版，第 1202 页。
⑤（元）脱脱等：《辽史》卷七九《室昉传》，中华书局 1974 年版，第 1272 页。
⑥（元）脱脱等：《辽史》卷九《景宗本纪》，中华书局 1974 年版，第 102 页。

隆运。

韩德让在辽臣中辅政最久、集权最多、宠遇最厚、影响最大，对辽圣宗时期的法制建设起了重大作用。一是一定程度上改变了辽朝早期法律中民族地位不平等的状况，当时“契丹及汉人相殴致死，其法轻重不均”[①]，辽圣宗时期对此进行了变革，“一等科之”[②]，保证了法律的公平性。二是吸收中原法儒家化的内容，统和十二年（994）规定契丹人犯汉律中的“十恶不赦”之罪，亦处以刑律：“契丹人犯十恶者依汉律”[③]，并规定其不在“八议”之列。三是限制苛酷刑法，“当时更定法令凡十数事，多合人心，其用刑又能详慎”[④]，“重轻适宜，足以示训”[⑤]，改变了辽穆宗时刑法严酷的局面。

辽圣宗时期，法治放宽，律令条定，缓和了契丹人与汉人发生冲突而适用法律轻重不均的问题，“于是国无幸民，纲纪修举，吏多奉职，人重犯法。故统和中，南京及易、平二州以狱空闻。至开泰五年，诸道皆狱空，有刑措之风焉。”[⑥] 后世史学对辽圣宗时期辽律吸取儒家以礼入法的思想有高度评价：“能审权宜，终之以礼者，惟景、圣二宗为优耳。”[⑦] 辽圣宗时期，基本完成了汉化和封建化，制定出了较为完整的条文法，辽朝进入它的全盛时代。在这一过程中，韩德让的辅佐是功不可没的。统和二十九年（1011），韩德让卒，赠尚书令，谥文忠。

二、韩企先、韩铎父子与金朝初年的法制建设

辽国的法制对后来的金国有重要影响，《金史·刑法志》记载，金太宗

---

① （元）脱脱等：《辽史》卷六一《刑法志上》，中华书局1974年版，第939页。
② （元）脱脱等：《辽史》卷一三《圣宗本纪》，中华书局1974年版，第145页。
③ （元）脱脱等：《辽史》卷一三《圣宗本纪》，中华书局1974年版，第145页。
④ （元）脱脱等：《辽史》卷六一《刑法志上》，中华书局1974年版，第939页。
⑤ （元）脱脱等：《辽史》卷六一《刑法志上》，中华书局1974年版，第940页。
⑥ （元）脱脱等：《辽史》卷六一《刑法志上》，中华书局1974年版，第940页。
⑦ （元）脱脱等：《辽史》卷六一《刑法志上》，中华书局1974年版，第935页。

“虽承太祖无变旧风之训，亦稍用辽、宋法”①。同时，辽亡之后，韩氏后裔入仕金朝，他们仍然发挥着与其先祖对辽朝同样的作用。

金初名臣韩企先（1082—1146），是玉田韩氏后裔，其九世祖为辽朝名臣韩德让。辽乾统年间韩企先中进士，金天辅六年（1122）自中京降金，任枢密副都承旨、转运使、西京留守等职。天会六年（1128）代已故刘彦宗为同中书门下平章政事、知枢密院事。次年，迁尚书左仆射兼侍中，封楚国公。

韩企先在促进金朝初期法制建设从习惯法向成文法的历史转变过程中起了重要作用。金初社会保持原始风貌，社会关系简单，因此法制简易，只存在习惯法，民众无高下贵贱之别。习惯法中处置轻罪者以柳条笞背，杀人和劫掠者，则以沙袋击其头部处死，没收家财：“金国旧俗，轻罪笞以柳篸，杀人及盗劫者，击其脑杀之，没其家赀，以十之四入官，其六偿主，并以家人为奴婢。”②

随着金朝政权的扩张，习惯法已经不能满足金朝处理社会矛盾的需要。天会十二年（1134），金太宗在上京召见尚书右丞相韩企先，授命其变革礼法制度。韩企先“博通经史，知前代故事，或因或革，咸取折衷”③，损益旧章，博采宋、辽法制的精华，在金熙宗完颜亶皇统年间（1141—1149），终于“以本朝旧制，兼采隋、唐之制，参辽、宋之法”④，制定出了金朝第一部成文法典《皇统制》，最终促使金朝法制完成了从习惯法向成文法的历史转变。皇统六年（1146）韩企先去世，享年65岁。在韩企先去世多年之后，金世宗完颜雍仍对其臣下感慨曰：“汉人宰相惟韩企先最贤，他不及也。”⑤

韩企先去世后，次子韩铎继承父志，入朝为官。韩铎字振文，皇统（1141—1149）末年，以大臣子授武义将军。韩铎精于儒学，闻名朝野，熙宗

---

① （元）脱脱等：《金史》卷四五《刑志》，中华书局1975年版，第1014页。
② （元）脱脱等：《金史》卷四五《刑法志》，中华书局1975年版，第1014页。
③ （元）脱脱等：《金史》卷七八《韩企先传》，中华书局1975年版，第1778页。
④ （元）脱脱等：《金史》卷四五《刑志》，中华书局1975年版，第1015页。
⑤ （元）脱脱等：《金史》卷七八《韩企先传》，中华书局1975年版，第1778页。

因此赐他进士第，除宣徽判官，再迁刑部员外郎。海陵王完颜亮甚为赏识韩铎，认为他“勋贤之子，行已莅官，能世其家，故以命汝。苟能夙夜在公，当不次擢用，虽公相可到”①，韩铎感其知遇之恩，更加勤于政事，在法律建设方面将儒家“引经决狱”的传统引入金国，“狱或有疑，据经议谳”②，促进了金朝法律的儒家化进程。

三、梁肃与金世宗朝的法制建设

金熙宗时期编订的《皇统制》是金朝的第一部成文法典。此后金朝政权又陆续制定了《续降制书》《军前权宜条理》《大定重修律条》等法典。《大定重修律条》对原有的苛酷刑罚作了限制，限制了刑讯逼供，对死刑的判决也更为慎重，还仿照汉制设定了对死刑犯的秋后问刑原则。至金世宗完颜雍统治期间，金朝社会已经呈现了“尽行中国法”③ 的法制风格。

在法制汉化的背景下，金朝出现了很多执法中正、用刑宽平的法官。涿鹿人梁肃就是其中突出的代表。

梁肃（？—1188），字孟容，奉圣州（今河北省涿鹿县）人。自幼勤学，夏夜读书，往往达旦，其母常灭烛以止。天眷二年（1139）中进士，调平遥县主簿，又迁望都、绛县令。因为官廉洁，入朝为尚书省令史，后又任定海军节度副使，改中都警巡使，迁山东西路转运副使、大理卿等职。金世宗大定十四年（1174）使宋，归国后为济南尹，后拜参知政事。

梁肃是金朝中期的名臣，直言进谏，刚正不阿，金世宗称赞其为“知无不言”的“正人”。④ 正隆六年（1161），因政局昏暗，民不聊生，大名府地区多次爆发农民起义，海陵王推行残酷镇压政策，“杀居民三十万口，灭族者

---

① （元）脱脱等：《金史》卷七八《韩企先·韩铎传》，中华书局 1975 年版，第 1778 页。

② （元）脱脱等：《金史·卷七八《韩企先·韩铎传》，中华书局 1975 年版，第 1778 页。

③ （金）刘祁撰，崔文印点校：《归潜志》卷一二，中华书局 1983 年版，第 137 页。

④ （元）脱脱等：《金史》卷八九《梁肃传》，中华书局 1975 年版，第 1986 页。

一千七百余家”[①]，其中多无辜死难者。时任大名少府尹的梁肃非常反对严刑酷法政策，将囚于狱中的“百姓平人陷贼中不能自辨者数千人”[②]，逐一复审，大多数受牵累者均改判无罪。

金朝法制延续了辽朝法制的一些落后做法，尤其以一罪多刑的现象最为突出。金世宗完颜雍时期，时为济南尹的梁肃提出改革刑制的重要意见：“刑罚世轻世重，自汉文除肉刑，罪至徒者带镣居役，岁满释之，家无兼丁者，加杖准徒。今取辽季之法，徒一年者杖一百，是一罪二刑也，刑罚之重，于斯为甚。今太平日久，当用中典，有司犹用重法，臣实痛之。自今徒罪之人，止居作，更不决杖。”[③] 可惜的是，金主以“今法已轻于古，恐滋奸恶”[④] 为由，没有采纳梁肃的建议，金律自始至终都以严刑化为主要特色。

大定二十八年（1188），梁肃去世，谥正宪。

四、董师中与金章宗朝《泰和律》的修订

董师中（1129—1202），字绍祖，洺州（今河北邯郸市永年区）人。金熙宗皇统九年（1149）进士，授泽州军事判官，后改平遥丞。董师中“通古今，善敷奏，练达典宪，处事精敏”[⑤]，为人通达而执法严明，很善于把握“法治”与“德治”的平衡。皇统末年，他任平遥县县丞，县有剧贼王乙，素凶悍不可制，师中捕得杖杀之，一境遂安。董师中执法虽严，对待百姓却极为宽和，时大军后，野多枯胔，“有遗榇寓于驿舍者”[⑥]，董师中都妥善安葬，赢得了百姓的敬意。迁绵上令，补尚书省令史。右相唐括讹鲁古尤器重之，抚

① （宋）徐梦莘：《三朝北盟会编》卷二四二引张棣《正隆事迹记》，上海古籍出版社 1987 年版，第 1742—1743 页。

② （元）脱脱等：《金史》卷八九《梁肃传》，中华书局 1975 年版，第 1982 页。

③ （元）脱脱等：《金史》卷八九《梁肃传》，中华书局 1975 年版，第 1984 页。

④ （元）脱脱等：《金史》卷四五《刑志》，中华书局 1975 年版，第 1017 页。

⑤ （元）脱脱等：《金史》卷九五《董师中传》，中华书局 1975 年版，第 2115 页。

⑥ （元）脱脱等：《金史》卷九五《董师中传》，中华书局 1975 年版，第 2113 页。

其座曰："子议论英发，襟度开朗，他日必居此座。"[①]

明昌元年（1190），金章宗完颜璟即位，董师中为陕西路副使。承安中，拜参知政事，进尚书左丞。"金章宗在金代的皇帝中是汉化程度最高的一位"[②]，"章宗聪慧，有父风，属文为学，崇尚儒雅，故一时名士辈出。大臣执政，多有文采学问可取，能吏直臣皆得显用，政令修举，文治烂然，金朝之盛极矣。"[③]"金章宗在他和他的祖父世宗完颜雍统治时期里，金朝社会发展到了顶峰。"[④]

金章宗时期，金国也进入了立法极盛时期。金章宗即位之初，继续沿用金世宗大定年间所修之《大定重修律条》，由于制、律混淆，因此金章宗下令重修律令："初，诏凡条格入制文内者，分为别卷。复诏制与律文轻重不同，及律所无者，各校定以闻。"[⑤]董师中时为大理卿，与孙铎、王寂等人因此受命制律。董师中等先是"用今制条，参酌时宜，准律文修定，历采前代刑书宜于今者，以补遗阙，取《刑统》疏文以释之，著为常法"[⑥]，于明昌五年（1194）完成，定名为《明昌律义》，另将《榷货》《边部》《权宜》等事编集为《敕条》。《明昌律义》呈给金章宗之后，因为"所定令文尚有未完"[⑦]，未获准施行，又命大理卿阎公贞主持校定律令，于泰和元年（1201）十二月完成。《新律》按《唐律》之篇目凡12篇，即名例、卫禁、职制、户婚、厩库、擅兴、贼盗、斗讼、诈伪、杂律、捕亡、断律，共30卷，563条，并有附注和疏义，定名为《泰和律义》。另外还制定《律令》20卷、《新定敕条》3卷、《六部格式》30卷，与《泰和律义》合称《泰和律令敕令格式》，于泰和

---

① （元）脱脱等：《金史》卷九五《董师中传》，中华书局1975年版，第2113页。

② 范军：《论金章宗的文治》，载《北京文物与考古》第6辑，民族出版社2004年版，第211页。

③ （金）刘祁：《归潜志》卷一二，中华书局1983年版，第136页。

④ 宋德金：《金章宗简论》，《民族研究》1988年第4期，第55页。

⑤ （元）脱脱等：《金史》卷四五《刑志》，中华书局1975年版，第1021页。

⑥ （元）脱脱等：《金史》卷四五《刑志》，中华书局1975年版，第1022页。

⑦ （元）脱脱等：《金史》卷四五《刑志》，中华书局1975年版，第1022页。

二年（1202）五月颁布施行。

金章宗统治时期的修律活动是金朝规模最大的一次，至此，金律“宜无遗憾”①。《泰和律义》“附注以明其事，疏义以释其疑”②，完全仿照《唐律疏议》的体例而来，是金朝法律儒家化、汉化的直接表现。《泰和律义》是金朝法制建设中最完备的法典，也是最具成就的一部法典。

董师中虽不是《泰和律义》的最后制定者，但以其为主完成的《明昌律义》是《泰和律义》的重要演进版本，奠定了以《唐律疏议》为蓝本、取《宋刑统》疏议为参考的修律原则，是金朝立法取得最高成就的主要推动者。

金世宗时，因董师中漏察大名总管忽剌不公事，为世宗怒责：“监察出使郡县，职在弹纠，忽剌亲贵，尤当用意，乃徇不以闻。”③ 董师中因此被削官一阶，降授沁南军节度副使，累迁坊州刺史。承安四年（1199）董师中致仕，泰和三年（1203）卒，享年 74 岁，谥曰文定。

金《泰和律义》不仅是金朝后期最为通行的法典，而且还影响到了元朝，蒙元初建，亦以此为律，对元朝的法制建设产生了巨大的影响。

第三节　第二个南北朝时期，燕赵人士参与修法的第二次高潮：两宋时期

关于北宋开国皇帝赵匡胤的祖籍，后世一说是河北幽州人，另一说为涿郡保塞（今河北保定清苑区）人，此外还有祖籍从幽州迁保州说。尽管存在争议，但赵匡胤的祖籍在燕赵地区则是确定的，当时的河北人士也自然成为宋朝官僚队伍的重要组成部分。

据学者统计，宋初河北籍文官占 33% 的比重，仅略低于淮北、河南的

① （元）脱脱等：《金史》卷四五《刑志》，中华书局 1975 年版，第 1013 页。
② （元）脱脱等：《金史》卷四五《刑志》，中华书局 1975 年版，第 1024 页。
③ （元）脱脱等：《金史》卷九五《董师中传》，中华书局 1975 年版，第 2113 页。

34%，河北籍文官数量相当于淮北、河南两个地域之和，可见河北籍文官在宋初政权中所占地位之重。

宋初文武官原籍表①

	文官	武官	总计
河北	33（33%）	80（40%）	113（38%）
河东	13（13%）	64（32%）	77（26%）
淮北、河南	35（35%）	47（23%）	82（27%）
其他	18（18%）	11（5%）	29（10%）
总计	99（100%）	202（100%）	301（100%）

苏轼因此说："幽燕之地，自古号多雄杰，名于图史者，往往而是。"② 以赵匡胤为首的宋朝皇帝和在宋朝为官的诸多燕赵人士，对宋朝法制文明建设起了重要促进作用。

一、赵匡胤赵光义的法律思想

赵匡胤（927—976）出身仕宦之家，948 年他投军后汉枢密使郭威幕下，屡立战功。951 年郭威称帝建立后周，周世宗柴荣时赵匡胤随驾征伐北汉、南唐、契丹，升任殿前都虞候、殿前都指挥使，成为地位显赫的高级禁军将领。在此期间，赵匡胤拉拢一批中高级军官，结成"义社十兄弟"，他们是杨光义、石守信、李继勋、王审琦、刘庆义、刘守忠、刘廷让、韩重赟、王政忠等。

960 年周世宗柴荣死后，"义社十兄弟"拥戴赵匡胤以"陈桥兵变""黄袍加身"的形式代周称帝，建立宋朝，定都开封，史称宋太祖。

① 谭凯：《晚唐河北人对宋初文化的影响——以丧葬文化、语音以及新兴精英风貌为例》，载《唐研究》第 19 卷，北京大学出版社 2013 年版，第 283 页。按：原书"文官"列、"总计"列统计数字尚有疑问，需进一步查核。

② （宋）苏轼：《苏轼文集》卷九《策断三》，中华书局 1986 年版，第 288 页。

赵匡胤为防止以下叛上的五代悲剧重演，于961年七月，演出一幕“杯酒释兵权”：

> 上因晚朝，与故人石守信、王审琦等饮酒。酒酣，上屏左右谓曰：“我非尔曹之力不得至此，念尔之德无有穷已。然为天子亦大艰难，殊不若为节度使之乐，吾今终夕未尝敢安枕而卧也。”……上曰：“人生如白驹之过隙。所谓好富贵者，不过欲多积金银，厚自娱乐，使子孙无贫乏耳。汝曹何不释去兵权，择便好田宅市之，为子孙立永久之业；多置歌儿舞女，日饮酒相欢，以终其天年。君臣之间，两无猜嫌，上下相安，不亦善乎?”明日，皆称疾，请解军权。上许之，皆以散官就第，所以慰抚赐赉之甚厚，与结婚姻。更置易制者，使主亲军。①

赵匡胤由此确立了“以义治国”的策略，“赵匡胤在贯穿宋初建国、统一、稳定全过程的策略，即历史上少见的义气，是他和风细雨却力挽狂澜的法宝。包括确立优待后周柴氏的政策，允许后周遗老遗少对周世宗忠义及表达私人感情；将义用于统一战略，反对滥杀无辜，优待降王；大量采取江湖义气办法统军，不顾国法；宋太祖仍与诸将领保持先前结下的义兄弟关系，多加关怀纵容，也多保全式防范。以义为政是‘马上治天下’的新创举，把江湖之义转化为庙堂之义，使义政治化，用义治天下。宋初历史由动乱走向和平，得益于义观念强大的精神力量。宋初政治文明中有着很大的义成分，遂成为宋代开国体制的重要内容。”②

---

① （宋）司马光：《涑水记闻》卷一，中华书局1989年版，第11页。

② 程民生：《“义”在宋代的应用与价值》，《河北学刊》2024年第4期，第96页。

赵匡胤画像

据《南薰殿历代帝王像》绘制，现藏于台北故宫博物院

赵匡胤坚持“乱世当用重典”的法治原则，强调“用重典，以绳奸慝”[①]。赵匡胤认为“郡县吏承五季之习，黩货厉民，故尤严贪墨之罪”[②]。宋太祖开宝元年（968），把官吏贪赃与常赦不原的“十恶”重罪并列：“十恶、杀人、官吏受赃者不原。”[③] 而且规定：“诸职官以赃致罪者，虽会赦不得叙，永为定制。”[④] 对贼盗犯罪，或“磔于市”[⑤]，或“夷其族”[⑥]，采取了坚决镇压的残酷手段。宋太祖确定以文臣治国的方针之后，却认为文官即使有所贪腐也不会造成严重的社会后果或是危害政权的稳固，宋太祖曾对赵普说：“五

① （元）脱脱等：《宋史》卷一九九《刑法一》，中华书局 1985 年版，第 4961 页。
② （元）脱脱等：《宋史》卷一五三《刑法二》，中华书局 1977 年版，第 4985 页。
③ （元）脱脱等：《宋史》卷二《太祖本纪二》，中华书局 1977 年版，第 28 页。
④ （元）脱脱等：《宋史》卷一《太宗本纪》，中华书局 1977 年版，第 59 页。
⑤ （元）脱脱等：《宋史》卷一《太祖本纪》，中华书局 1985 年版，第 12 页。
⑥ （元）脱脱等：《宋史》卷二《太祖本纪》，中华书局 1985 年版，第 30 页。

代方镇残虐，民受其祸，朕今选儒臣干事者百余，分治大藩，纵皆贪浊，亦未及武臣一人也。”[①] 因此在开宝六年（973），就有了“特赦诸官吏奸赃”的赦令。[②]

赵匡胤在司法制度方面设计了分权体制。唐末五代十国，法制非常混乱，极不统一，枉杀滥断现象极为严重。“五代之马步军都虞候判官也，以牙校为之，州镇专杀，而司狱事者轻视人命”[③]，“太祖虑其任私，高下其手”[④]，于开宝六年（973）“改马步院为司寇院”[⑤]。

赵匡胤重视法律的社会调节作用，认为：“王者禁人为非，莫先于法令。”[⑥] 赵匡胤“以忠厚为本”，“宽仁为治”[⑦]，因此定“折杖法”，以杖作为流、徒、杖、笞的代用刑；并立“刺配法”以代杂犯死罪。轻刑之意已突出表现出来。为加强中央集权，结束五代以来政无常法、罪无定刑的混乱局面，建隆四年（963），赵匡胤命大理卿窦仪等人以后周《显德刑统》为基础，更定成《建隆重详定刑统》12 篇 30 卷，后称《宋刑统》。并“别取旧削出格令、宣敕及后来续降要用者，凡一百六条，为编敕四卷”[⑧]。这是宋太祖亲自指挥下的一次大规模的立法活动，亦是宋朝建国后第一部系统的成文法典，也是赵宋至灭亡时都弃而不废的祖宗成宪。为宋朝“以法为本”，始终重视法制建设的政治传统开了先河。

宋太宗赵光义延续了太祖的法律理念。在中央司法分权层面，宋太宗淳

---

① （宋）李焘：《续资治通鉴长编》卷一三，开宝五年十二月乙卯，中华书局 2004 年版，第 293 页。

② （元）脱脱等：《宋史》卷三《太祖本纪》，中华书局 1985 年版，第 40 页。

③ （宋）王林：《燕翼诒谋录》卷一《置司理参军》，中华书局 1981 年版，第 4 页。

④ （宋）王辟之：《渑水燕谈录》卷五，中华书局 1983 年版，第 59 页。

⑤ （宋）李焘：《续资治通鉴长编》卷一四，开宝六年七月壬子，中华书局 2004 年版，第 305 页。

⑥ 司义祖整理：《宋大诏令集》卷二〇〇《刑法上·改窃盗赃计钱诏》，中华书局 1962 年版，第 739 页。

⑦ （元）脱脱等：《宋史》卷一九九《刑法一》，中华书局 1985 年版，第 4961 页。

⑧ （清）沈家本撰，邓经元、骈宇骞点校：《历代刑法考·律令六·建隆重定刑统》，中华书局 1985 年版，第 968 页。

化二年（991）“置审刑院于禁中”① 以分割原来大理寺和刑部的审判复核权力：“太宗虑法吏舞文，因置审刑院于中书门之西。凡具狱案牍，先经大理断谳，既定，关报审刑，知院与详议官定成文草，奏讫，下丞相府，丞相又以闻，始命论决。”② 在地方司法分权层面，宋太宗淳化二年（991）开始设置提点刑狱司：“命董循等十人充诸路转运司提点刑狱公事”，“有疑狱未决，即驰传往视之。州县稽留不决、按谳不实，长吏则劾奏，佐史、小吏许便宜按劾从事。”③ 宋太宗太平兴国四年（979）又“诏改司寇参军为司理参军，以司寇院为司理院”④，并明确指出司理参军的职能在“专于推鞫”：“司理参军，专于推鞫，研覆情实。”⑤ 宋朝州级司理参军的设置促使宋朝司法形成独具特色的“鞫谳分司”制度。

宋太宗也坚持了轻罚腐败官员的政策方针。太宗曾对宰相吕蒙正说：“幸门如鼠穴，何可塞之！但去其甚者，斯可矣。”⑥ 淳化五年（994）赦令：“先犯赃罪配隶禁锢者放还。”⑦ 由此宋朝形成优待士大夫的政治传统。

宋太祖和宋太宗的治国思想，不仅取得了稳定统治、加强皇权的效果，而且影响了两宋三百多年的治国走向，“宋代应当说懂法的皇帝最多和讲究法律的一个朝代。”⑧ 宋朝皇帝重视法律的祖宗家法使宋朝成为中华法制文明史上最辉煌的时代，“整个的说来，宋朝——尤其是北宋——的司法制度，可以说是已经达到十分成熟的阶段”，“就司法制度而言，这是中国法制史上的黄

① （元）脱脱等：《宋史》卷一九九《刑法一》，中华书局1985年版，第4972页。

② （清）徐松（辑）：《宋会要辑稿》职官一五之二九，上海古籍出版社2014年版，第3423页。

③ （元）脱脱等：《宋史》卷一九九《刑法一》，中华书局1985年版，第4971—4972页。

④ （宋）李焘：《续资治通鉴长编》卷二〇，太平兴国四年十二月丁卯，中华书局2004年版，第466页。

⑤ 司义祖整理：《宋大诏令集》卷一六〇《官制一·司理阙令本州于见任簿尉判司内选充诏》，中华书局1961年版，第606页。

⑥ （宋）李焘：《续资治通鉴长编》卷三五，淳化五年二月乙酉，中华书局2004年版，第774页。

⑦ （元）脱脱等：《宋史》卷五《太宗纪二》，中华书局1977年版，第95页。

⑧ 曾宪义：《中国法制史》，中国人民大学出版社2000年版，第150页。

金时代”，“中国传统法律，到了宋朝，才发达到最高峰。”[①] “在中华法制文明史上，两宋是继唐之后成就最辉煌的时代。”[②]

二、窦仪主持制定《宋刑统》

窦仪（913—966），字可象，蓟州渔阳（今天津蓟州区）人。窦仪出身于官僚世家，父亲窦禹钧与伯父都擅长词学。窦仪 15 岁时就能写出不错的文章，后晋天福中举进士。[③] 曾任夔州节度记室，滑州、陕州、孟州、郓州四镇节度从事。后汉初，被召为右补阙，改礼部员外郎。后周时，历官仓部员外郎、知制诰、翰林学士、驾部郎中、给事中、礼部侍郎、端明殿学士、西京留守事、兵部侍郎等。宋太祖建隆元年（960）秋，迁工部尚书兼判大理寺事，并权知贡举。因窦仪曾经参与北周《显德刑统》的编纂，故乾德元年（963）宋太祖任命窦仪在《显德刑统》的基础上主持制定了《宋建隆重详定刑统》30 卷，简称《宋刑统》。《宋刑统》是有宋一代第一部成文法典。宋太祖随即降诏刊版模印颁行天下，“使率土以遵行，国有常科，吏无敢侮。”[④] 《宋刑统》成为世界历史上首部印刷颁行的法典，也是宋朝保存至今的唯一的完整法典。

《宋刑统》是一部速成的法典。乾德元年（963）大理卿窦仪提出：“周刑统科条繁浩，或有未明，请别加详定。”[⑤] 宋太祖随即命窦仪与权大理寺卿少卿苏晓等人更定律令，是年八月完成。作为赵宋王朝建国之初的首部法典，其修定时间不足一年，这在中国古代立法史上是少见的。其中原因，是宋太祖在后周“主少国疑”之际，黄袍加身，通过和平政变夺取天下，修定律典

---

① 徐道邻：《中国法制史论集》，台北志文出版社 1975 年版，第 104、128、88 页。

② 张晋藩：《中华法制文明的演进》，中国政法大学出版社 1999 年版，第 316 页。

③ 窦仪的四个弟弟窦俨、窦侃、窦偁、窦僖相继登进士科第。冯道是窦仪父亲窦禹钧的朋友，写诗称赞其教子有方：“灵春一株老，丹桂五枝芳。”后世《三字经》上的“窦燕山，有义方，教五子，名俱扬”说的就是窦禹钧家五子考中进士的事。

④ （宋）窦仪撰，吴翊如点校：《宋刑统・进刑统表》，中华书局 1984 年版，第 5 页。

⑤ （清）沈家本撰，邓经元、骈宇骞点校：《历代刑法考・寄簃文存》卷六《宋刑统赋序》，中华书局 1985 年版，第 2212 页。

可以作为取得政权法统正当性的工具。因此《宋刑统》是首先基于政治需要而速成式的法典。

窦仪像

选自（清）顾沅辑，孔莲卿绘《古圣贤像传略》，
载郭磬、廖东编《中国历代人物像传》
（齐鲁书社 2002 年版，第 1235 页）

《宋刑统》作为速成式的法典，大量沿用五代后周的《显德刑统》及中唐以来的敕令。《宋刑统》将唐玄宗开元二年（714）以后及后唐、后晋、后周至宋太祖建隆三年（962）近 250 年间的敕、令、格、式，经审定仍具法律效力者 177 条，依律分类，按时间先后附在律文之后，并于每条之前冠以“准”字，以示本始律条原文。此外，窦仪等人修律时对“今昔浸异，轻重难同，或则禁约之科，刑名未备”①，因而把握不准的条文，附在律文之后，冠以“臣等参详”，称为“起请”条，共有 32 条。这是《宋刑统》法典还处于修定过程的表现，但宋太祖也未组织人员重新讨论，直接认定了这些请示意见与原律文及附律敕令格式具有同等的法律效力。“起请”条目的存在成为《宋刑统》的重要法典特色。

① （宋）窦仪撰，吴翊如点校：《宋刑统·进刑统表》，中华书局 1984 年版，第 6 页。

《宋刑统》因唐律亦分为12篇，其中又包含了177条前朝律条、32条“起请”条，具有资料汇编的性质，为了便于查阅，窦仪在篇下细分为213门。将同类性质的法条归为一门，以门统律，条理清晰，便于检索。此外，窦仪还将唐律中的“余条准此”规定录出汇总为一门，附在名例之后，称为“一部律内余条准此门”①，共44条。此门的开创，对方便检用法律也颇为有益。

宋太祖初得天下，为了表示轻刑之意，创设“折杖法”，即以臀杖减杖笞之数，以脊杖代流徒之刑，使“流罪得免远徙，徒罪得免役年，笞杖得减决数”②。凡应处笞十、二十改决臀杖七下放；笞三十、四十改决臀杖八下放；笞五十改决臀杖十下放。应处杖刑六十改决臀杖十三放；杖七十改决臀杖十五放；杖八十改决臀杖十七放；杖九十改决臀杖十八放；杖一百改决臀杖二十放。应处徒刑一年改决脊杖十三放；一年半改决脊杖十五放；二年改决脊杖十七放；二年半改决脊杖十八放；三年改决脊杖二十放。应处流刑二千里改决脊杖十七，配役一年；二千五百里改决脊杖十八，配役一年；三千里改决脊杖二十，配役一年；加役流改决脊杖二十，配役三年。

《宋刑统》吸收了前代关于调整民事关系的法律条款，成为自唐中后期至宋初时期民法的集大成之作。如采自唐之《丧葬令》而在《户婚律》中设“户绝资产”门，据《主客式》而设“死商钱物”门，此外还设“典卖指当论竞物业”门、“婚田入务”门等，这都是以前历代法典中所没有的民事法条。在“卑幼私用财”门中，亦增加了兄弟分家析产原则及别宅子继承权的原则。在《杂律》中，对质举财物的取息标准，契约的法律效力，对取得官私遗失物的处理原则等，也比《唐律》规定得更加详备。

此外，为了避宋太祖赵匡胤的祖父赵敬之讳，改“十恶”之“大不敬”为“大不恭”，等等。

---

① （宋）窦仪撰，吴翊如点校：《宋刑统》卷六《名例律》，中华书局1984年版，第89页。
② （元）马端临：《文献通考》卷一六八《刑考七》，中华书局2011年版，第5043页。

《宋刑统》改变了五代以来“政无常法，罚无定刑”的混乱局面，因体时之宽简，参酌之轻重，而“时称详允”①。

《宋刑统》具有稳定性的特征，在北宋中期之后处于“存之以备照用”②的地位，至南宋末年仍有法律效力，在南宋的司法审判中仍然时有引用。

乾德四年（966）冬窦仪卒，享年53岁，赠右仆射。

三、河北名士与宋代编敕

宋朝法典《宋刑统》因修定时间较为仓促，不能适应宋朝激剧变化的政治、经济和社会关系的要求，“律不足以周事情”③ 的缺点一直存在。编敕成为宋朝最为重要的法律形式。“敕”的本意是尊长对卑幼的一种训诫，后来用以指皇帝在特定时间对特定的人或事临时发布的诏旨，这类敕条因起初时具有临时性和特定性，同时具有灵活、方便的特点，因此称为“散敕”。后世将积年的各种散敕分门别类进行整理，删去重复、去其抵牾，称为“编敕”，此制始于唐代的编格，而作为独立的立法程序则始于五代。

编敕在经过政府特定的编修程序后，就可上升为一般的法律形式而具有普遍的适用性。由于敕能补律之不足，纠律之僵化，及时调整新出现的社会关系，所以编敕成为宋朝的重要立法活动，起到了调整、变更法律的主要形式和程序的作用，“宋法制因唐律、令、格、式，而随时损益则有编敕。”④

宋代的编敕，最早始于宋太祖建隆四年（963）窦仪主持修订《宋刑统》时，“别取旧削出格令宣敕及后来续降要用者，凡一百六条，为编敕四卷”⑤，称为《建隆编敕》。不仅开始了宋代编敕的先河，还与《宋刑统》开创了敕律合编体例，对元朝法典的立法形式也有深刻的影响。

---

① （宋）李焘：《续资治通鉴长编》卷四，乾德元年七月己卯，中华书局2004年版，第99页。
② （宋）李心传：《建炎以来系年要录》卷一八一，中华书局1988年版，第3001页。
③ （元）脱脱等：《宋史》卷一九九《刑法志一》，中华书局1985年版，第4963页。
④ （元）脱脱等：《宋史》卷一九九《刑法志一》，中华书局1985年版，第4962页。
⑤ （元）马端临：《文献通考》卷一六六《刑考五》，中华书局2011年版，第4976页。

宋朝各类续降宣敕积年增多，致使编敕活动愈来愈频繁。不仅新君继位要编敕，即使改换年号也要进行编敕。从编敕的种类来看，既有通行全国的综合性编敕，也有省院寺监和部曹司务的部门编敕，又有路府州县的地方编敕，敕的数量大大增加。天圣四年（1026）有司奏言：“编敕自大中祥符七年至今复增及六千七百八十三条，请加删定。”[①] 韩琦又言：“天下见行编敕，自庆历四年以后，距今十五年，续降四千三百余件，前后多抵牾，请加删定。”[②]因此编敕成为宋朝最重要、最频繁、最富有特色的立法活动，河北诸多名士在其中亦作出了积极的贡献。

1. 宋白与《淳化编敕》

宋白（936—1012），河北大名（今河北大名东）人，字太素，又字素臣。少善属文。宋太祖建隆二年（961）进士。乾德初，宋白献文百轴，授著作佐郎，太宗擢为左拾遗。权出知交州，岁余召还，改为翰林学士。太平兴国中，预修《太祖实录》。宋白“学问宏博，属文敏赡”[③]，雍熙中，与李昉共修《文苑英华》一千卷。后宋白历官户部、礼部、刑部尚书。

端拱二年（989）十月，宋太宗诏命翰林学士宋白等详定端拱以前诏敕。淳化二年（991）三月，“翰林学士宋白等上新定《淳化编敕》三十卷。”[④] 祖籍蓟州（治今天津蓟州区）的许骧（943—999）亦参修了这部法典。

《淳化编敕》是宋朝第一部通行全国的综合性编敕，虽然“赏罚条目颇有重者”[⑤]，但其开创地位是不可忽视的。

2. 贾昌朝与《庆历编敕》

贾昌朝（998—1065），字子明，宋代真定府获鹿县（今河北石家庄市鹿

① （宋）李焘：《续资治通鉴长编》卷一〇四，天圣四年九月壬申，中华书局 2004 年版，第 2423 页。

② （宋）李焘：《续资治通鉴长编》卷一八六，嘉祐二年八月丁未，中华书局 2004 年版，第 4487 页。

③ （元）脱脱等：《宋史》卷四三九《宋白传》，中华书局 1985 年版，第 12999 页。

④ （宋）李焘：《续资治通鉴长编》卷三二，淳化二年三月，中华书局 2004 年版，第 714 页。

⑤ （清）沈家本撰，邓经元、骈宇骞点校：《历代刑法考·律令六·淳化编敕》，中华书局 1985 年版，第 975 页。

泉区获鹿镇）人。先祖贾纬是五代著名的史官。北宋真宗天禧元年（1017）曾祈谷南郊，贾昌朝于道左献颂辞，真宗甚喜，赐同进士出身，任晋陵主簿。其后赐对便殿，任国子监说书，累迁至尚书礼部郎中，进龙图阁直学士，权知开封府。宋仁宗朝，任天章阁侍讲，庆历三年（1043）拜参知政事，以工部侍郎充枢密使。庆历五年（1045）拜相，加昭文馆大学士，监修国史，担举编修《唐书》。庆历七年（1047），贾昌朝以武胜军节度使、检校太傅、同中书门下平章事出判大名府，兼北京留守司河北安抚使。后因协助征讨贝州军校王则起义有功，移山南东道节度使，又移判郑州。后拜尚书右仆射、观文殿大学士、判尚书都省，外任山南东道节度使、右仆射、检校太师兼侍中，判郑州。嘉祐元年（1056）封许国公，兼侍中，不久以同中书门下平章事为枢密使。宋英宗即位，徙凤翔节度使，加左仆射、凤关怀尹，封魏国公。

当时宋辽多次发生战争，宋军败多胜少，其中兵卒多有被辽军俘虏者。按照宋律，逃亡的士兵即使主动返回，也要被处死，因此逃兵都不敢归营，而辽国把这些宋朝逃兵编制在一起，称“投来南军”，与宋军对阵。贾昌朝建议废除“卒亡自归者死”的法令，改为主动返回的逃兵，都升迁给赏，于是很多逃兵都纷纷脱离“投来南军”回归宋师，宋朝的边境军务也有所强盛。①

宋仁宗庆历时，宰臣贾昌朝提举管勾编敕，庆历八年（1048）四月二十八日，“上《删定编敕》《赦书》《德音》《附令敕》《目录》二十卷，诏崇文院镂版颁行。”② 据《宋史·艺文志》载：贾昌朝提举修订《庆历编敕》12卷，总例1卷；《律学武学敕式》2卷；又有《武学敕令格式》1卷，《明堂赦条》1卷。③ 时人张方平评价《庆历编敕》：不仅“极虑研精，弥年论次，因事标目，准律制篇，摘除重复，扬榷轻重，增所宜立，周所未详”，而且“一诏而该数罪者，从类析科；数敕而申一事者，并文示简；向以损益未定，首末或乖，

① （元）脱脱等：《宋史》卷二八五《贾昌朝传》，中华书局1985年版，第9619页。
② （清）徐松（辑）：《宋会要辑稿》刑法一之五，上海古籍出版社2014年版，第8216页。
③ （元）脱脱等：《宋史》卷二〇四《艺文志三》，中华书局1985年版，第5141页。

须讫纂修，方咨处可”，凡“其‘言某年月日敕’者，则尽如元降；言‘某年月日敕详定’者，则微加修润；言‘臣等参详新立’者，乃是众议建明”。[①]《庆历编敕》中的这些编修理念，成为其后各朝编敕中所遵循的基本原则。

治平二年（1065），贾昌朝以左仆射观文殿大学士判尚书都省卒，年68岁，谥文元，获赠御书“大儒元老”[②]。贾昌朝著有《群经音辨》《通纪时令》等书，其中《群经音辨》为中国古代第一部多音多义字手册。

3. 其他河北名士的编敕活动

河北名士参与的编敕活动主要发生在北宋中前期。

索湘（？—1001），字巨川，宋朝时期河北沧州盐山（今河北盐山东北）人。开宝时期进士，授郓州司理参军。宋真宗初年任户部使，右谏议大夫，于咸平二年（999）七月“上三司删定编敕六卷，诏颁行”[③]。这是宋朝第一部《三司编敕》，为《景德三司编敕》的完善奠定了基础。

李迪（971—1047），字复古，赵郡赞皇（今河北赞皇县）人。宋真宗景德二年（1005），李迪中进士甲科，状元及第，授职将作监丞。真宗封禅泰山时，李迪因事被贬为海州监税。召还京师后，奉命纠察刑狱案件。后历任徐州通判、兖州通判、秘书省著作郎、直史馆，任三司盐铁判官。宋真宗天禧四年（1020）时任参知政事，于是年二月上“一州一县新编敕五十卷”，是年十一月又上“删定一司一务编敕三十卷”[④]，从而开创了宋代地方编敕和部门编敕的先河。

河北大名（今河北大名东北）人刘筠，在宋仁宗天圣时，修订《天圣新定五服敕》一卷，这是宋代服制敕的第一次编修。

---

① （宋）张方平：《张方平集》卷二八《进庆历编敕表》，中州古籍出版社1992年版，第434—435页。

② （元）脱脱等：《宋史》卷二八五《贾昌朝传》，中华书局1985年版，第9620页。

③ （清）沈家本撰，邓经元、骈宇骞点校：《历代刑法考·律令六·三司删定编敕》，中华书局1985年版，第977页。

④ （宋）李焘：《续资治通鉴长编》卷九六，天禧四年十一月甲子，中华书局2004年版，第2222页。

丁度（990—1053），字公雅，河北贝州清河（今河北清河县）人，宋真宗大中祥符中登服勤词学科，为大理评事、通判通州。宋仁宗时，历任三司磨勘司、京西转运使、知制诰、翰林学士、枢密副使、参知政事等职。宋仁宗庆历八年（1048）参修“详定一州一县编敕”。①

田况（1005—1063），字元均，祖籍冀州信都（今河北冀州区），天圣八年（1030）进士，补江陵府推官，改太常丞、通判江宁府。历任陕西经略司判官、知成德军、三司使、枢密使等职。田况曾编修了《嘉祐殿前、马、步军司编敕》。②

河北名士在北宋中前期的编敕活动，为宋代编敕的发展和完善奠定了基础，其对宋代立法的贡献是显而易见的。

四、刘筠的法律思想

刘筠（971—1031）字子仪，宋大名府（旧治在今河北大名东北）人。咸平进士。初为馆陶尉，还校太清楼书，杨亿荐筠第一，擢大理评事、秘阁校理，预修《图经》及《册府元龟》。真宗、仁宗两朝，屡知制诰及知贡举，参预修撰国史。官至翰林学士承旨兼龙图阁直学士。再知庐州，卒。性不苟合，丁谓乘真宗病危，勾结内侍雷允恭谋复相位，他拒不草制。凡三入禁林，又三典贡部，以策论升降天下士，自筠始。包拯少时，颇为筠所知。诗学李商隐，工于对偶，辞藻华丽，与杨亿齐名，时号“杨刘”。作品中对真宗求仙祀神、兴造宫观时有讽喻。与杨亿、钱惟演等人唱和之作合《西昆酬唱集》，后世称为“西昆体”。

刘筠著有《刑法叙略》。孙祖基《中国历代法家著述考》称：“《四库法家类存目》：《刑法叙略》一卷，旧本题‘宋刘筠撰’。筠，字子仪，大名

---

① （清）徐松（辑）：《宋会要辑稿》刑法一之五，上海古籍出版社 2014 年版，第 8216 页。

② （宋）李焘：《续资治通鉴长编》卷一八五，嘉祐二年五月癸未，中华书局 2004 年版，第 4478 页。

人。……今考其文，即《册府元龟》刑法一门之总叙也。”① 在《刑法叙略》一书中，刘筠对刑官的设置以及历史沿革作了比较系统、完整的叙述。现将其刑官部分的要点摘录如下：

折狱致刑著于羲易，维明克允载于虞书。斯则制治，在乎敕法，在乎得人之义也。

舜以皋陶作士，故《尚书》云：皋陶作士，明于五刑，以弼五教，又谓之大理。故文子曰：皋陶喑而为大理，天下无虐刑。

夏商之制，无闻。周制，大司寇掌建邦之三典，以佐王，刑邦国，诘四方。小司寇以五刑，听万民之狱讼。士师掌五禁之法，以左右刑罚。乡士、遂士、县士、方士各听其所治狱讼。

列国有士师，《论语》所谓孟氏使阳肤为士师也，亦谓之理。……

秦制，廷尉掌刑辟，秩二千石。古者兵狱同制，故谓之尉。汉制，尚书三公曹主断狱，二千石曹掌中都官盗贼辞讼罪法，亦谓之贼曹。又御史属言有法令曹，掌律令。廷尉秩中二千石，有正及左右监，秩皆千石。（汉）景帝中六年更名大理。……自孝武而下置中都官，狱三十六所，各有令长之名。……后汉置治书侍御史，选高第明法律者，为之天下谳疑事，则以法律当其是非。廷尉卿中二千石，掌平狱刑罚，奏当所应，凡郡国谳疑罪，皆当以报。员吏百四十人。又省右平，尚存左平。又罢中都官以下，诸诏狱独廷尉及洛阳县有焉。

魏武初建国，改廷尉为大理。又置律博士，又置定科郎主定法令，都官郎主军事刑狱。黄初元年，复以大理为廷尉。晋制，初以三公尚书掌刑狱。太康中省之，以吏部尚书领刑狱。又廷尉主刑罚、狱讼，属官有正、监、平、通视，南台治书为尚书郎下迁。又有律

① 孙祖基辑：《中国历代法家著述考》，1934 年，第 48 页。

学博士，又置黄沙狱治书侍御史，秩与中丞，同掌诏狱。又廷尉不当者，皆治之。后省去。咸宁中，又置廷尉丞。

（南朝）宋增置都官尚书，掌京师非违，兼掌刑狱。又增置删定郎，如魏之定科郎。齐廷尉置丞、正、监、平、律博士各一人。

梁初曰大理。天监元年，复为廷尉。……又置律博士，视员外郎。

后魏孝文大和中，廷尉卿品第二上，少卿品第三上，正监评丞品第五中，狱掾品从第七下。二十三年复次职令。廷尉品第三，少卿品第四，正监评品第六，丞品第七。永安二年，复置司直十人，视五品上，不署曹事，覆治御史简劾事。北齐，大理寺决正刑狱卿，属官正、监、平各一人，律博士四人，明法掾二十四人，提事督二十四人，掾十人，狱丞掾各二人，司直明法掾各二人。

后周依周礼建六官，有司寇卿，领秋官府司寇等众职。又有刑部中大夫，掌五刑之法，附万人之罪。隋文帝改周六官，依前代之法，复置都官尚书侍郎，后改为刑部，复置大理寺卿、少卿、正、监、平各一人，司直十人，律博士八人，明法二十人，狱掾八人。卿正三品，少卿正四品，正、监、平正六品，律博士正九品。炀帝又改丞为勾检官，增置十六人，分判狱事。唐制，御史大夫中丞掌邦国刑宪典章，其属侍御史掌推鞫狱讼，谓之东西推。凡有别敕付推者，则按其实状以奏寻常之狱，推讫，断于大理。兴元元年，又诏殿中侍御史，同知东西推分，曰受事，谓之四推。置刑部尚书一人、侍郎一人，掌天下刑法及徒隶勾覆关禁之政。其属刑部郎中员外郎各二人，掌贰尚书侍郎举其典宪而辨其轻重，都官郎中员外各二人，掌配隶簿、录俘囚，以给衣粮药疮，以理诉竞雪冤。尚书正三品，侍郎正四品，郎中并正五品，员外并正六品。龙朔三年改刑部尚书曰司刑大（太）常伯，侍郎曰少常伯，郎中为大夫，都官为司仆。咸亨元年，复为刑部。光宅元年，改为秋官。

神龙元年复旧，又置大理卿一人，少卿二人，掌邦国折狱详刑之事……

五代因之。

历代丞相、三公、刺史、守相、令长之从事掾属，其孚刑狱则有决曹、辞曹、贼曹、法曹、司法长流刑狱之类焉。

夫律令者，国之衡石；刑辟者，人之衔辔。故王者慎其事，择其官，以成钦恤之心，以致平反之治。然后上靡苛政，下无冤民。庶狱清而善气应，其由兹乎！故类其善恶，自成一编。①

从上述所录内容可知，《刑法叙略》实是一部比较系统完整的“刑官史”，虽然只叙述到五代，但宋以前的内容已经相当丰富，即使今天读来，仍颇有价值。②

① （宋）刘筠：《刑法叙略》，《丛书集成初编》本，中华书局1985年版。
② 何勤华：《中国法学史》第2卷，法律出版社2000年版，第42—45页。

第六章　从元朝至明清：燕赵地域由“腹里”到“直隶”的国家角色定位转变

12 世纪中叶，蒙古族开始在草原崛起。公元 1204 年，铁木真统一了蒙古高原各部。1206 年，铁木真加尊号称“成吉思汗”，建九斿白旗于斡难河畔，国号“大蒙古国”。公元 1234 年蒙古灭金后，燕赵地区为蒙古政权所占领。蒙哥为大汗时期，委派忽必烈总领漠南汉地之事。忽必烈初在金莲川地区①建立其藩邸，在南辖中原汉地实施了“以汉法治汉地”的措施，革除弊政，恢复生产，重用汉人世侯，争取了汉地的民心。蒙哥离世时较为突然，且没有指定汗位继承人。忽必烈为与阿里不哥争夺帝位，在其领地内设置 10 个宣慰使，其中燕京（今北京）、真定（今河北正定）和大名（今河北邯郸）三个宣慰使都在燕赵地区。燕赵地区为忽必烈输送军器、粮食、马匹等，成为忽必烈在中原地区的大本营。忽必烈争夺汗位成功后，以大都为统治中心。

元朝是中国历史上第一个由少数民族建立的统一王朝。元朝疆域的广大，为汉唐所不及：“自封建变为郡县，有天下者，汉、隋、唐、宋为盛，然幅员之广，咸不逮元，汉梗于北狄，隋不能服东夷，唐患在西戎，宋患常在西北。

① 在今内蒙古自治区锡林郭勒盟正蓝旗上都镇和河北省张家口市沽源县闪电河地区。

若元，则起朔漠，并西域，平西夏，灭女真，臣高丽，定南诏，遂下江南，而天下为一，故其地北逾阴山，西极流沙，东尽辽左，南越海表。”①

元朝实行行省制度，中央设置中书省，地方设置行中书省管辖各地事务。但山东、山西、河北和内蒙古等地称为“腹里”，由中书省直辖。而在腹里地区中，燕赵全境及包括山东、河南、山西的部分地区又被称为直隶地区，和中书省有着更密切的关系。“腹里”“直隶”作为地域政治职能的重大转变，使得燕赵地区由历代不甚受重视的“边塞之地”“军事重地”变为王朝中央推行政策的首要地区。

元朝以大都为政治中心，对燕赵地区产生了重要影响。这不仅奠定了明清两代定都北京的基础，还使原本远离中央政治管辖的燕赵地区成为王畿重地。元朝为了沟通经济重心，将隋唐时期流经河南的大运河，改为流经山东的京杭大运河。这样一来，大运河直接给元朝军政重心“输血”，正式形成“北方士马、南方钱粮”的格局。燕赵地区作为元朝北方地区“士马”的重要输送地，燕赵人士广泛参与了元朝的法制建设，形成了中国古代燕赵人士参与修法的第三次历史高潮。

第一节　元朝时燕赵人士参与修法的第三次高潮及对法律文学的贡献

蒙古建国伊始，初无成文法。公元1225年成吉思汗铁木真开始了蒙古政权的法制建设进程，在建国前后颁布了一系列“札撒”法令，涉及大蒙古国政治、经济、军事和社会生活的方方面面。“札撒”在蒙古语中是“命令”的意思，这些训令、公告的汇总史称《大札撒》。《大札撒》以蒙古族的习惯法为主，也可以视为蒙古汗国成文法的开始，主要适用于蒙古族。而对于新征

① （明）宋濂等：《元史》卷五八《地理志一》，中华书局1976年版，第1345页。

服的农耕地区，则援用金朝的《泰和律》，所谓“百司裁决，率依金律”①。

忽必烈建元朝后，开始了系统的法制建设，并完成了蒙古族法制封建化的历史进程。

一、史天泽与元朝初年的《新立条格》

元朝定鼎中原之后，元世祖忽必烈致力于推行“汉法”，颁布了一系列的行政法规。这些专门性法规，效仿唐宋时期的“格”。中统三年（1262），忽必烈就令汉人臣僚讲定条格。燕赵人刘肃曾参与元初行政法典的制定。

刘肃（1188—1263），字才卿，威州洺水（今邢台威县）人。金兴定二年（1218）词赋进士。尝为尚书省令史，时有盗内藏官绫罗及宝珠者，没有及时找到盗贼，官方就逮捕了卖珠牙侩及藏吏，诬服者 11 人。刑部主张处以极刑，刘肃坚持认为：“盗无正赃，杀之冤。”金主大怒。有近侍夜见肃，具道皇帝旨意，刘肃曰：“辨析冤狱，我职也，惜一己而戕十一人之命，可乎！”明日，诣省辨愈力。右司郎中张天纲曰：“吾为汝具奏辨析之。”奏入，金主始悟，囚得不死。② 元世祖居潜邸，刘肃为邢州安抚使、真定宣抚使，元初时“官曹典宪，多所议定”③。

元世祖忽必烈命史天泽、姚枢等汉人官吏，议定适合当时实际情况的《新立条格》，这是元朝的第一部成文法规，史天泽主要主持并制定了此项法规。

史天泽（1202—1275），字润甫，燕京大兴永清（今河北廊坊永清县）人。善骑射，勇力过人，其父史秉直为河北豪强。元太祖八年（1213）秋，成吉思汗铁木真率部南下。十月，前锋木华黎进至河北，史秉直率子到涿州（今河北涿州）迎降。木华黎令史秉直仍统率其族众，以其子史天倪为万户。

① 柯劭忞：《新元史》卷一〇二《刑法志》，上海古籍出版社 1989 年版，第 475 页。
② （明）宋濂等：《元史》卷一六〇《刘肃传》，中华书局 1976 年版，第 3763—3764 页。
③ （明）宋濂等：《元史》卷一六〇《刘肃传》，中华书局 1976 年版，第 3764 页。

元太祖二十年（1225），史天泽接替其兄史天倪都元帅职。在灭金伐宋中，史天泽功勋卓著，曾率军击败金将武仙，又俘杀抗蒙红袄军将领彭义斌。史天泽历任五路万户、河南等路宣抚使、中书右丞相、枢密副使、中书左丞相等职。至元十一年（1274），史天泽奉命与伯颜等统军出征南宋，至郢州时因病北还。史天泽出将入相近50年，每临大事，遇大难，论大政，都以天下之重自任，其在中书十余年间，或奉行上意，或更章事宜，多方周旋，天下受益者甚多。史天泽是忽必烈推行“汉法”的主要大臣之一，也是元朝唯一的官至右丞相高位的汉族显贵的代表人物。

至元元年（1264）八月，元世祖忽必烈“诏新立条格”[①]。史天泽主持编定《新立条格》，于至元八年（1271）二月颁布。同年十一月，忽必烈在改国号为“大元”的同时下诏“禁行金泰和律”[②]，从此废止了“断理狱讼，循用金律”的做法。《新立条格》成为当时元朝国家推行的唯一法典，元朝的法制建设自此发端。《新立条格》对一些重大的国家事务都作了规定：“省并州县，定官吏员数，分品从官职，给俸禄，颁公田，计月日以考殿最；均赋役，招流移；禁勿擅用官物，勿以官物进献，勿借易官钱；勿擅科差役；凡军马不得停泊村坊，词讼不得隔越陈诉；恤鳏寡，劝农桑，验雨泽，平物价；具盗贼、囚徒起数，月申省部。”[③]

《新立条格》的内容与元朝初年的社会发展基本上是相适应的，为元朝的法律完善奠定了基础。

至元十二年（1275），史天泽病逝，终年74岁，谥忠武。

二、何荣祖参与制定《至元新格》与《大德律令》

《新立条格》作为元朝法典的初始和起步，对元朝这个统一的多民族国家

---

① （明）宋濂等：《元史》卷五《世祖本纪》，中华书局1976年版，第98页。
② （明）宋濂等：《元史》卷五《世祖本纪》，中华书局1976年版，第138页。
③ （明）宋濂等：《元史》卷五《世祖本纪》，中华书局1976年版，第98页。

内部纷繁政务来说还是太简略了。由于律文规定过于宽疏，许多事务仍无法可依，地方贪官污吏在执行中得以上下其手，舞文弄法，肆意为奸，虐害百姓。因此，忽必烈在禁行金《泰和律》后，任命右丞相何荣祖等人“简除繁苛，始定新律”[①]，最终修成《至元新格》。

何荣祖（1221—1299），字继先，元朝广平（今河北永年东南）人。何荣祖的家族世代为吏，以吏的身份累迁中书省掾，擢御史台都事，历任御史中丞、中书右丞等职。何荣祖以蒙古习惯法为基础，吸纳唐宋律的基本精神和内容，参照辽金之遗制，以蒙汉兼收并蓄为原则，于至元二十八年（1291）五月，以公规、治民、御盗、理财、赋役、课程、仓库、造作、察狱等十类辑为一书，名曰《至元新格》。元世祖命刻版颁行，百司遵守。

《至元新格》全文已逸。元人徐元瑞所撰《吏学指南》在解释“格”的时候曾列出十章：公规、选格、治民、理财、赋役、课程、仓库、造作、防盗、察狱。[②] 这十章正是《至元新格》的“十事”。《至元新格》是元朝建立后制定颁布的第一部成文法律，也是元代法律条理化、规范化的重要表现。《至元新格》是对《新立条格》的继承和发展，侧重行政、财政、民事等方面，是后来《大元通制》条格部分的基础。

何荣祖奏行所定《至元新格》，又提议改提刑按察司为肃政廉访司，并加强监察立法：“国家用度不可不足，天下百姓不可不安。今理财者弗顾民力之困，言治者弗图国计之大。且当用之人恒多，而得用之人恒少。要之，省部实为根本，必择材而用之。按察司虽监临一道，其职在于除蠹弊、安斯民，苟有弗至，则省台又当遣官体察之，庶有所益。”[③]

元成宗铁穆耳大德三年（1299），何荣祖又受命“更定律令”[④]，1300 年

---

① （明）宋濂等：《元史》卷一〇二《刑法志一》，中华书局 1976 年版，第 2603 页。
② （元）徐元瑞：《吏学指南》，浙江古籍出版社 1988 年版。
③ （明）宋濂等：《元史》卷一六八《何荣祖传》，中华书局 1976 年版，第 3956 页。
④ （明）宋濂等：《元史》卷二〇《成宗本纪》，中华书局 1976 年版，第 427 页。

成宗又谕何荣祖曰：“律令，良法也，宜早定之。”① 最终完成了《大德律令》，共380条。相比于《至元新格》，《大德律令》律文规定更为细化，根据犯罪情况制定相应的惩处办法，如：“军官受赃罪，重者罢职，轻者降其散官，或决罚就职停俸，期年许令自效。”② 但新律未及颁行，何荣祖就去世了，《大德律令》也没有颁行。

大德四年（1300），何荣祖卒，谥文宪，被追封为赵国公。

三、董文忠的法律思想

董文忠（1231—1281），字彦诚，元朝真定藁城（今河北藁城）人。其父董俊金朝末年曾在藁城募兵，后木华黎率占领华北时，他率军投降，成为汉人世侯。董俊后曾任中山府（治今河北定州）事，在击败金真定守将武仙战斗中表现突出。木华黎授董俊龙虎上将军、行元帅府事，驻藁城，不久升左副元帅，其部众号为匡国军。蒙古太宗四年（1232），蒙古军围攻开封，金哀宗弃城逃往归德（今河南商丘），董俊率兵追杀，不料遇金朝伏兵，被驱入河中，董俊力战身亡，终年48岁。

董文忠是董俊的第八子，1252年入侍忽必烈潜邸，次年从征云南。1259年，从忽必烈攻宋，渡长江，围鄂州。1260年忽必烈即位后，置符宝局，掌艺玺、金银符牌。董文忠受命为郎，自此随事献纳，备受亲信，忽必烈“尝呼董八而不名”③。

至元十八年（1281），升符宝局为典瑞监，董文忠仍任其职，并佥书枢密院事。“留居大都，凡宫苑、城门、直舍、徼道、环卫、营屯、禁兵、太府、少府、军器、尚乘诸监，皆领焉。”④ 不久又掌管中书省兵马司。忽必烈对他

① （清）毕沅：《续资治通鉴》卷一九三《成宗钦明广孝皇帝》，中华书局1957年版，第5263页。
② （明）宋濂等：《元史》卷二〇《成宗本纪》，中华书局1976年版，第427页。
③ （明）宋濂等：《元史》卷一四八《董文忠传》，中华书局1976年版，第3502页。
④ （明）宋濂等：《元史》卷一四八《董文忠传》，中华书局1976年版，第3504页。

极为信任，曾对皇太子说：“竭诚许国，能于大事多所建明者，惟董文忠为然。”①

蒙古灭金之初，在中原地区多任用亡金官吏，司法审判方面则沿用金朝《泰和律》。忽必烈即位后遵行“汉法”，史天泽等修成《新立条格》，这是元朝第一部法典。但《新立条格》过于简略，地方司法还都是将新律与《泰和律》并行。为扭转这种局面，至元八年（1271）十一月，忽必烈定国号为“大元”，同时禁止继续使用《泰和律》，地方官吏断案失去依据，“有例可援，无法可守”②，这种局面造成了司法的严重紊乱。为推行新律，忽必烈下令严惩司法审判中引用金朝《泰和律》的官员，“犯者皆杀无赦。”③ 对此董文忠坚决反对，他说：“杀人取货，与窃一钱者均死，惨黩莫甚，恐乖陛下好生之德。”④ 董文忠认为，《泰和律》可以区分犯罪之轻重，事情之大小，地方官员可以据《泰和律》定罪，帝王如果凭借个人情绪立法治国，必然导致司法混乱的状况。忽必烈也接纳了董文忠的建议。

其后不久，有人举报了“汉人杀一蒙古人”“太府监属卢甲偷剪官布”两起案件，忽必烈大怒，诏令速将两人处死，以儆众人。董文忠又上谏曰：“今刑曹于囚罪当死者，已有服辞，犹必详谳，是岂可因人一言，遽加之重典！宜付有司阅实，以俟后命。”⑤ 在他的奏请下，忽必烈又派人复查了这两起案件，最终判定是两起冤案。太府监属卢甲事后亲自登门致谢，董文忠辞曰：“吾素非知子，所以相救于危急者，盖为国平刑，岂望子见报哉！”⑥

在董文忠的建议和协助下，处于草创时期的元初政治和法律终于走上了正轨。至元十八年（1281）冬，董文忠病卒，年51岁，封寿国公，谥忠贞。

① （元）苏天爵：《元朝名臣事略》卷一四，中华书局1996年版，第291页。
② （明）陈邦瞻：《元史纪事本末》卷一一《律令之定》，中华书局2015年版，第84页。
③ （明）宋濂等：《元史》卷一四八《董文忠传》，中华书局1976年版，第3503页。
④ （明）宋濂等：《元史》卷一四八《董文忠传》，中华书局1976年版，第3503页。
⑤ （明）宋濂等：《元史》卷一四八《董文忠传》，中华书局1976年版，第3503页。
⑥ （明）宋濂等：《元史》卷一四八《董文忠传》，中华书局1976年版，第3503页。

四、王约与《大元通制》的编修

从《新立条格》到《至元新格》，其性质都是条格类的法律规范。虽然各项条文逐步细化，但只是元朝诸帝的有关法令和诸官吏的断例的汇编，都难以称为“治国大法”的法典。

元英宗至治年间制定的《大元通制》是元代最重要的代表性法典之一。在《大元通制》修定过程中，王约发挥了重要作用。

王约（1252—1333），字彦博，河北真定（今河北正定）人。性颖悟，博览经史，工于文辞，务达国体，元世祖至元十三年（1276），经翰林学士王磐推荐为从事，累拜监察御史，王约在此任上奏二十二事：“实京师，放差税，开猎禁，蠲逋负，赈穷独，停冗役，禁鹰房，振风宪，除宿蠹，慰远方，却贡献，询利病，利农民，励学校，立义仓，核税户，重名爵，明赏罚，择守令，汰官属，定律令，革两司。”[①] 这些建议皆被元朝皇帝采纳实施。王约后又任翰林直学士、知制诰同修国史、集贤大学士等。至元二十四年（1287）王约“出赈河间饥民，均核有方，全活甚众”[②]。

元英宗至治三年（1323），王约“奉诏与中书省官，及他旧臣，条定国初以来律令，名曰《大元通制》，颁行天下”[③]。王约等儒臣共同制定的《大元通制》下设20篇目，共2539条，其中诏制94条，条格1151条，断例717条，令类577条。《大元通制》的颁行，是元代法制推行“汉法”的一个重要环节，它与唐宋法律形式与内容已十分接近。《大元通制》是元代最为完备系统的法典，也是元朝法制走向定型化的代表性法典。

王约为官近60年，一生都为当政者所倚重，元仁宗甚至曾诫左右曰：

① （明）宋濂等：《元史》卷一七八《王约传》，中华书局1976年版，第4138页。
② （明）宋濂等：《元史》卷一七八《王约传》，中华书局1976年版，第4137页。
③ （明）宋濂等：《元史》卷一七八《王约传》，中华书局1976年版，第4142页。

“彦博非汝友，宜师事之。”[①] 至顺四年（1333）王约卒，享年82岁。

五、苏天爵的法律思想

苏天爵（1294—1352），字伯修，元朝后期真定（今河北正定）人。父志道，曾任岭北行中书省左右司郎中，在地方有救荒惠政。苏天爵参加国子学生考试，名列第一，被任命为从仕郎、大都路蓟州判官。泰定元年（1324），苏天爵改任翰林国史院典籍官，升任应奉翰林文字。至顺元年（1330），参与编修《元武宗实录》，至顺二年（1331），升任修撰，又升任为江南行台监察御史。历任监察御史、肃政廉访使、集贤院侍讲学士。至元二年（1336），从刑部郎改任御史台都事。至元三年（1337），升任礼部侍郎。至元五年（1339），任淮东道肃政廉访使。至元六年（1340），改任吏部尚书、陕西行台治书侍御史。再任吏部尚书，升任为参议中书省事。至正二年（1342），苏天爵任湖广行省参知政事，迁陕西行台侍御史。

苏天爵多在地方任职，长期担任司法监察职位，对元朝后期社会现实有深刻的认识，对法律在治国中重要性的认识更为真切，形成了自己的法律思想。后世学者评价苏天爵为“元代封建正统法律思想的传播者和卫护者”[②]。

苏天爵高度重视法典的统领作用，主张续修《大元通制》。苏天爵在《乞续编通制》中说：“法者，天下之公，所以辅乎治也；律者，历代之典，所以行乎法也。故自昔国家为治者，必立一代之法，立法者必制一定之律。盖礼乐教化固为治之本，而法制禁令实辅治之具。”[③] 元代法律中主要实行判例法，但随着元朝历史的发展，司法判例逐渐增多，如《大元通制》中有格例2539条，其中断例有717条。苏天爵深刻分析了判例增多的历史原因与现实局限，

① （明）宋濂等：《元史》卷一七八《王约传》，中华书局1976年版，第4142页。

② 饶鑫贤、吴海航：《苏天爵——元代封建正统法律思想的传播者和卫护者》，《社会科学战线》1998年第3期。

③ （元）苏天爵著，陈高华、孟繁清点校：《滋溪文稿》卷二六，中华书局1997年版，第434页。

“自太祖皇帝戡定中夏，法尚宽简，世祖皇帝混一海宇，肇立制度。列圣相承，日图政治。虽律令之未行，皆因事以立法。岁月既久，条例滋多。英宗皇帝始命中书定为《通制》，颁行多方，官吏遵守。然自延祐至今，又几二十年矣。夫人情有万状，岂一例之能拘，加以一时官曹材识有高下之异，以致诸人罪状议拟有轻重之殊，是以烦条碎目，与日俱增。每罚一辜，或断一事，有司引用，不能遍举。若不类编，颁示中外，诚恐远方之民，或不识而误犯，奸贪之吏，独习知而舞文。事至于斯，深为未便。”① 这种情况下，司法的主导权实际上就会落到“独习知而舞文”的官府中奸贪之吏和社会上刀笔讼棍之流手中，法律成为这些贪婪之徒的营利工具。苏天爵因此建议：“精选文臣学通经术、明于治体、练达民政者，圆坐听读，定拟去取，续为《通制》，刻板颁行。”② 苏天爵认为刑法判决中区分具体情况，如对斗殴杀人犯罪要据情区别对待，既不可“皆置之死地”，亦不可“悉之断放”，应从原情恤刑、“罪疑惟轻”原则出发，重新修订斗杀律。③

苏天爵主张提高各级司法官员的素质。苏天爵在《建言刑狱五事》奏疏中指出作为掌握日常司法工作的路府推官“专掌刑名，夫案牍之冗，全藉乎精神；审谳之详，悉资乎耳目。案牍不差则吏无所欺，推审既详则囚无冤抑。今路、府推官往往年老，或视听不明，或神思昏耄，苟图禄俸，姑候引年”④。苏天爵认为：“若使官吏得人，治化清简，则狱讼亦不至如此之多也。”⑤ 因此主张“设律学以教人，置律科以试吏”⑥，通过法律考试，提高司法官吏的执法素质。

苏天爵主张完善司法制度。元朝末期，司法秩序非常混乱，苏天爵认为

① （元）苏天爵著，陈高华、孟繁清点校：《滋溪文稿》卷二六，中华书局1997年版，第435页。
② （元）苏天爵著，陈高华、孟繁清点校：《滋溪文稿》卷二六，中华书局1997年版，第435页。
③ （元）苏天爵著，陈高华、孟繁清点校：《滋溪文稿》卷二七，中华书局1997年版，第458页。
④ （元）苏天爵著，陈高华、孟繁清点校：《滋溪文稿》卷二七，中华书局1997年版，第449页。
⑤ （元）苏天爵著，陈高华、孟繁清点校：《滋溪文稿》第二七，中华书局1997年版，第462页。
⑥ （元）苏天爵著，陈高华、孟繁清点校：《滋溪文稿》卷二六，中华书局1997年版，第434页。

要完善狱政。当时各地罪囚淹滞严重，山东“在禁常有八九十起，枷锁不下数十百人。罪状昭著者不得明正典刑，事涉疑似者不敢轻易释放”[①]。苏天爵认为这是地方官吏舞文弄法的结果。他说：“始则因事以织罗，次则受财以脱放。及闻审囚官将至，却称被罪人在逃。纵欲陈告其取受，却缘本宗事未绝。设计害民，无所不至。”[②] 而司法官员“既不能详情审问，又复不肯追勘结解，致使狱囚淹延，一切死于囹圄”[③]。这就导致既有枉死囹圄者，也有重罪故纵者，亦有“无辜者牵连受刑，有罪者侥幸获免”，“一岁之中，死者不知其几。”[④] 苏天爵提出要建立严格的罪囚申报制度：“今后内外轻重罪囚，某事一起，自某年月日到禁，某年月日申解所司，或断讫笞、杖等罪，或审复结案待报；某事一起，自某年月日到禁，某年月日因患某病，某医用何药饵，竟因某病身故。年终通行开写略节情犯缘由，次年三月以里申达省部。选委刑部文资正官一员妨职子细披详，如有淹滞刑狱，决遣不当，妄申急证死损数多，皆当验事轻重，依例治罪。”[⑤] 以此加强对地方司法活动的监督。苏天爵建议“精选通晓刑名官员”，将录囚制度落到实处。他提出：“先将各省见系罪囚多处一一审录，比及立春，使罪状明白者各正其罪，情犯疑似者悉与辨明。庶几国家刑罚见于施行，民庶知所畏惧而不敢犯，冤抑淹延亦得宽释而无冤恨矣。”[⑥] 苏天爵还提出改善罪囚申报制度，他说：“结案幸达于中书，判送悉归于刑部。议拟方在吏手，囚徒已死狱中。且重罪飞申，先使知事之元发；有司月报，又欲考事之施行，今皆视为虚文，一切置之不问。夫朝廷作法如此，郡县慢令可知。京畿积弊如此，天下之事可知。”[⑦]

苏天爵推崇“德治”，“平日治道，必本三代。所谓明道术、正人心、育

---

① （元）苏天爵著，陈高华、孟繁清点校：《滋溪文稿》卷二七，中华书局1997年版，第455页。
② （元）苏天爵著，陈高华、孟繁清点校：《滋溪文稿》卷二七，中华书局1997年版，第457页。
③ （元）苏天爵著，陈高华、孟繁清点校：《滋溪文稿》卷二七，中华书局1997年版，第459页。
④ （元）苏天爵著，陈高华、孟繁清点校：《滋溪文稿》卷二七，中华书局1997年版，第457页。
⑤ （元）苏天爵著，陈高华、孟繁清点校：《滋溪文稿》第二七，中华书局1997年版，第458页。
⑥ （元）苏天爵著，陈高华、孟繁清点校：《滋溪文稿》第二七，中华书局1997年版，第464页。
⑦ （元）苏天爵著，陈高华、孟繁清点校：《滋溪文稿》第二七，中华书局1997年版，第458页。

贤才、兴教化。盖拳拳焉。”① “礼乐教化固为治之本，而法制禁令实辅治之具。”② “古之为治之规，不可复以烦苛严急御之，必宽大简易，以息其民。”③基于这一认识，苏天爵在给元顺帝的奏章中提出：“明罚祥刑，存乎宽大。”④元朝末期社会矛盾日趋尖锐，苏天爵多次强调应减赋恤民。他说：“盖犯法而为盗则死，畏法而不为盗则饥。饥饿之与受刑均为一死，赊死之与忍饥，祸有迟速，则民之相率为盗，是岂得已。长民者可不为之深念乎！”⑤ 所以苏天爵强调要选官恤民，不夺农时，减轻赋役，认为“大抵安民之术，不夺其时，不伤其财，惟禁其为非，而去其为害，则民皆按堵矣”⑥。

苏天爵的法律思想，在元末的社会环境中难能可贵。同时苏天爵在任官执法过程中能够做到决狱公正，办事公平，用刑当罪，平反了大量的冤狱，民间有呼其为“苏青天”者。

苏天爵晚年定居滋溪，人称“滋溪先生”，创立滋溪书院。⑦ 至正十二年（1352），苏天爵以老病死于军中，年 59 岁。苏天爵的著述主要有《国朝名臣事略》《国朝文类》《治世龟鉴》《滋溪文稿》等。

六、关汉卿的冤狱类法律文学

宋代的市民文学高度发展，“公案”成为独成一个门类的故事题材，是“说话”四家之一：“说话有四家：一者小说，谓之银子儿，如烟粉、灵怪、传奇。说公案，皆是朴刀杆棒，及发迹变泰之事。”⑧

---

① 李修生主编：《全元文》卷一六五八《赵汸·送江浙参政苏公赴大都路总管序》，凤凰出版社 1998 年版，第 297 页。

② （元）苏天爵著，陈高华、孟繁清点校：《滋溪文稿》卷二六，中华书局 1997 年版，第 434 页。

③ （元）苏天爵著，陈高华、孟繁清点校：《滋溪文稿》卷四，中华书局 1997 年版，第 48 页。

④ （元）苏天爵著，陈高华、孟繁清点校：《滋溪文稿》卷二七，中华书局 1997 年版，第 457 页。

⑤ （元）苏天爵著，陈高华、孟繁清点校：《滋溪文稿》卷二七，中华书局 1997 年版，第 454 页。

⑥ （元）苏天爵著，陈高华、孟繁清点校：《滋溪文稿》卷二七，中华书局 1997 年版，第 454 页。

⑦ 滋溪书院旧址在今石家庄市正定新城铺。

⑧ （宋）孟元老撰，邓之诚注：《东京梦华录注》卷五《京瓦伎艺·讲史》，中华书局 1982 年版，第 136 页。

元代是中国公案文学迅速发展时期。这是因为元朝是个社会矛盾突出、吏治相当腐败的朝代。在中国封建社会中，元朝是以野蛮的游牧武力战胜了中原的农业文明，缺少统治经验与长期施政规划，又不愿意放弃落后的、带有奴隶制色彩的游牧部落政治制度，形成一个实行民族等级制、政权胡汉分化的官僚体系。在中原地区，负责地方事权的吏人群体成为地方政治的实际执掌者，“然其弊也，南北异制，事类繁琐，挟情之吏，舞弄文法，出入比附，而凶顽不法之徒，又数以赦宥获免。”①

关汉卿像

李斛 1962 年创作，关汉卿戏剧创作七百年纪念邮票，
原稿现藏中国美术馆

地方强势力量与这些胥吏相互勾结，形成一个庞大特权阶层。这些特权阶层人物依靠财富力量，多行不义，强占民田，残害百姓，霸占他人妻女，甚至逼死人命。元朝刑律松弛，缺少成文法典，司法多用判例，地方胥吏熟悉政府的运作程序与条文宽漏之处，因此在与强势力量的勾结之下，地方特

① （明）宋濂等：《元史》卷一〇二《刑法志一》，中华书局 1976 年版，第 2604 页。

权阶层人物无法无天、胆大妄为却又常可摆脱法律惩治。因此元朝地方司法中充斥人治之恶，而各类冤狱则层出不穷。

关汉卿（？—1279），号已斋，元代祁州（今河北省安国市伍仁村）人，另有籍贯大都（今北京市）和解州（今山西省运城）等说。关汉卿出身金末医户家庭，被元朝政府编入“医户”，了解普通下层群众的生活疾苦。关汉卿善诗赋，县试名列榜首，后赴中都应试，因考官作梗不第，从此认清官场腐败，不屑仕途。关汉卿一生写了大量戏曲，许多是以揭露封建统治的腐败凶恶、表现人民的不幸为题材。

关汉卿创作了多种公案杂剧，现存的有《感天动地窦娥冤》《包待制三勘蝴蝶梦》《包待制智斩鲁斋郎》《望江亭中秋切鲙》《钱大尹智勘绯衣梦》等，这些杂剧集中反映了元朝司法黑暗的社会现实。

《包待制智斩鲁斋郎》中的鲁斋郎倚仗自己权豪势要的身份，肆意强抢民女。鲁斋郎在许州街上偶见银匠李四的妻子张氏貌美，便将其强行劫往郑州；厌烦了张氏之后，又看上了郑州六案都孔目张珪的妻子李氏，遂强令张珪献上李氏，并把张氏送与张珪。开封府尹包拯审理此案时，以减笔法将“鲁齋郎”三字写作“魚齊即”，奏明圣上，待等御笔判下“斩”字后，迅即加笔添画，把“魚齊即”三字，还原为“鲁齋郎”，终于为民除害。

《钱大尹智勘绯衣梦》剧情大致是写书生李庆安与员外之女王闰香自幼指腹为婚，后李家道中落，王父欲毁婚，而闰香不从。某日李庆安因寻取坠落在王家后花园梧桐树上的风筝而偶与闰香晤面，闰香约李庆安夜间在花园等候，资助他钱财以作彩礼。夜间，丫鬟梅香奉闰香命送去钱财，被前来偷窃的盗贼裴炎杀死，抢去钱财。待至李庆安应约再来时被死尸绊倒，两手皆被血污，乃大惊逃归，并在自家门上留下了血手印。王父以血手印为据，指控李为凶手。李庆安经屈打成招，承认了命案。

《望江亭中秋切鲙》中杨衙内垂涎谭记儿美色，梦想纳其为妾。闻知官员白士中与谭记儿结为夫妻，设计诬告其贪恋花酒、不理公事，请下势剑金牌，意图诛杀白士中。

《包待制三勘蝴蝶梦》中皇亲葛彪肆意妄为、草菅人命，将街边老汉随意殴打致死。

《感天动地窦娥冤》是元剧中最光辉的剧本，该剧叙述了一个父亲离乡，抵父债做童养媳；丈夫早逝，20岁成为寡妇；婆媳相依，又被张驴儿父子陷害；昏官严刑拷打，无辜而被官府冤杀的弱女子窦娥的故事。《窦娥冤》中的司法官楚州太守桃杌认钱不认人，以司法谋利，认为“告状来的要金银”，“但来告状的，就是我衣食父母。”为了让窦娥认罪，残酷行刑，他说：“人是贱虫，不打不招。左右，与我选大棍子打着。”“千般打拷，万种凌逼，一杖下，一道血，一层皮。”结果“这无情棍棒”打得窦娥“肉都飞，血淋漓，腹中冤枉有谁知！”在窦娥被屈打成招之后，桃杌判道：“既然招了，着他画了伏状，将枷来枷上，下在死囚牢里去。到来日判个斩字，押赴市曹典刑。”窦娥控诉这司法黑暗的现实：“这都是官吏每无心正法，使百姓有口难言。”“衙门从古向南开，就中无个不冤哉！”窦娥惨死之前立下三桩誓愿：血溅飞练、暑天降雪、大旱三年。这三桩违背自然规律的誓愿后来却实现了，窦娥以鲜血和生命与天地抗争却如愿了。①

《感天动地窦娥冤》揭露了元代社会高利贷盘剥、地痞流氓横行和官吏贪赃枉法、草菅人命的罪行。“关汉卿开创了法制文学扣人心弦的冤狱故事类型。《窦娥冤》在揭露社会黑暗、描写人间冤屈方面，使文学与法制有机地结合在一起，其深度超过了此前的法制作品，尤其是在冤狱类作品中更加突出，使它成为冤狱类法制文学的第一座丰碑。”②

① （元）关汉卿：《窦娥冤》，人民文学出版社2020年版。

② 韩春萌、胡江水：《从法制探索看关汉卿公案剧的历史地位》，《江西科技师范学院学报》2004年第3期，第79页。

第二节　明清时期燕赵人士参与修法、职掌司法的历史低潮

元朝时，河北古代法学出现了第三个历史高潮。明清时期，河北人士稀见参与修订国家法典，也没有从中涌现司法能吏群体。

现在学者统计明清时期各地名人分布图中，河北名人分布稀疏，人才凋零。

明清时期，河北名人减少，对这种现象，学者曾有总结：

> 燕赵文化在战国时期形成和成熟，在北朝时期由于地方士族制度的盛行而使其在政治上得到最充分的发展，在盛唐时期则有农业经济达到鼎盛。但是到了宋元明清时期，燕赵文化所独具的若干明显特征就日渐趋向于平淡，其自身发展所依据的旺盛的原始生机已渐渐耗尽。……说明在宋元明清时期，北方人在可作比较的政治、经济、军事以及哲学、历史、文学等各个方面，成就亦显寥寥，没有出现过一个自身发展的辉煌时期。其间虽也不断有人才涌出，终究非南方之比。①
>
> 燕赵地区的学术成就明显集中在中国封建社会发展的前期和后期上。因为在这两段时期，汉学都占据着学术主导地位。……燕赵地区北部与历史上的少数民族居住区相连。少数民族政权的南进，燕赵首当其冲。每当少数民族政权统治燕赵地区时，燕赵的学术与教育便会相应地产生若干新的成就。……元明清三个统一王朝均定都北京，这一政治格局使燕赵地区成为政治和文化的中心地区，从

① 张京华：《燕赵文化》，辽宁教育出版社1995年版，第80页。

而带有“京畿文化”的色彩。[①]

明清时期河北历史名人数量下降，是因为北京作为全国政治中心，各路精英纷纷涌入。明朝政权初立南方，政治班底也多以南方人士为主。清军入关后迅获得全国政权，河北地域不仅没经过充分的民族融合，还因为清统治者执行跑马圈地的经济政策，社会经济出现倒退趋势。同时清朝文字狱的兴盛，也打击了河北人学习法律的热情。因此在明清时期，出现了燕赵人士参与修定法典、出任司法官员的历史低潮现象。

一、杨继盛的死谏精神

杨继盛（1516—1555），字仲芳，号椒山，直隶容城（今河北容城县北河照村）人。性格倔强耿直，疾恶如仇，宁折不弯，明朝中期著名谏臣。嘉靖二十六年（1547）登进士第，初任南京吏部主事，后官兵部员外郎。他曾上疏弹劾仇鸾开马市之议，被贬官狄道典史。后被起用为诸城知县，迁南京户部主事、刑部员外郎，调兵部武选司员外郎，一年之中官四迁。嘉靖三十二年（1553），杨继盛不畏权贵上疏力劾权相严嵩“五奸十大罪”，遭诬陷下狱。在狱中三年备受酷刑拷打，宁死不屈，留下许多慷慨激昂、感人至深的诗句。嘉靖三十四年（1555）遇害，年仅40岁。明穆宗即位后，以杨继盛为直谏诸臣之首，追赠太常少卿，谥忠愍，世称“杨忠愍”。后人以其故宅改庙以奉，尊为北京的“城隍爷”。他曾留下千古名联“铁肩担道义，辣手著文章”和著名的“椒山家训”，有《杨忠愍文集》。

---

① 宁可、杜荣泉等主编：《中华文化通志·地域文化典·燕赵文化志》，上海人民出版社1998年版，第192页。

杨继盛画像

选自李洪程校注《杨椒山集笺注》，台北兰台出版社2015年版

杨继盛生于明正德十一年（1516），杨家世代为耕读之家，家境贫寒，杨继盛自幼饱尝生活艰辛。他七岁丧母，备受继母欺凌，不让读书，只能去放牛。后来跟兄长争辩：“年幼能牧牛，乃不能读书耶？”① 才勉强为自己争取半读半牧的机会。13岁时，杨继盛终于开始游学生涯，在容城、定兴、安新和清苑等地拜访名师，艰难求学。他在18岁那年，考中了秀才。19岁开始在容城宁国寺读书，不过条件依旧十分艰苦，尝自述：“夜尝缺油，每读书月下。夜无衾，腿肚常冻转，起而绕室疾走始愈”②。

嘉靖二十六年（1547），贫苦交加的杨继盛终于高中进士，此时他已32

① （明）杨继盛著，李洪程校注：《杨椒山集笺注》卷四《自著年谱》，台北兰台出版社2015年版，第155页。

② （明）杨继盛著，李洪程校注：《杨椒山集笺注》卷四《自著年谱》，台北兰台出版社2015年版，第158页。

岁。《明史·杨继盛传》载："嘉靖二十六年，登进士，授南京吏部主事。"①跟他同年的进士还有后来的万历大学士张居正。

杨继盛在35岁时调升京师，他带着满腹报国之心，踌躇满志地就任兵部车驾司员外郎，看到的却是人浮于事的怠政懒政。"庚戌之变"后，蒙古首领俺答汗屡次带兵侵扰明朝边境，直逼京师。严峻的外部形势下，嘉靖皇帝竟然束手无策，一切都仰仗咸宁侯仇鸾来处理，可是"鸾中情怯，畏寇甚，方请开互市市马，冀与俺答媾，幸无战斗，固恩宠"②。仇鸾畏惧蒙古人，不敢开战，又想继续保有皇帝对自己的信任，以保证自己的荣华富贵，所以想通过双方互开马市贸易的办法，输送利益来达到媾和的目的。此时朝中分为主战与求和两派，把持朝政的权相严嵩、仇鸾主张互市求和，许多大臣都不敢发表意见，保持沉默以求自保。性格耿直的杨继盛得知后，不顾个人安危，上《请罢马市疏》，力言仇鸾之举有"十不可五谬"，语言犀利、论证严谨、逻辑缜密地分析开马市的利弊，揭露仇鸾等人的卖国丑态。

杨继盛被诬陷入狱遭受酷刑，所幸性命无忧，被贬谪为狄道（今甘肃临洮）典史。杨继盛被贬一年后，被重新起用，一年内连迁四职，先为山东诸城县令，改任南京户部主事、刑部员外郎、兵部武选司员外郎。尽管彼时仇鸾私通俺答汗的罪行暴露，暴毙而亡，被开棺戮尸，但是同党严嵩专权窃国，势力仍然很大，杨继盛婉谢了好友明哲保身的劝说，决定仿效名臣比干，以死劝谏。在上任刚一个月时，上《请诛贼臣疏》弹劾严嵩，历数其"五奸十大罪"，震惊朝野。

在这篇《请诛贼臣疏》中，杨继盛回想起自己当初因《请罢马市疏》而被下狱贬官的遭遇，却仍旧不改初衷，愿意为国家进献忠言，表赴汤蹈火的决心，"臣前谏阻马市，谪关边方，往返一万五千余里，道途艰苦，妻子流离，宗族贱恶，家业零落。幸复今职，方才一月，臣虽至愚，非不知与时浮

① （清）张廷玉等：《明史》卷二〇九《杨继盛传》，中华书局1974年版，第5536页。
② （清）张廷玉等：《明史》卷二〇九《杨继盛传》，中华书局1974年版，第5536页。

沉可图报于他日，而履危冒险攻难去之臣，徒言取祸难成侥幸万一之功哉！顾皇上既以再生之恩赐臣，臣安忍不舍再生之身以报皇上？况臣狂直之性生于天而不可变，忠义之心痒于中而不可忍，每恨坏天下之事者惟逆鸾与嵩，鸾已殛死，独嵩尚在，嵩之奸恶又倍于鸾，将来为祸更甚。使舍此不言，再无可以报皇上者。臣如不言，又再有谁人敢言乎？”早已将生死置之度外，忠义之气溢于言表。为了揭露严嵩及其党羽的面目，杨继盛把严嵩结党营私、祸国殃民、欺上瞒下的手段，一一列举出来，言辞剀切地指出严氏对国家造成的种种危害，“一人贪戾，天下成风。守法度者，以为固滞；巧弥缝者，以为有才；励廉介者，以为矫激；善奔走者，以为练事。卑污成套，牢不可破，虽英雄豪杰，亦入套中。从古风俗之坏，未有甚于此时者。究其本源，嵩先好利，此天下所以皆尚乎贪；嵩先好谀，此天下所以皆尚乎谄。源之不洁，流何以清？风俗不正，而欲望天下之治得乎？”他恳求皇帝能为天下百姓除此奸臣，“国之有嵩犹苗之有莠、城之有虎，一日在位则为一日之害，皇上何不忍割爱一贼臣，顾忍百万苍生之涂炭乎？”①

杨继盛冒死进谏，“疏入，帝已怒。”② 严嵩一伙更是对杨继盛恨之入骨，恨不能置之死地。严嵩又趁机捏造罪证，“帝益大怒，下继盛诏狱”③，再次将杨继盛投入死牢。在狱中，杨继盛受尽了折磨，遭受廷杖一百后，好友托人密送来蚺蛇胆以止痛，但被杨继盛拒绝，说：“椒山自有胆，何必蚺蛇哉！”④家人所送药物又被人无理拦下，杨继盛“两腿肿粗，相摩若一，不能前后；肿硬若木，不能屈伸”⑤。他两股创疮溃烂，只得以碎瓷片当刀，自割腐肉断

---

① （明）杨继盛著，李洪程校注：《杨椒山集笺注》卷一《请诛贼臣疏》，台北兰台出版社 2015 年版，第 21、18 页。

② （清）张廷玉等：《明史》卷二〇九《杨继盛传》，中华书局 1974 年版，第 5541 页。

③ （清）张廷玉等：《明史》卷二〇九《杨继盛传》，中华书局 1974 年版，第 5541 页。

④ （明）杨继盛著，李洪程校注：《杨椒山集笺注》卷四《自著年谱》，台北兰台出版社 2015 年版，第 171 页。

⑤ （明）杨继盛著，李洪程校注：《杨椒山集笺注》卷四《自著年谱》，台北兰台出版社 2015 年版，第 171 页。

筋，腐肉盈斗，脓血遍地。为他持灯的狱卒皆惊恐不已，颤抖欲坠，“狱卒持灯手颤至将坠地，乃曰：‘关公割骨疗毒犹藉于人，不似老爷自割者。’”[①]但是杨继盛却意气自如。在严嵩及爪牙的授意下，即使已经是在重伤之下，杨继盛还继续遭受毒打，而且狱中条件恶劣，“与众囚为伍，死尸在侧，备极苦楚。”[②] 不过，杨继盛毫不屈服，靠着顽强的意志和坚定的信念，终于熬了过来。

严嵩以类似“矫诏”的方法，将杨继盛的名字附在死刑犯之后。嘉靖三十四年（1555），一代直谏之臣被杀于京城西市。围观的百姓无不为其唏嘘悲戚。嘉靖四十一年（1562），即杨继盛死后第七年，祸国殃民的严嵩倒台，其子严世蕃被斩首。严嵩被抄没家产，削官还乡，于两年后凄惨死去。隆庆元年（1567），即杨继盛死后 12 年，明穆宗朱载垕昭雪前代冤案，抚恤直谏诸臣，将其列为遭严嵩所害的八位直谏诸臣之首。追赠太常少卿，谥忠愍，建旌忠祠于保定，予以祭葬。

二、范景文的法律思想

范景文（1587—1644），字梦章，号思仁，河间吴桥（今河北吴桥）人。景文幼负器识，登万历四十一年（1613）进士第，授东昌推官。以名节自励，岁大饥，尽心赈救，阖郡赖之。后擢吏部稽勋主事，历文选员外郎，署选事。在魏忠贤与东林党中保持中立，尝言：“天地人才，当为天地惜之。朝廷名器，当为朝廷守之。天下万世是非公论，当与天下万世共之。”[③] 崇祯初，召范景文为太常少卿，后擢右佥都御史，巡抚河南。后为南京右都御史、兵部尚书、刑部尚书，兼东阁大学士。范景文为官清廉，曾在大门口张贴“不受

---

① （明）杨继盛著，李洪程校注：《杨椒山集笺注》卷四《自著年谱》，台北兰台出版社 2015 年版，第 173 页。

② （明）杨继盛著，李洪程校注：《杨椒山集笺注》卷四《自著年谱》，台北兰台出版社 2015 年版，第 173 页。

③ （清）张廷玉等：《明史》卷二六五《范景文传》，中华书局 1974 年版，第 6834 页。

嘱，不受馈”[①] 六个大字，广为告知。从此百姓便敬称他为“二不尚书”。同僚撰联表扬范景文道：“不受嘱，不受馈，心底无私可放手；勤为国，勤为民，衙前有鼓便知情。”李自成攻破北京，范景文在双塔寺旁投井而死。

范景文是明朝末年的一位知名清官。《范文忠集》辑范氏生平所作文章，分疏、序、记等类。其中与司法事务相关的文章不多，但颇能反映明末中央司法的废弛情况。如《总催三法司疏》中记载：“法署全空，国纪尽解。……人主所以治天下者，法也。无法则不治，无人则无法，缺一有不可者，而今则一时并缺矣。”[②]《催大理寺疏》中记载：“大理寺固持平之司也，今三堂并缺，庭中鞠为茂草矣。……凡待谳决者待平反者，不知其几，而……棘司无人。”[③]

范景文著有《昭代武功录》《国朝大臣谱》《师律》等书。

三、崔述的反“息讼”思想

中国法律文明发展史中，早自孔子开始便强调：“礼之用，和为贵，先王之道，斯为美。”诉讼往往被看作是“凶”恶、不吉利的事情。孔子曾说：“听讼，吾犹人也。必也使无讼乎？”[④] 儒家所崇尚的“无讼”理念，自秦汉以来，就为历代封建统治者所大力提倡。“无讼”是儒家的理想目标，“以和为贵”是最理想的道德境界。

燕赵地域环绕帝都周围，其地方治理的施政目标必须突出政治性，必须以“少讼”“息讼”为施政目标。清代后期，中国社会矛盾丛生，一味息讼已经不适应当时的社会形势。河北大名人崔述敏锐地认识到这种治理天下的观念渐趋落了，其所著《无闻集·讼论》认为：争讼是人类社会发展变化的必

---

① （清）计六奇：《明季北略》卷二一《范景文》，中华书局 1984 年版，第 503 页。

② （明）范景文：《文忠集》卷一《总催三法司疏》，景印文渊阁《四库全书》本，台北商务印书馆 1983 年版，第 1295 册，第 450 页。

③ （明）范景文：《文忠集》卷一《催大理寺疏》，景印文渊阁《四库全书》本，台北商务印书馆 1983 年版，第 1295 册，第 452 页。

④ 《论语·颜渊》，见（宋）朱熹《四书章句集注·大学章句》，中华书局 1983 年版，第 6 页。

然产物，“自有生民以来，莫不有讼。讼也者，事势之所必趋，人情之所断不能免者也。”认为诉讼具有一定程度的保护个人权利、抵御邪恶势力任意侵害的作用。因此，就不应该禁止或回避争讼，也不要以道德教化取代秉公断讼。“无讼则无讼矣，吾独以为反不如有讼之犹为善也。”崔述是中国古代士人中第一个公开著文反对“息讼”的人。①

崔述（1740—1816），字承武，号东壁，河北大名人，清朝著名的考据、辨伪学者。崔述幼有奇才，受其父元森治学之方法与观念影响甚大。15 岁，赴大名府试，名列第一，遂入府学就读。后以知府朱瑛之赏识，召读于府署之晚香书堂七年有余，既获良师益友之助，又得纵览群书之益，学业才识因之大进。乾隆二十七年（1762），中试举人。次年，入京参加礼部试，落榜。返里后，结婚。至乾隆三十四年（1769），再次应试，又不第。适以逾年其父卒，遂不复试。自乾隆三十七年（1772）之后，蛰居乡里，授徒读书，埋首著述，因见群经的传记、注疏多与原经文有出入，由怀疑而进行考据，辨别真伪。他考辨先秦古事，一切取信于经。对战国以下的书，都认为不可全信，因而专攻古史。其《考信录》一书之大部分均草成于此时。嘉庆元年（1796）正月，忽然得选为官，出任福建罗源知县，自是由潜居而转入仕途，后调上杭县，任职期间，兴利除弊，所至皆有清廉政声。史称，他于知县任内“治官如治家，不美食，不华服，不优伶宴会，卯起亥休，事皆亲理，日与士民接见，书役禀事皆许直入二堂，兼听并观，往往谈询移晷，而无敢以私者，是以苞苴自绝，而地方百姓情形无壅蔽，从人胥役俱无所容其奸。听讼不预设成见，俾两造证佐各尽其辞而后徐折之。数年，案无枉者。”② 唯以不习于官场，乃于嘉庆六年（1801）辞归，晚年以著述自娱。

崔述所著《考信录》，主要包括《考古提要》《夏考信录》《商考信录》《丰镐考信录》《洙泗考信录》《孟子事实录》等，共 46 卷。除以上考经辨史

---

① 陈景良：《崔述反“息讼”思想论略》，《法商研究》2000 年第 5 期。

② 顾颉刚编订：《崔东壁遗书》，上海古籍出版社 1983 年版，第 941 页。

类著作外，还有《无闻集》《知非集》《小草集》等文集16卷。崔述的著作具有非常重要的学术价值，但由于无裨于科举，因而被湮没了近百年。20世纪初，日本人将《考信录》加上标点排印出来，使崔述的学术思想在日本产生重大影响。从此，崔述之学昌明于世。不久，学者胡适自海外归来，倡导新文化运动，作长传《科学的考古家崔述》。同时，还引起著名学者钱玄同、顾颉刚等的关注，将其著作重新编校出版，对近代史学界怀疑古书古事的风气颇有影响。近人汇印为《崔东壁遗书》，1983年上海古籍出版社出版《崔东壁遗书》，前有顾颉刚序，后有附录及索引。

近来学者研究崔述的法律思想，认为崔述不仅是中国古代士人中第一个公开著文反对“息讼”的人，而且是清朝乾、嘉之际儒家知识分子内部一个具有叛逆思想的人，他的思想对我们重新认识中国法律传统，乃至纠正现在流行于学界的某些结论都是极富启迪意义的。①

崔述通过分析历史上出现的争讼事件，指出自从物质财富不能满足人们的需要，各种社会矛盾就产生了，争讼也自然而然地出现了。争讼是人类社会发展变化的必然产物，它在保护个人权利、抵御邪恶势力任意侵害方面具有一定的社会作用。因此，就不应该禁止或回避争讼，也不要以道德教化取代秉公断讼。只要统治者正视争讼现象，依据法律公正地判断曲直、制裁无理伤害别人的人，司法机关的威信就会提高，采用非法手段进行争斗的现象就会减少，淳朴的社会风气就会形成。

崔述关于“息讼”的议论，主要集中于《无闻集》卷二《讼论》，文章不长，全文如下：

> 天下之患莫大乎其名甚美而其实不可行。白圭二十而取一，孟子曰：“欲轻于尧舜之道者，大貉小貉也。”许行使市贾不二，孟子曰：“物之不齐，物之情也；巨屦小屦同贾，人岂为之哉！”圣人非

① 陈景良：《崔述反“息讼”思想论略》，《法商研究》2000年第5期。

不知薄取民而一市贾之为美名也，顾以其势断不能行，姑取其美名焉而已，而人心风俗必受其大害，是以其论常不敢过高也。

自有生民以来，莫不有讼。讼也者，事势之所必趋，人情之所断不能免者也。故《传》曰：“饮食必有讼。”柳子厚曰：“假物者必争；争而不已必就其能断曲直者而听命焉。”讼之事也久矣。舜避尧之子于南河之南，天下诸侯讼狱者不之尧之子而之舜。鲁叔孙昭子受三命，季平子欲使自贬，昭子朝而命吏曰：“婼将与季氏讼，书辞无颇。”唐、虞之时何时也，诸侯犹不免于讼；昭子，贤大夫也，亦不能以无讼，然则是讼也者，圣人之所不责而亦贤者之所不讳也。两汉之世好言黄老，始有以不与人之讼博长厚之美名者，然亦其时风俗淳古，故得以自安于闾里。唐宋以降，日以浇矣，乃为士者幸藉门户之荫，不见侮于市井小儿，遂以人之讼者为卑鄙而薄之；而惮于听讼之吏因遂得以是藉口，有讼者，则以为好事，怒之责之而不为理。呜呼！是白圭之取民而许行之治市也。

何以言之？凡有血气，皆有争心。必此争而彼甘于让斯已耳，苟不甘于让则必讼之矣。故陵人者常不讼，而陵于人者常讼，其大较也。且争而甘于让者，惟贤与孤弱者耳。然理固有当让，有不当让；势固有能让，有不能让。所争者非一人之得失，则不当让。让之而争者不已，让之而争者得逞，人皆从而效之，则亦不能终让。故虽贤与孤弱者亦不能尽无讼也。夫使贤者常受陵于不肖而孤弱者常受陵于豪强而不之讼，上之人犹当察而治之，况自来讼而反可尤之乎！今不察其曲直而概不欲使讼，陵人者反无事而陵于人者反见尤，此不惟赏罚之颠倒也，而势也不能行。何者？人之所以陵于人而不与角者，以有讼可以自伸也；不许之讼，遂将束手以待毙乎？抑亦与之角力于蓬蒿之下也？吾恐贤者亦将改行而孤弱者势必至于结党，天下之事从此多而天下之俗从此坏矣！

余幼时，见乡人有争则讼之县。三十年以来不然，有所争，皆聚党持兵而劫之，曰：“宁使彼讼我，我无讼彼也！”唯单丁懦户，力不能抗者，乃讼之官耳。此无他，知官之恶讼而讼者未必为之理也。民之好斗，岂非欲无讼者使之然乎！逮至近年，风俗尤敝，里巷之间别有是非，反经悖律而自谓公；以斗伤为偶然；以劫压为小事；立后则疏族与同父无殊；争田则盗卖与祖业不异。推此而论，不可枚举。至于姑残其媳，弟侮其师，窃田禾，毁墓木，尤恬不以为怪。诉之宗族，宗族以为固然；诉之里党，里党以为固然。彼固不识字，即识字而亦不知律为何物也；不得已而讼之于官，则官以为好事而里党亦共非之。是以豪强愈肆而善良常忍泣而吞声。无讼则无讼矣，吾独以为反不如有讼之犹为善也。

昔韩文公为都县，雅重卢仝，仝为比邻恶少所苦，使奴诣县讼之，公不惟不薄仝，反称其贤而自引为己罪。彼韩公者岂独喜人之讼哉？诚少历艰难而悉寒士之苦故也。然则今之君子或亦生富贵之中，席祖父之势，居仁里，处顺境，未尝身杂保庸，目睹横逆，故不知涉世之难而妄为是高论耳；不然，何其不近人情乃至是也？

或曰：“子未睹夫讼之害耳。书役之鱼肉，守候之淹滞，案牍之株连，有听一人一朝之讼而荒千日之业，破十家之产者矣；况有讼而诬焉者乎！”曰：“此诚有之，然此谁之过耶。苟官不护其下，书役安得而鱼肉之！讼至而即听，当逮而后逮之，何淹滞株连之有哉！此乃己之不臧，反欲藉口以禁人之讼，可乎！且讼而果诬，反坐之可也；不治诬者而迁怒于他人而禁其讼，是使直者代曲者罹殃也，慎孰甚焉！”

曰：“孔子曰：‘听讼，吾犹人也，必也使无讼乎！’然则圣人之言亦非与？曰：《大学》释之明矣，曰：‘无情者不得尽其辞，大畏民志。’然则圣人所谓‘使无讼’者，乃曲者自知其曲而不敢与直者讼，非直者以讼为耻而不敢与曲者讼也。若不论其有情无情，而概以讼为罪，不使之得尽其辞，曰‘吾欲以德化民’，是大乱之道也。且无讼之治，圣人犹难之，今之吏岂惟无德且贪莫甚焉，民之相争固其所也，而欲使人之无讼，舛矣！”①

嘉庆二十一年（1816），崔述卒，享年77岁。

四、徐栋与《牧令书》

徐栋（？—1862），字致初，号笑楼，直隶安肃（今河北保定市徐水区）人。道光二年（1822）进士，授工部主事，累迁都水司郎中，曾在多个地方任知府。

《清史稿》记载徐栋“究心吏治，以为天下事莫不起于州县，州县理，则天下无不理。称州县之职，不外于更事久，读书多。然更事在既事之后，读书在未事之先，乃汇诸家之说为《牧令书》三十卷。又以保甲为庶政之纲，天下非一人所能理，于是有乡、有保、有甲。自明王守仁立十家牌之法，后世踵行，为弭盗设，此未知其本也。亦集诸说，成《保甲书》四卷”②。徐栋于道光二十一年（1841）出为陕西兴安府知府，调汉中，又调西安，“所至行保甲，皆有成效。”③ 徐栋为官期间，还注重治水和仓储：“兴安临汉江，栋补修惠春、石泉两堤，加于旧五尺，民颇苦其役。十数年后，大水冒旧堤二尺，乃感念之，肖像以祀。旧禁运粮下游，栋以兴安卑湿，积谷易霉变。既不能久储，又不能出境，图利者改种菸叶、蓝靛，歉年每至乏食。乃弛运粮之禁，民便之。”④ 后以病归乡后，在籍治团练，修省城，有诏录用，以老病辞，

① 顾颉刚编订：《崔东壁遗书·无闻集》卷之二《讼论》，上海古籍出版社2013年版，第700—701页。

② （清）赵尔巽：《清史稿》卷四七八《徐栋传》，中华书局1977年版，第13058页。

③ （清）赵尔巽：《清史稿》卷四七八《徐栋传》，中华书局1977年版，第13058页。

④ （清）赵尔巽：《清史稿》卷四七八《徐栋传》，中华书局1977年版，第13058页。

寻卒。[①]

徐栋高度重视地方政治对国家稳定的作用，他认为：“天下事莫不起于州县，州县理则天下无不理。”[②] 徐栋将前代“言刑名钱谷有书，言兴利除害有书”汇总为一书，称《牧令书》。《牧令书》原为23卷，晚清时李鸿章督两江时，令丁日昌将《牧令书》“择要删繁并为十卷，遍给吴中官吏”，旋督湖广，又“饬局重刊，以广其传”。[③]

徐栋的《牧令书》把州县政务分为18个问题，并在每个问题的前面加以按语：

> 卷一为《治原》，设官凡以为民也，而征诸民必本诸身，其道自生民以来未之或易，不明乎此而欲治民，非空谈即杂霸耳，故以治原始。
>
> 卷二为《政略》，治非一端而已，自始至终，由大而小，必先胸有成模而后可次第从事，不然措施无准，内外失宜，操刀者伤矣，盖治原其全体，政略则大用也。
>
> 卷三为《持家》，穷原者必竟委，观略者必考详，民事宜递陈矣，然有居于先者，治国在齐家，家齐于正内外之位，而制用次之，则持家其要乎。
>
> 卷四为《用人》，政非一人所能理，若幕佐、若吏胥、若家丁、若差役，皆待用之人也，用之当则事成，用之不当则事败，由治内而治外，其毋忽此。
>
> 卷五为《事上》，能用人斯能行政矣，而未也成我者惟上，格我者亦惟上，无亢无卑，不激不随，可不协于宜乎？是在所以事之。
>
> 卷六为《接下》，由上而等而下之有僚友焉？不信乎友不获乎？

① （清）赵尔巽：《清史稿》卷四七八《徐栋传》，中华书局1977年版，第13058页。

② （清）徐栋：《牧令书辑要・自序》，同治八年楚北崇文书局本。

③ （清）徐栋：《牧令书辑要・李鸿章序》，同治八年楚北崇文书局本。

上古人言之矣，是有接之之道在。

卷七为《取善》，内外理，上下得，由是掺纵在手，运用从心，以云治民，庶乎可矣。然而一己之聪明不可恃也，四境之利弊未易知也。欲时措之咸宜，必集思而广益，乐取于人，以为善此，舜之所以大与。

卷八为《屏恶》，有阳必有阴，有善必有恶，定理也。欲善吾政而不祛失，弊吾政者政何以善乎，语有之曰：屏四恶能屏恶，斯可以从政矣。

卷九至卷十《农桑》，自治原以及取善屏恶，皆所以为民而犹未及乎，民及民之政，分之有万端，约之祗二事：曰教与养而已。而养又为教之本，咨十二牧首以食，陈三八政统以农，此老生常谈，实经世宝训也。

卷十一《赋役》，上有以养民，民即有以养上，赋役是也，赋役不均，民无鸠矣，奚以养？

卷十二至卷十四《筹荒》，养民之政，有常有变。时和岁丰，其常也；旱干水溢，其变也。常而不计其变，变而无以通其变，又奚以养？

卷十五《保息》，常变交济，斯缓急有需，养民之政，不亦全乎？然有贯注乎常与变而为政之所不可缓者，周礼之保息是也。能保息然后能养民矣。

卷十六《教化》，富而后能谷，民之道也；畜而受以履，政之经也。既养言教，以教全养，尚有异义哉？

卷十七至卷十九《刑名》，近今言政，特重刑名。以为官之考成所系，人之生死所关也。而吾谓所宜重者，尤在弼教以明刑，《书》曰祥刑，又曰刑期于无刑，岂尚申韩之术者所能哉。

卷二十《戢暴》，奸猾窃盗，不尽泯于刑措之时，锄莠安良，政之大者也，故父母斯民者任安全之责，不可无整饬之方。

卷二十一《备武》，兵可百年不用，不可一日不备，太平之世，文恬武嬉，偶有不虞，辄致束手，问此时所为教者安在乎？所为养者又安在乎？刑以齐民，兵以卫民，兵所以辅刑，即所以辅养与教也，岂修文事而可弗讲武备乎？

卷二十二《事汇》，外攘内安，斯教养裕而政无余矣，顾致用不厌其详，而推类必要于尽，凡有事关牧民，而分之不能悉分者，总归一编，附于各类之后，曰事汇，庶无分之不备之憾云。

卷二十三《宪纲》，《牧令书》曷以列宪事也，亲民者州县能使，州县亲民者上官，州县每视上官为转移，天下若皆知人善任、尽心民事之上官，天下安有不治之州县哉？故以宪纲终焉。

《牧令书》辑录清初至道光年间地方官行政时的文告、政论文等，与乌尔通阿《居官日省录》、陈宏谋《从政遗规》、方大湜《平平言》并称为清代四种著名官箴书。而徐栋的《牧令书》更以教育地方官为目的，《牧令书》自序中说：“称州县之职，不外于更事久、读书多，而多读书尤要。盖更事在既事之后，读书在未事之先，且读书虽为更事，而可收更事之效，所谓前者为后事师也。昔贤有见乎此，言刑名钱谷有书，言兴利除害有书，甚至记功过谈因果有书，当事者皆可奉为龟鉴矣。”① 《牧令书》杨以增序中记载徐栋经常将《牧令书》拿给朋友传阅：“同岁生徐致初太守官水部时著有牧令书，常出以相示。”徐栋的《牧令书》除了给出所辑文字的出处之外，还对一些必读书进行了重点介绍：“《州县事宜》为钦颁之书，应与《会典》《律例》《洗冤录》等书同奉全编以为法守。”其中刑名部分，介绍了关于命案、强盗、盗窃、抢夺、窝藏、贼案、诬良、放火、诱拐、奸情、婚姻、继承、赌博、私盐、私雕假币、私铸钱等二十多种犯罪的概念及侦察方法。杀人案有劫杀、

① （清）徐栋：《牧令书辑要・屏恶》，同治八年楚北崇文书局本。

谋杀、故杀、斗杀、戏杀、过失杀等区别。《屏恶》中对吏的廉洁自奉作了强调：“廉能之吏，上司贤之，百姓爱之，身名俱泰，角度常觉宽然。”①

学者认为从时人对《牧令书》的评价来看，该书具有如下特点：一是实用性强，《牧令书》例言称，“立言贵致用，凡宜古不宜今，与夫冷而寡当者，概置弗录”；二是现实感强，此书刊行之前曾有“高安朱文端公辑历代循吏传，始汉终元皆录旧史，并取散见他书者以附益之，而未及于昭代”，与之相比，《牧令书》所辑则为清代官员与幕友的著述，贴近现实；三是针对性强，虽然“吴江陆朗甫中丞《切问斋文钞》、长沙贺耦耕制府《经世文编》于我朝循政良规搜罗宏富，然非专为牧令言也”，而《牧令书》是专门服务于地方官员的。可以说，《牧令书》是清代地方官员必备知识的一次总结，正如《读律心得》后叙中所指出的：“国朝之论州县者，自田端肃公、李敏达公《州县事宜》外，裕忠靖公引申之为《州县当务》，至徐太守栋汇为《牧令书》，其言尽详。”为该书作序的杨以增认为它“博采旁收，辞归简要”，具备“三善”：其一，刚入仕途的官员都讲究学治，但是他们缺乏经验，不谙世事，理想抱负无法施行，满腹古训也派不上用场。对于这些人来说，《牧令书》条分理合，明白易懂，即便是中等智识的人也可以努力领会应用。其二，坊间虽然也有些专门讲究名法的书籍，但往往以刁钻狡诈为能事，在心机技巧上下功夫，目的是陷无辜之人于有罪。而该书却从学术的角度出发，通过讲解治事的道理来达到善政的目的。其三，常规事务做起来容易，突发事件则难以应付。该书不但辑入如何应对水旱盗贼的方法，而且还将筹荒、戢暴、备武等内容包括进去，并以《保甲书》作为总纲，如果地方官员平时能够潜心研习，遇事就不致举措不当。②

中国古代封建社会保甲制度是社会控制的重要手段，源于战国时期商鞅

① （清）徐栋：《牧令书辑要·自序》，同治八年楚北崇文书局本。

② 张小也：《儒者之刑名——清代地方官员与法律教育》，载《法律史学研究》第一辑，中国法制出版社2004年版，第183—184页。

创立的“什伍连坐制度”，唐朝发展为“里邻制度”，北宋王安石变法中正式形成保甲制度。清朝全国范围内实施保甲制度，是推行保甲制度力度最大、规制最详备、施行范围最广泛的王朝。徐栋于道光二十八年（1848）镌刻的《保甲书》，又名《保甲书辑要》，是继其《牧令书》之后的又一部重要《功令书》，共4卷。刻书专述保甲制，保甲制度作为一种基层社会制度，出现在宋代。原来的设计主旨是强化军事力量，实行后却演变成重在弭盗的联防组织。因实行这一制度有利于官方对民间社会的管理和控制，陆九渊、王守仁都曾推广实行。清代以降，保甲成为乡村的正式制度。此书辑录有明清时期许多地方官员关于保甲事务的章程、告谕，分为《定例》《成规》《广存》《原始》四卷，《定例》辑自《户部则例》和《刑部条例》。徐栋云：“卷首定例，尊今也；次成规，备式也；次广存，充类也；终原始，鉴古也。”① 可见其内容不局限于当时的定例成规，不仅对于晚清的保甲制度记载详备，而且广征博引，追本溯源，收集了唐宋以来与保甲制度相关的法律规条及其他材料，为探讨保甲法的起源沿革提供了丰富的史料，对了解清代地方治政有相当的参考价值。因而后来《保甲书》为清政府多次翻刻。

第三节 明清时期直隶畿辅地区民间法律文化传统的历史嬗变

元、明、清三代，河北地区成为陪辅京都的“畿内巨州”，安定腹里成为主要政治任务，地方治安成为官员施政重点，“首善之区”成为施政目标，燕赵地域文化进入平淡期。燕赵地域文化的平淡化是政治平稳要求的结果，形成了重稳定、求和谐的新的法律文化传统。《畿辅通志》对历代史籍中燕赵地域风俗习惯的记载作了汇编，概括性地反映了明清以降河北的法律文化：

① （清）徐栋辑，张霞云校点：《保甲书》自序，安徽师范大学出版社2012年版。

“汉以后史传多谓习于燕丹荆轲之遗风，忼慨悲歌，尚任侠矜气勇，然其性资之质直、尊吏畏法、务耕劝织则历代所不易也。”①

关于燕赵地域法律文化的传统特点，尚未有学者作出概括。清代《畿辅通志》对历代史籍中燕赵地域风俗习惯的记载作了汇编，本书选取元、明、清三代史籍对燕赵民风中有关法律文化的记叙，从中可以初步总结出燕赵古代法律文化传统的一些转变。

一、关于燕赵地区豪迈与勇武之风的记叙

宋辽金时期，大河之北作为中原农耕文明与塞外游牧及东北渔猎文明对峙的前沿，形成勇武民风，“悲歌感慨”则成为地域文化的主要特征，在全国范围内得到认可。欧阳修曾作《边户》诗描述宋朝河北边境百姓的生活：“家世为边户，年年常备胡。儿童习鞍马，妇女能弯弧。”② 王禹偁描述真定的情况：“近世边郡骑兵之勇者，在上谷曰静塞，在雄州曰骁犍，在常山曰厅子。皆习干戈战斗而不畏懦者也。闻敌至，或父母辔马，妻子取弓矢，至有不俟甲胄而进者。”③ 河北地区逐渐形成“人性质厚少文，多专经术，大率气勇尚义，号为强忮。土平而近边，习尚战斗”④ 的民风。河北百姓长期崇尚武力，任侠仗义，“耻怯尚勇，好论事，甘得而忘死，河北之人殆天性然。”⑤

宋人黄裳《安肃军建学记》作“燕国多悲歌感慨之士，遗风余俗，犹有存者”⑥。金人段克己《送李山人之燕》作“每遇杯酒间，辄击节悲歌，感慨

---

① （清）李卫：《畿辅通志》卷五五《风俗》，景印文渊阁《四库全书》本，台北商务印书馆1983年版，第505册，第276页。

② （宋）欧阳修：《欧阳修全集》卷五《边户》，中华书局2001年版，第87页。

③ （宋）王禹偁：《小畜集》卷一四《唐河店妪传》，景印文渊阁《四库全书》本，台北商务印书馆1983年版，第1086册，第132页。

④ （元）脱脱等：《宋史》卷八六《地理志二》，中华书局1985年版，第2130页。

⑤ （元）脱脱等：《宋史》卷二八四《宋祁传》，中华书局1985年版，第9597页。

⑥ （宋）黄裳：《安肃军建学记》，见《全宋文》第103册，巴蜀书社1991年版，第334页。

泣下”[①]。元人刘因《七月九日往雄州》作“秋声浩荡动晴云，感慨悲歌气尚存”[②]；《吊荆轲文》作“古称燕赵多感慨悲歌之士。”[③] 元王恽说：“燕赵自昔多豪迈慷慨之士，虽时移俗易，不复于古，而海山沉雄，通贯斗极，钟灵孕秀，间亦见其人焉。”[④] 元人郑玉《送汪德辅赴会试序》作“燕赵多悲歌感慨之士”。再如，明人黄佐《北京赋》作“固多彬彬文雅之士，而感慨悲歌者亦任侠而成群”[⑤]，明人孙绪《清河县重修庙学记》作“清河古赵区，悲歌感慨之风宛然犹在”[⑥]，等等。可见，“悲歌感慨”在经历后世文人学者的弃贬扬褒的论述后，已经成为燕赵地域文化的典型风格述事。“可知自从战国末年以后，‘慷慨悲歌’确实已成为燕赵之地所专有，直到清初延续二千年而不改的独特文化风格，成为燕赵文化的独特标志和主要特征，古往今来一向受到人们的仰慕，被天下有志之士视为典范。”[⑦]

清代《畿辅通志》对燕赵地区豪迈与勇武之风的记叙如下：

顺天府

人多豪侠，习于戎马。《元志》

人多技艺，秀者读书，次则骑射，耐劳苦。《畿辅旧志》

士人文雅沈鸷而不狃于俗，感时触事则悲歌慷慨之念生，犹然燕丹遗烈；闾巷佣贩之夫，亦莫不坚悍不屈，硁硁然以急人为务，

① （清）康熙：《御定全金诗》卷五六《送李山人之燕》，景印文渊阁《四库全书》本，台北商务印书馆1983年版，第1445册，第726页。

② （元）刘因：《静修集》卷一五《七月九日往雄州》，景印文渊阁《四库全书》本，台北商务印书馆1983年版，第1198册，第605页。

③ （元）刘因：《静修集》卷二二《吊荆轲文》，景印文渊阁《四库全书》本，台北商务印书馆1983年版，第1198册，第650页。

④ （元）王恽：《总管范君和林远行图诗序》，见《全元文》第6册，凤凰出版社1998年版，第194页。

⑤ （清）康熙：《御定历代赋汇》卷三六《北京赋》，景印文渊阁《四库全书》本，台北商务印书馆1983年版，第1419册。

⑥ （明）孙绪：《沙溪集》卷四《清河县重修庙学记》，景印文渊阁《四库全书》本，台北商务印书馆1983年版，第1264册，第528页。

⑦ 张京华：《燕赵文化》，辽宁教育出版社1995年版，第258页。

无阘茸呰窳之习。《郡旧志》

走集之交，聚会之所，习为商贾，勇于奔竞，喜声名者有雄桀之风，好诗书者多慷慨之致。《通州旧志》

涿鹿之区，水深土厚，风气高寒，草木则肤厚干强，鸟兽则羽劲毛氄。其人君子则高明直亮，小人则醇朴坚强。《涿州志》

其俗朴野愚钝，倔强不肯屈折。……人尚凉薄，俗习纤啬，与诸营屯接壤，有军卫风。《霸州旧志》

俗悍而漓，性沈而挚。《蓟州志》

执正不阿，追燕市悲歌之节，有赵人慷慨之风。《文安县志》

壤土块垒，地气冽寒，生其间者，材技豪劲，习尚淳朴。《顺义县志》

永平府

人尚义勇，节俭务农。《元志》

人多刚猛而尚才，勇士好礼让。《卢龙县志》

负气任侠，慷慨激壮。《山海关志》

弦诵风微，技击习炽。《山海关志》

保定府

民质朴劲勇。《畿辅旧志》

俗熏京兆之华，人带塞垣之武。《新城县志》

燕赵之俗悍而漓。《祁州志》

风土深厚，民性朴质，多忠信义烈之士。《高阳县志》

新安虽居渥水之间，而山脉水源发自燕冀，其人多刚介慷慨，尚朴略而少文华，淳厚之风相沿成俗。《新安县志》

天津府

廉耻成风，志士鼓义。《沧州志》

好经术，矜功名，务农桑，崇学业，文物彬彬，而豪悍之习自若。《庆云县志》

正定府

当燕赵之交，土广俗杂，人习文武，雄于河朔。明邓元锡《函史》

风物繁衍，地广气豪，文士彬彬，武夫行行。《正定厅壁记》

人物雄豪。《明统志》

土平民强，英杰所利。《畿辅通志》

慷慨轻生，刚毅任侠，信鬼尚祈，嗜游弛业，犹不免燕赵之故俗。《无极县志》

藁居太行之东，人物豪雄，多慷慨，尚义节。《藁城县志》

顺德府

急公后私，矜尚节义，燕赵慷慨之气习犹存。《唐山县志》

广平府

务学力农，淳厖勤俭，间有重气侠尚奢浇者。《郡志》

民俗殷富，人性浇悍。《成安县志》

侠烈之气，远过邻封。《清河县志序》

冀州

质厚少文，气勇尚义，号为强忮。《州志》

衡介燕赵间，士多慷慨。《衡水县志》

定州

俗敦淳朴，人务农桑，有勤俭之风，多慷慨之气。《州志》

由以上记叙可以看出，直至清代，民众普遍认为慷慨之气习是燕赵地域文化的重要特点，这一点自然是从慷慨悲歌的文化传统演变而来的。

二、关于燕赵地区民风的否定性记叙

顺天府

家无儋石而饮食服御拟于巨室。《郡旧志》

保定府

地狭而瘠，又迩沙滱。滹沱三河，每际水涝，易生盗贼。《祁州志》

河间府

民多豪黠，号称难治。《府碑记》

俗尚祈祷，信鬼神。《莫州图经》

天津府

民性淳厚，俗信鬼神。《兴济县志》

侈文信鬼，椎贩时有。《盐山县志》

正定府

好祈祷，信鬼神。《元氏县志》

慷慨轻生，刚毅任侠，信鬼尚祈，嗜游弛业，犹不免燕赵之故俗。《无极县志》

人悍难治。邓元锡《函史》

赵州

人不思远，家无素蓄，轻生嗜利，男女讼牒，攘臂一呼，易为震动。《赵州旧志》

隆俗刚劲，每喜斗而轻生。《隆平县志》

对燕赵地区民风的否定性评价多见于方志旧记，其中主要有三方面：一是有奢侈之风，二是有民间宗教传播的土壤，三是部分地区曾有好讼之风。

三、关于燕赵地区民风的肯定性记叙

顺天府

房山密迩京师，僻处岩薮。士民质朴，专务耕读，不习末艺。《涿州志》

淳而少讼，朴而无华。《昌平州志》

资性躁劲，习为质直。士重科第，民乐耕织。《文安县志》

风气浑纯而民俗质直。《东安县志》

人性质而好刚，直而不校，士习儒业，农勤稼穑。《东安县志》

婚姻以时，随其贫富，丧祭惟礼，称其有无。不事浮靡之习，颇有笃实之风。《保定县志》

永平府

孝义为先，质朴相沿，勤于毓材，趋于稼穑，洋洋乎美哉，是三五之淳风也。《府旧志》

性质朴茂，习尚礼让。元《乐亭学记》

古称夷齐廉顽起懦而滦乐为桑梓之乡，其被化尤切。《乐亭县志》

荐绅率恬让，章逢多质朴，编民类椎鲁，其耕稼纺绩，比屋皆然。《乐亭县志》

士敦本实，绝浮夸，齐民厚愿少文，输将早办，无逋赋之苦。《昌黎县志》

务本力作，不习奸伪，古心未凿。《迁安县志》

山环水抱，人多秀而知学。《玉田县志》

人心质朴，古风独存。《玉田县志》

负气任侠，慷慨激壮。《山海关志》

朴而野谨，约而不浮，士敦信，农弃末，工贾罔尚淫艳。《滦州志》

保定府

俗产英材，土无奇货，民务农桑。《郡旧志》

土阜民厚，山川秀丽，家尚礼义。元张肯田《记满城县》

民性朴直而勤于耕桑，士习谨厚而乐于弦诵。《满城县旧志》

俗尚质朴，民务农桑，士敦学业。《定兴县旧志》

春之日，男駈犊，女操筐；秋之日，圃坻积，机云联。《博野

县志》

邑据要冲，桑麻万井，章甫华胥，盖古仁让之域。《庆都县旧志》

山居之民，力本耐劳，习尚俭朴，士无鲜衣，女无冶容，居无丹垩，有陶唐遗风。《唐县志》

男勤耕作，女勤纺绩，依山樵采，柴扉粝食，朴野质戆。《唐县志》

男务农桑，女勤织纴，服饰婚丧，俱崇朴素，虽大族亦然。《蠡县旧志》

雄，泽国也，为三辅要地，俗勤俭，男耕读，女蚕桑。《雄县志》

士勤泫诵，而秉耒泽畔，尚于于有古风。《雄县志》

人习凿轮之巧，家语种树之书。《祁州志》

男尚争竞，女巧机织，俗称强悍。《束鹿县旧志》

安州古濡阳，地居九河下流，每岁禾稼将登，水至洊没，虽苇荻菱芡亦鲜成熟。百姓以渔樵为生业。《安州志》

河间府

古称礼义之国，在三辅之内，文物衣冠之盛，比于邹鲁。元李继本《送董景宁序》

人多贵德，俗皆淳朴。《郡旧志》

寡求不争，有古人风。元《献州志》

士林雅重廉介，妇女知贵孝诚。《阜城县志》

地僻民淳，简朴易理，士类服驯教化。《肃宁县旧志》

诵读成习，耕桑为业。《任邱县志》

民淳讼简，不相凌暴。《交河县志》

民庶而富，俗敦而龎。明李东阳《宁津县碑记》

沃野平畴，风俗淳厚。《宁津县旧志》

文武忠孝，代不乏人，密迩齐鲁，渊源洙泗。《景州学记》

民淳讼简，无强暴相凌之风。《景州旧志》

风俗淳厚，人心古朴，其君子文章都雅，其小人稼穑勤劳，差称近古。《吴桥县志》

地平衍有斥卤，民乐农耕，俗耻斗讼。《故城县志》

东光地虽不广，而民事勤耕；户虽不多，而士知尚学。《瀛州志》

天津府

民性淳良，俗皆淳朴，以农桑为先，务以诗书为要领。《天津卫旧志》

其民质朴，不事浮华，男勤稼穑，女务蚕桑。《元清州志》

勤农桑，尚祈祷，家少余积，人敬长上。《静海县志》

士风恬退，子弟谦谨。《南皮县志》

正定府

文武将相之储，经术词章之薮。《燕南题名记》

土平水深，俗故质朴，前代称冀幽之士钝如椎，盖信有此。《郡旧志》

荐绅先生，抗言厉志，好尚儒学，犹有先古遗风。《正定县志》

地秀人杰，风淳俗美，号称礼义之邦。明程师伊《重行唐文庙记》

民安俭陋，冠昏蜡社，外无游逸之饮。《灵寿县志》

士风耻入公门，民俗多尚淳朴，从令如响，质任自然。《平山县旧志》

士重科目，民乐耕桑。《元氏县志》

质朴尚义，务本力农。君子崇道义，小人尚廉耻。《旧志》

顺德府

争讼不挠官司，贫富相尚周恤。《郡志》

邢襄素号文献之邦，英材蔚起，彬彬称甚。李嘉允《顺德府学

田记》

民俗醇厚，稼穑维勤。吴珂鸣《邢邑刱建义学记》

商旅之所辏集，衣冠士夫之所游处，民繁物富，地广务殷。明王云凤《邢台谯楼记》

其土厚，其水深，人勤稼穑，尚儒学，重节义。明郭纴《乡贤祠记》

俗变几鲁，为礼义邦，号易治。《南和县志》

君子好义，小人力田。《南和县志》

男力稼穑，女勤织纴，虽土瘠人贫而急公恐后，油然有亲上之义焉。《广宗县志》

昔称忮诈稚掘，今则急上而力农；昔称弹弦跕躧，今则纺绩而宵作。《巨鹿县志》

广平府

风俗循美。《善政楼记》

广平为畿南郡，土厚俗淳，士重然诺，先王之遗风，犹有存者。石珤《修学记》

人性质直，尚俭约，勤稼穑织纴。《畿辅通志》

其俗好义，其人甚果。《郡志》

广邑风气，雄劲深忱，大都矜气节，敦礼让，务本业，多畜牧。《广平县志》

任质无伪，尤为近古。《邯郸县志》

风俗淳美，务农力学，衣冠礼仪，为邻邑首称，人性多敦厚而过于持重。《威县旧志》

清河俗称淳龎勤俭，户习诗书，婚姻丧葬相救恤，颇为近古。《清河县志》

滏阳勤于营生，俭于费用。《图经》

土浊人稀，习尚敦厚，雅重儒学，颇有古逊畔之风。《磁州志》

磁之为郡，民素淳愿，良吏治之，则事易集。卢明理《滏阳记》

易州

士敦简略，不事浮华，然好学力文者不多见，故科目如晨星焉。《涞水县志》

民风质朴，男不游惰，女不冶容，专务力于农桑。《明一统志广昌县志》

冀州

幅员百里，厥土白壤，宜树宜艺。谷足食，秸足刍，木棉梨枣之饶，估客转贩，岁入不赀，十亩之田，一夫力作，可赡卒岁。明邢侗《南宫旧志》

人皆纤啬节俭，男子给佃作，女子工针绣，即贫弱无甚冻馁。明邢侗《南宫旧志》

新河俗专务本，士不倦学，科目时闻，农不怠耕，水旱无忧。敦朴茂而厌浮华，尚礼义而少机械。《新河县志》

民淳俗厚，不尚浮靡，士习其业，农勤于耕。《武邑县志》

赵州

山川环萦，风俗朴茂。《赵州题名记》

地属畿辅，政教渐靡，日趋文雅。《赵州旧志》

性多敦厚，务在农桑。《柏乡县志》

甘澹薄，崇节俭，虽地瘠民贫，犹为易治。《临城县志》

文物鲜华，衣冠济楚，冠婚丧祭，备物尽文。《宁晋县旧志》

深州

士志约而行方，民性淳而情愿。《饶阳县旧志》

地狭民朴，俗无嚣讼。《饶阳县碑记》

士夫淳笃，百姓朴实，犹为近古。《安平县志》

士乐孝友，敦诗书；民力织作，勤畎亩。《熊峰文集》

定州

果于行义，号为厚俗，第人无远虑，农桑外不事商贾，秋禾遗穗则箫鼓连邨，春事转空则券书络绎。《州志》

男勤耕凿，女勤纺绩，布衣粝食，朴厚而直有唐尧之遗风。《曲阳县志》

地杂沙壤，家鲜蓄藏，而民无夙负。《深泽县志》①

从古代官员对燕赵地区明清以降民风的记叙，可见朴实无华、不习奸伪、服驯教化、各务本业成为最重要的评判价值。同时也记叙了各地民风转变的过程：如“昔称忮诈稚掘，今则急上而力农，昔称弹弦跕躧，今则纺绩而宵作”，“旧尚奢侈，信巫鬼，今渐有古风”，“政教渐靡，日趋文雅”，“旧尚奢侈，信巫鬼，今渐有古风”，由此可见燕赵地区在成为畿辅直隶之后，其地方治理所产生的社会效果。民风的平淡与淳朴，从另一方面来看，也就呈现地域文化趋于平淡的现象，这种民间风气的影响深远，“老实忠厚”渐渐成为现在河北地域的重要人文表现。②

① 以上见（清）李卫《畿辅通志》卷五五《风俗》，景印文渊阁《四库全书》本，台北商务印书馆1983年版，第505册，第277—288页。

② 倪建中、辛向阳主编：《人文中国：中国的南北情貌与人文精神》，中国社会出版社2008年版，第333—361页。

第七章　从晚清至民国：燕赵地域成为“法学东渐”“以兵强国”的新政实验场

河北古代的历史多次证明，在北京建都之后，河北与北京在政治文化上有主从关系，北京为主，而河北随之。但是在社会动乱、中央政府统治力下降时，京津冀地区则常常突破原来政治上的属从关系，与中央政府休戚与共、荣辱共进，成为一体。

1894 年中日甲午战争之后，中国陷入帝国主义瓜分的深重危机，地方自治运动兴起，京津冀地区的政治联结更加紧密。鸦片战争之后，天津成为“洋务运动”的中心，并作为直隶总督兼北洋大臣的驻地，外交地位和政治地位相当突出，甚至被外国人视为中国的“第二政府”。

光绪二十三年（1897）夏，沈家本由天津知府调任直隶首府保定知府。次年，保定发生了“北关教案”。当时甘肃军队董福祥部驻保定，保定天主教堂在保定城北关，占地约 16 亩，平房 40 余间。董福祥部士兵进入天主教堂院内，遭法国神父杜保禄的阻止，双方发生了口角。杜保禄受伤，向北京天主教总堂主教樊国梁上诉，诬称教堂已被破坏。法国逼迫直隶总督兼北洋大臣荣禄订立赔换合同，将保定城内旧清河道署与北关简陋的教堂对换，并得偿 5 万两白银。按中法双方约定，不改变旧道署的建筑面貌，但最终法方却将此处改建成法式楼房，甚至想侵占西邻的保定府衙的土地，遭到直隶按察使沈家本坚决抵制。1900年10月，八国联军占领北京、天津后，德、意、法、英四国联军又侵占了直隶省会保定，以“纵容资助义和团”将清朝保定官员拘押，并在保定直隶总督署大堂上审判保定官员。英军提督等端坐在总督署大堂正中，清朝官员沈家本等则被五花大绑，跪在大堂。最终判决中国直隶总督廷雍等3人死刑，沈家本被革职并判刑5年。1901年8月，四国联军才陆续撤离保定。

1911年武昌起义爆发后，在南方各省纷纷宣布独立的形势下，仅“直隶安堵如常，不为所动”，直隶末代总督陈夔龙（1857—1948）以忠君报国“激励文武寅僚多方镇抚，党人有煽乱滋事者，一经侦察属实，拿获到案，严惩不怠”①。正是因为这种政治上的一致性，使清末民初京津冀地区结为一体，而直隶也成为清朝维新变法的主要实验场所。

第一节　清末新政时西法东渐，燕赵地域成为中国新式法律教育的中心

20世纪初，资产阶级改良主义的维新运动开始在中国大地兴起，摇摇欲坠的清王朝为形势所迫，欲效仿日本走“变法维新”之路。京津与直隶地区成为由政府主导、以保留皇权为政治前提的法律变革运动的实验场，这主要体现在两个方面：一是京津与直隶是中国法学近代化的主要发生场所；二是中国近代警政，也主要起于京师与直隶地区。“凡将校之巡练，巡警之编制，司法之改良，教育之普及，皆创自直隶，中央及各省或转相效法。”②

光绪二十二年（1896）五月，刑部侍郎李端棻向光绪皇帝呈送《时事多

① 陶菊隐：《北洋军阀统治时期史话》第一册，生活·读书·新知三联书店1978年版，第116页。

② 徐之霨：《〈养寿园奏议辑要〉跋》，沈祖宪辑，台北文海出版社1966年影印版。

艰，需才孔亟，请推广学校以励人才而资御侮折》，提出京师以及各省府州县都应设立学堂。面对甲午中日战争的惨败，1898 年 6 月光绪皇帝颁布《定国是诏》，明确指出“京师大学堂为各行省之倡，尤应首先举办”。1901 年 1 月，光绪皇帝颁布上谕，决定实行新政，当时有识之士认为“外国之所以富强者，良由于事事皆有政治法律也”①，因而变法修律是实行新政的重要方面。1905 年 12 月，以镇国公载泽为首的五大臣出洋考察西方列国的宪政，次年 7 月回国后，旋在北京法华寺辑成《列国政要》133 卷、《欧美政治要义》18 卷，呈请朝廷实行君主立宪。1910 年（宣统二年），清修订法律大臣沈家本建议废止凌迟、枭首、戮尺、缘座、刺字、笞杖等一系列酷刑，用修定的《大清现行刑律》取代《大清律例》，并参照西方和日本的刑律，制定了适合君主立宪政体的《大清新刑律》。

1902 年中国成立三所国立大学——京师大学堂、北洋法政学堂、山西大学堂，都开设了近现代法学课程。京师大学堂管学大臣张百熙将大学堂分为预备科（简称预科）、大学专门分科和大学院三级。预科又分政、艺两科，政科包括经史、政治、法律、通商、理财等。

20 世纪初的法律教育改良，由于是清政府自上而下举行的变革运动，因而其办学思想有很大的保守性。大学士孙家鼐在《遵议开办京师大学堂折》中说：“今中国创立京师大学堂，自应以中学为主，西学为辅；中学为体，西学为用；中学有未备者，以西学补之；中学有失传者，以西学还之。以中学包罗西学，不能以西学凌驾中学。”②

改良之后，京师大学堂成为引领全国大学教育的标尺。③ 1905 年 4 月伍廷芳与沈家本奏请在京师专设法律学堂，是为晚清全国开办法政学堂之先声。

---

① 《大清法规大全·教育部》，第 1 卷《学堂章程·学务纲要·参考西国政治法律》，高雄考证出版社 1972 年版，第 1143—1145 页。

② 《中国近代史资料丛刊》，载《戊戌变法》第 2 册，上海书店出版社 2001 年版，第 426 页。

③ 夏邦：《黄旗下的悲歌：晚清法制变革的历史考察》，合肥工业大学出版社 2009 年版，第 114 页。

地方人士对法律也很重视，“环球各国立约均以法文为准绳，故法文无论何人不可不通。”①

京师大学堂法政科法律门课程主要有②：

主课	法律原理学
	大清律例要义
	中国历代刑律考
	中国古今历代法制考
	东西各国法制比较
	各国宪法
	各国民法及民事诉讼法
	各国刑法及刑事诉讼法
	各国商法
	交涉法
	泰西各国法
补助课	各国行政机关学
	全国人民财用学
	国家财政学

光绪三十二年（1906）夏，直隶总督袁世凯仿照日本法政学堂，奏请清廷批准在天津创办“北洋法政学堂”，该学堂以“改良直隶全省吏治、培养佐理新政人才”为宗旨，成为各地办学参考的一个范例。天津“北洋法政学堂”对中国近代法学教育产生了巨大影响。北洋法政学堂效仿西制，分为速成科与专门科两类，速成科学制一年半，主要为政府短期培训急需的法律人才。速成科又分为“绅班”（行政科）和“职班”（司法科），绅班专收直隶地方保送的士绅，以培养地方自治人士为主。职班专收外籍有职人员，主要是培

① 清光绪三十四年（1908）《东方杂志》第1期《省城设立法文学社》。

② 刘光宇：《清末法律教育课程设置研究》，首都师范大学2008年硕士学位论文，第18页。

养专业律师。“在正科三年中，专业课设置以政治专业为例，必修科目包括中国的《大清律例》、《大清会典》、宪法、民法、刑法、国际公法、私法、商业、银行、货币、商法、地方自治、西方政治学、财政学、经济学、应用经济学、社会学、政治哲学、政治史、外交史、通商史、统计等，多达 30 余科。”① 因而天津北洋法政学堂被评价为中国近代法学教育的先导。1911 年“北洋法政学堂”改称“北洋法政专门学校”。1914 年 6 月，直隶省当局决定将保定法政专门学校、天津高等商业专门学校并入“北洋法政专门学校”，改称“直隶公立法政专门学校”，设法律、政治、商业三科。1928 年改称“河北省立法政专门学校”。

北洋法政学堂是中国近代史上传播反帝反封建先进思想的阵地，中国共产党创始人李大钊同志 1907 年考入该校，为专门科第一期学生，抗日爱国将领张自忠也曾是法政学堂的学生。李大钊在 1923 年参加母校 18 周年校庆纪念会演讲中曾做过这样的评价：“那时中国北部政治运动，首推天津，天津以北洋法政学堂为中心。”②

1901 年清政府重新将设立法政学堂一事提上日程后，实行新的学科分类。1901 年，张之洞等人以日本学制为参照，以“中体西用”原则为指导，提出“七科分学”的大学分科方案。该方案指出，大学应该分设经学、史学、格致学、政治学、兵学、农学、工学等七科，其中法律属于政治学一科。1903 年，张之洞会同张百熙等人制定了《奏定京师大学堂章程》等，张之洞等提出了“八科分学”的方案，即在原有七科之外，重新加入经学科。

1913 年，民国教育部公布《大学令》等文件，对大学设置的学科门类进行原则性规定，大学分为：文科、理科、法科、商科、医科、农科、工科等七科。自此“七科之学”定型。“按照学科标准以文、理、法、医、农、工、

---

① 兰绍江：《中国近代法学教育的先导——天津北洋法政学堂》，《天津市政法管理干部学院学报》2005 年第 1 期，第 31 页。

② 李大钊：《李大钊文集》下卷，人民出版社 1984 年版，第 698 页。

商七科为骨干建构起来之知识系统。”①

清末民初的法律教育脱胎于日本模式，1912年10月教育部公布《法政专门学校规程》，规定：法政专门学校以养成法政专门人才为宗旨，本科设法律学门、政治学门和经济学门。法律学门的必修课程为宪法、行政法、罗马法、法制史、刑法、民法、商法、破产法、刑事诉讼法、民事诉讼法、国际公法、国际私法等。选修课设刑事政策、比较法制史、财政学、国法学。②

第二节 晚清时期直隶警政大规模创兴，新式警察法规体系开始形成

清光绪二十六年（1900），“俄国、德国商人在张家口大境门外所设行栈，被义和团焚烧。同年十一月，清政府迫于俄、德政府要派兵驻防的压力，参照上海租界巡捕办法，制定章程，在张家口外商居住地设立警察，维护外商居住地的安全。”③

清末直隶警政最先在保定、天津两大城市大规模创兴。“清末巡警制度的建立从其建立至清亡前后共10余年，时间虽然不长，规模也不大，可其在客观上是中国警政近代化的开始。”④

1900年5月28日，八国联军侵华，占领天津和北京。1901年，八国联军退出北京。1901年8月，清政府聘用日本人川岛浪速为监督，开办京师警务学堂，这是中国创办最早的警察教育机构，课程设置有“大清律”“警务规则”“国际警察法”“监狱法”“伦理”“日本警察宪纲权限”“日本刑法”等。

《辛丑条约》蛮横规定“距天津20里之内，清国不得驻屯军队”，清政府

① 左玉河：《从四部之学到七科之学：学术分科与近代中国知识系统之创建》，上海书店出版社2004年版，第6页。

② 汤能松：《探索的轨迹：中国法学教育发展史略》，法律出版社1995年版，第247页。

③ 河北省地方志编纂委员会编：《河北省志》第71卷《公安志》，中华书局1993年版，第1页。

④ 王飚：《袁世凯与近代巡警制度》，《湖南公安高等专科学校学报》2001年第5期，第77页。

必须拆除大沽炮台和从大沽到北京沿线的全部炮台。出于遵守条约而又控制局势的考虑，袁世凯奏请在天津和保定设立巡警局，得到清廷批准。袁世凯派遣凌福彭率领袁世凯亲自挑选的三千北洋新军，以警察维持治安的名义，从八国联军手里收复天津城。

光绪二十八年（1902）4 月，鉴于“直隶自庚子以来，民气凋伤，伏莽未消，亦非遵旨速行巡警不足以禁暴诘奸，周知民隐”①，袁世凯于 1902 年 5 月在保定创办巡警局，以赵秉均为总办，并创办了保定巡警学堂，参照“东西成法”培训官警。为了扩大规模和影响，袁世凯又创办天津巡警学堂，1903 年底将保定巡警学堂并入，更名为“北洋巡警学堂”，“成为仅次于京师的全国第二大警察教育基地。”②

袁世凯由此创设了中国历史上第一个巡警制度和第一所警官学校。

1905 年 9 月，革命党人吴樾在北京正阳门车站用炸弹轰炸出洋考察政治的五大臣，举朝震惊，清朝决定在中央设置警巡部，这是中国最早的中央警察机关。巡警部置尚书，左、右侍郎，左、右丞和参议各一人，设警政、警法、警保、警学、警务五司。袁世凯保荐徐世昌为尚书，赵秉钧为右侍郎，从天津、保定抽调巡警官兵一千余人进京，改组北京巡警机构，成立内外城巡警厅。袁世凯入京担任军机大臣后，北京警政完全落到袁党手中。1907 年，袁世凯又设直隶全省警务学堂。

袁世凯在保定创办近代警察时，曾制定了一批法规，如《警务学堂章程》《保定警务局站岗规矩》《保定警务局巡逻规矩》《保定警务局旅店管理法》《保定警务局颁定旅店货宿客商册式规则》等。这些法规细化了巡警职能，如《巡逻规矩》规定：“巡逻有一定线路及临时指受线路，二法均受官长命令。”详细列举了“日间巡逻”和“夜间巡逻”注意事项。日间应注意“某处荒僻无人须防有匪人潜伏，并种种非常事变”；夜间应注意“暗僻场院及庙寺，观

① 《创设保定警务局并添设学堂拟订章程呈览折》，《大公报》1902 年 8 月 16 日 。

② 王飏：《袁世凯与近代巡警制度》，《湖南公安高等专科学校学报》2001 年第 5 期，第 76 页。

察看有无窝贼匪、聚赌情形”，“房顶墙头有人攀伏者”，“在暗处哭泣者”。[①]《站岗规矩》规定：“街巷有喧哗争斗等事，巡兵应婉言劝解了事，不许打人。如不服及有受伤者送局讯究”，“街道不准倾倒秽水粪土，巡兵见即禁止”，“见强暴之人戕杀人命者，或将人殴打致死及受有重伤者，或监禁罪人，或递解罪犯逃脱者，应将该犯立时拘送。如见有人暴死者，一面报局，一面传知地保赴县请验。”[②]

袁世凯在天津创建近代警察时，则制定了《天津巡警总局试行裁判办法》《天津南段巡警总局现行章程》《天津四乡巡警章程》《巡警规条》《天津巡警现行救火章程》《清查户口章程》等。随着清末直隶警政的创行与推广，由差役、保甲、团练、绿营等构成的清朝治安体制完全为近代警察制度所代替，“巡警”名称一直沿用到民国初年。

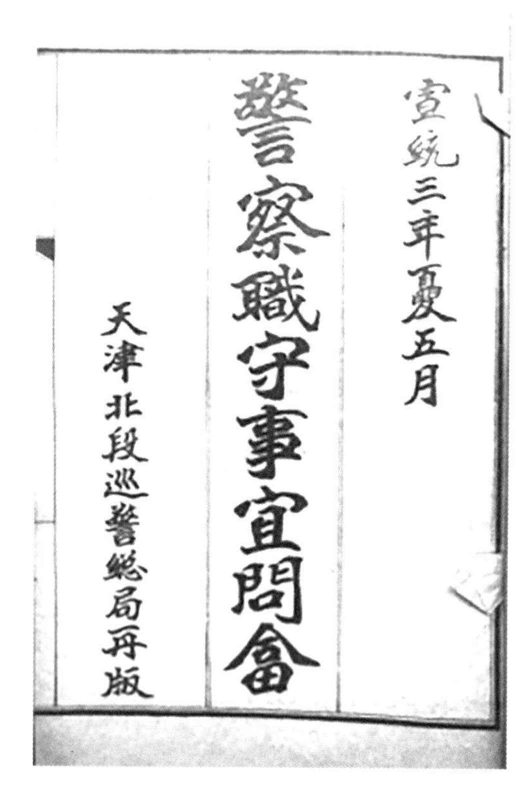
宣統三年夏五月
警察職守事宜問答
天津北段巡警總局再版

《警察职守事宜问答》，
天津北段巡警总局 1911 年编

袁世凯兴办的直隶全省警务学堂中，所设课程有《宪法大意》《行政法大意》《裁判所构成法》《司法警察原论》《警

① 甘厚慈辑：《北洋公牍类纂正续编》卷七《警察一》，天津古籍出版社 2013 年版，第 284—285 页。

② 甘厚慈辑：《北洋公牍类纂正续编》卷七《警察一》，天津古籍出版社 2013 年版，第 283—284 页。

察实务》《国际警察要论》《刑法原论》《行政诉讼法》《民法概要》《商法概要》《民事诉讼法》《监狱学概要》《户籍法概要》《大清律例》《侦探学》等。①

在清末新政中，巡警制度的建立颇有成效。直隶省最先兴办巡警，而且效果最好，是当时其他各省的榜样，对在全国范围推广警政产生了很大影响。“中国之警察以北洋为第一，北洋之警察以天津为第一，此为天下之公论，非阿论也。”②

1917—1919 年间的天津警察

西德尼·戴维·甘博拍摄，现存于美国杜克大学图书馆

1908 年制定的《大清违警律》，规定了八种违警“罪名”。分别涉及“关于政务之违警罪”“关于公众危害之违警罪”“关于交通安全之违警罪”“关于通信安全之违警罪”“关于秩序之违警罪”“关于风俗之违警罪”“关于身体及卫生之违警罪”“关于财产之违警罪”。这是中国近代警察立法的重要成就。

---

① 董丛林、徐建平：《清季北洋势力崛起与直隶社会变动》，科学出版社 2011 年版，第 205 页。

② 《改良天津警务议》，《大公报》1908 年 1 月 11 日。

第三节 袁世凯在天津保定编练新军，中国近代军事法开始形成

鸦片战争以后，列强数次由天津威胁北京，使直隶成为捍卫国家生死存亡的海防前线，正所谓“区区虽为一隅，而天下兴废之关键系焉”[①]。直隶总督李鸿章（1823—1901）自光绪六年（1880）起即在直隶重镇天津创办了一系列新式学堂，如北洋电报学堂、天津水师学堂、天津武备学堂等，皆在全国各类洋务学堂中占有极其重要的地位。

光绪十一年（1885）成立的天津武备学堂是我国第一所陆军学校，该校主要效仿先进的德国军校体制，但“不算是正规的德国式军事学校，而只是一所具有短训性质的训练班。其旧军色彩很浓，虽然汲取西方先进的军事教育方法，仍是灌输旧的封建伦理，并对学生思想严加控制。学堂规定每日由汉教习摘录经史一则，书写黑板，令诸生照录，讲解透彻，感发忠义之心。第七日午前，即将前六日所讲经史，与洋教习所授功课，温习一番。还规定功课毕后各归卧室。就枕尚早，应温习日间功课，记诵古训，日扩良知。……闲书小说，除《三国演义》外，一概不准偷看”[②]。当时旧军中普遍存在作风散漫、不遵纪律、不遵号令的现象，袁世凯因此制定了大量严格的军纪，如《操场暂行规则》《兵丁驻扎营内暂行章程》《出操规条》《行军暂行章程图》《择地暂扎各条》《夜战防守暂行章程》《续订夜战暂行章程》等。天津武备学堂“启动了中国陆军近代教育”[③]。1900 年，八国联军占领天津，天津武备学堂被毁。

① 金钺：《天津政俗沿革记·序》，载王守恂《天津政俗沿革记》卷九，民国二十年（1931）刊本。

② 河北省政协文史资料研究委员会、保定市政协文史资料研究委员会编：《保定陆军军官学校》，河北人民出版社 1987 年版，第 2—3 页。

③ 王建华：《半世雄图：晚清军事教育现代化的历史进程》，东南大学出版社 2004 年版，第 44 页。

1895年，袁世凯受命在天津小站编练新军，当时称“新建陆军”。以德国人为教练。全军总统由督练官袁世凯兼摄，下设军务营务处、执法营务处、督练营务处、督队营务处、稽查先锋官以及教习处、粮饷局、军械局、军医局、转运局、侦探局等机构。这便是中国近代第一支完全按西法训练的新式陆军。1896年4月，袁世凯在天津小站创建陆军行营武学堂。1899年，袁世凯组织“兵学素优”的段祺瑞、冯国璋、王世珍等人编纂了新建陆军《训练操法详晰图说》，这是一部新建陆军的典范令，是中国新式陆军第一部教材。

与袁世凯小站练兵同时，署两江总督张之洞在南京编练了另一支新军。张之洞自天津调来北洋原德国军官，并商托出使德国大臣许景澄代聘德国军官共三十五员。令先就卫队等军官选择操练，以试其材，数月以来，颇见成效，于是以德国军官为统领。1895年冬成军于江宁，号为自强军，以寓奋武自强的意义。自强军营制部伍人数，也是仿照德国营制。

袁世凯在练兵期间，也初步制定了军事刑罚条款，主要存在于《募兵告示》《简明军律》等规章制度中。《简明军律》规定了18条斩罪。① 即：

（1）临阵进退不候号令及战后不归伍者，斩；

（2）临阵回顾退缩及交头接耳私语者，斩；

（3）临阵操报不实，诈功冒赏者，斩；

（4）遇差逃亡，临阵诈病者，斩；

（5）守卡不严、敌得逾过，及禀报迟误、先自惊走者，斩；

（6）临阵奉命怠慢，有误戎机者，斩；

（7）长官阵殁，首领属官援护不力，无一伤亡，及头目战死，本棚兵丁并无伤亡者，悉斩以殉；

（8）临阵失火误事者，斩；

（9）行队遗失军械及临阵未经受伤抛弃军器者，斩；

---

① 《中国近代史资料丛刊》，《北洋军阀》（一）《新建陆军兵略录存》，第127—128页。

（10）泄露密令，有心增减传谕，及窃听密议者，斩；

（11）扰居民，抢掠财物，奸淫妇女者，斩；

（12）结盟立会，造言惑众者，斩；

（13）黑夜惊呼，疾走乱伍者，斩；

（14）持械斗殴及聚众哄闹者，斩；

（15）有意违抗军令及凌辱本管官长者，斩；

（16）寅夜窃出，离营浪游者，斩；

（17）官弁有意纵兵扰民者，并斩；

（18）在营吸食洋烟者，斩。

另外还有两条犯罪和刑罚，即：

（1）夜深聚语，私留闲人，酗酒赌博，不遵约束，及有寻常过犯者，均由该管官酌量情节轻重，分别插箭责罚。

（2）凡兵丁犯法情节重大者，该管官及头目失察，均分别轻重参革责罚记过。①

《募兵告示》则规定："强奸民女者，斩。擅取民物者，斩。聚众哄斗为首者，斩。沿途逃亡者，斩。强买民物者，插耳箭。行路离伍者，责。"②

袁世凯在天津和保定兴建多所军事院校，如1902年设立北洋行营将弁学堂、参谋学堂、测绘学堂；1903年开办陆军小学堂，同年在保定设立北洋陆军速成武备学堂；1904年开办北洋陆军师范学堂；1905年又开办军械学堂、马医学堂、经理学堂；1906年设立宪兵学堂、保定军官学堂；1910年设立保定陆军军官学校。详见下表：③

---

① 周健：《中国军事法的传统与近代转型》，中国政法大学2002年博士学位论文，第203—204页。

② 《中国近代史资料丛刊》，《北洋军阀》（一）《新建陆军兵略录存》，第47页。

③ 王逸峰：《袁世凯与中国近代军事教育》，苏州大学2000年硕士学位论文，第12—13、23页。

<table>
<tr><th colspan="2">学校名称</th><th>创立时间</th><th>地点</th></tr>
<tr><td rowspan="5">新建陆军随营武备学堂</td><td>德文随营学堂</td><td rowspan="5">1896 年</td><td rowspan="5">保定</td></tr>
<tr><td>炮队随营学堂</td></tr>
<tr><td>步队随营学堂</td></tr>
<tr><td>马队随营学堂</td></tr>
<tr><td>工程队随营学堂</td></tr>
<tr><td colspan="2">保定参谋学堂</td><td>1902 年</td><td>保定</td></tr>
<tr><td colspan="2">保定武备学堂</td><td>1902 年</td><td>保定</td></tr>
<tr><td colspan="2">保定测绘学堂</td><td>1902 年</td><td>保定</td></tr>
<tr><td colspan="2">电讯学堂</td><td>1905 年</td><td>天津</td></tr>
<tr><td colspan="2">北洋行营将弁学堂</td><td>1902 年</td><td>保定</td></tr>
<tr><td colspan="2">练官营</td><td>1902 年</td><td>保定</td></tr>
<tr><td colspan="2">北洋（保定）速成武备学堂</td><td>1903 年</td><td>保定</td></tr>
<tr><td colspan="2">陆军师范学堂</td><td>1904 年</td><td>保定</td></tr>
<tr><td colspan="2">直隶陆军小学</td><td>1903 年</td><td>保定</td></tr>
<tr><td colspan="2">经理学堂</td><td>1905 年</td><td>保定</td></tr>
<tr><td colspan="2">军械学堂</td><td>1905 年</td><td>保定</td></tr>
<tr><td colspan="2">马医学堂</td><td>1905 年</td><td>天津</td></tr>
<tr><td colspan="2">军医学堂</td><td>1905 年</td><td>天津</td></tr>
<tr><td colspan="2">宪兵学堂</td><td>1905 年</td><td>大沽</td></tr>
<tr><td colspan="2">北洋（保定）军官学堂</td><td>1906 年</td><td>保定</td></tr>
<tr><td colspan="2">北洋陆军讲武堂</td><td>1906 年</td><td>天津</td></tr>
<tr><td colspan="2">电信信号学堂</td><td>1906 年</td><td>小站</td></tr>
<tr><td colspan="2">陆军部陆军速成学堂</td><td>1906 年</td><td>保定</td></tr>
<tr><td colspan="2">北洋军官学堂（即陆军军官学堂）</td><td>1910 年</td><td>保定</td></tr>
</table>

袁世凯兴建众多军事学堂后，“保定成为全国最大的陆军训练中心。”[①] 新建陆军和自强军仅具新式编制的雏形。1904 年清政府又下令统一全国军队番号，规定各镇按照朝廷的统一序号一律改称陆军某镇，全国共建立陆军三十六镇新制，中国陆军应用西方新式军制以编制陆军至此才告成。

袁世凯在保定及天津编练新军，结束了清王朝的军事体制，既是新的三级制军校教育体制的开端，又是清末军校四级教育体制的结束。新式军制中的军法内容也成为中国近代军法的新开端。

第四节　直隶审判厅的设立，是中国近代司法改革的最早尝试

清末决定实行预备立宪时，意图效仿西方制度，按照三权分立原则，将司法机构与行政机关分离设置，“刑部著改为法部，专任司法；大理寺著改为大理院，专掌审判。”[②] 光绪三十二年（1906）清政府发布上谕，将大理寺改为大理院，专掌审判，规定各地方成立乡谳局、地方审判厅、高等审判厅，以中央之大理院总其成。

担任直隶总督兼北洋大臣的袁世凯在直隶地区大力推进司法改革。直隶充当了清末司法改革浪潮的急先锋。清廷选择直隶作为试点，在地方上先行试办各级审判厅。袁世凯遂选定天津府县作为试点，于 1907 初成立了天津高等审判分厅、天津县地方审判厅，后又在天津城乡设立四处乡谳局。袁世凯在任直督期间还向朝廷奏订了《天津府属试办审判厅章程》，对审判厅的人事安排、民刑案件分离、检察公诉、预审、诉讼费用、设立待质所、华洋诉讼事务等都有规定。法部称此章程“调和新旧，最称允协”，遂向全国推广。1910 年，直隶改按察使司为提法使司，专门负责地方司法行政工作。同年，

---

① 李宗一：《袁世凯传》，中华书局 1980 年版，第 110 页。

② 故宫博物院明清档案部编：《清末筹备立宪档案史料》（上），中华书局 1979 年版，第 471 页。

直隶还建立了高等审判厅、高等审判厅分厅两处（天津、热河）、地方审判厅三处（保定府、天津府、承德府）、地方审判厅分厅（张家口）、初级审判厅七处。[①] 直隶高等审判厅、天津府高等审判厅分厅、承德府高等审判厅分厅，保定、天津、承德三地方审判厅均设立了民刑两庭，从而在形式上实现了民事与刑事案件审理的初步分离。

袁世凯设置新式审判厅，是我国近代司法改革最早尝试，是中国最早的近代地方法院。袁世凯所制定的《审判厅章程》已明显展现司法独立的特色。法部在参考《天津府审判厅试办章程》和修订法律馆已起草的《法院编制法（草案）》的基础上，编成《各级审判厅试办章程》，向全国推广试行。

① 参见河北省地方志编纂委员会编：《河北省志·检察志》，中国书籍出版社 1996 年版，第 1 页。

直隶审判厅遗址

现位于保定市莲池区法院西街东侧，1910 年建成使用。

1935 年，河北省高等法院驻此。贾文龙拍摄

1914 年因为军阀混战，北洋政府裁并了各地审判厅，重又执行县知事兼理司法的官僚司法模式，这“不是南京临时政府时期司法审判制度的正常发展结果，而是一个在武人干政时代对司法审判制度进行任意践踏而产生的制度怪胎”①。保定由此改设审判分厅。

此外，袁世凯为替代旧式胥吏及差役，设置了“司法巡兵”，亦称“司法警察”。“我国从前州县司法、行政不分，差役所执职务无论司法、行政事项皆得以执行。……考日本制度，司法警察以关于刑事上搜查犯罪及现行犯，并暂行假豫审为职务。……今欲裁判独立，裁汰差役，设立司法警察。……拟就保定高等巡警学堂另高一科，专授司法警察。”② 袁世凯的这一改革，改

① 韩秀桃：《司法独立与近代中国》，清华大学出版社 2003 年版，第 231 页。

② 甘厚慈辑：《北洋公牍类纂正续编》卷七《直隶警务处禀遵司法警察学堂章程请立案文并批》，天津古籍出版社 2013 年版，第 283—277 页。

变了中国封建社会胥役把持司法的现象。

清末司法改革还推广了监狱改良活动，天津知府凌福彭到日本考察监狱体制后，仿行日制，在保定和天津建立了罪犯习艺所。

第八章　从根据地至新中国成立：华北法律文化由资产阶级法向人民民主法的时代转型

抗日战争时期，河北周围地区成立了晋察冀、冀中、冀热辽、晋冀豫、冀鲁豫等多个抗日根据地，成为抗击日本侵略者的重要战场，在频繁的战争中，涌现了众多可歌可泣的抗日英雄，这个群体使燕赵文化中“慷慨悲歌”传统得以升华与延续。西柏坡是中国共产党领导中国革命解放全中国的最后一个农村指挥所，在这里谋划将全党工作重心从农村转向城市。因此中国共产党领导人民群众在晋察冀根据地及西柏坡所制定的政策法规成为新中国法律的直接渊源。中国今天的法律明显具有三大传统：“古代的、西方移植和现代革命的传统。”[①] 燕赵地域正是中国古代的、西方移植和现代革命三种法律文化的交汇融合之地。

---

① 黄宗智：《法律不能拒绝历史》，《财经》2009年第8期。

第一节　抗日战争时期国共两党在华北地区的退进，民众对法统的新选择

1911 年 10 月 10 日，武昌起义爆发。1912 年 1 月 1 日，中华民国临时政府成立。中华民国以南方为主要势力依托，而华北地区则是清王朝统治的核心区域，因而南方革命军始终未能进入京津地区。1928 年底，北伐胜利后的国民党逐步建立起中国历史上第一个全国性的政党政权，在省级设立警务处，地方设公安局。

在华北地区，国民党最初仅有少量党员，“农村党员凤毛麟角，且不派遣和培养合格干部去基层，而是不加观别地将原有的基层保甲长披上党员外衣，这为乡村土豪劣绅提供了一个纵横驰骋的舞台和天地。因此，随着国民党权力下移，基层区、乡长由于职位低，不能吸引人才，社会精英普遍上移，以至于连合格称职的县长人选都不易罗致，所以，各地土劣揽权成为普遍现象。这无疑阻碍了南京政权向基层社会的深入和扩张，导致国民党在乡村阶级对立和冲突中，没有哪个阶级真正认同或感觉到国民党确实代表了他们的利益，使其缺乏一个可靠的社会阶级基础和基本民众，对基层势力也日益无法驾驭与控制。”①

日本发动全面侵华战争后，河北成了抗日战争第一线。1937 年 7 月，卢沟桥事变后，日军按照其速战速决的作战计划，在华北沿着各铁路线迅速南下、西进，华北铁路沿线的主要城市及交通要道附近城镇被日军占领。1937 年 7 月底北平、天津相继沦陷，8 月张家口失守，9 月日军占领涿州、保定，10 月日军占领正定、石门、顺德、邯郸，至 11 月河北省全境沦陷。

在日军攻势之下，国民党以往的行政组织及其武装部队迅速瓦解，二十

---

①　周积明、宋德金：《中国社会史论》下卷，湖北教育出版社 2001 年版，第 573—590 页。

九军迅速溃败后河北的宋哲元基本失去原有地位，刘峙弃守涿县、保定，冀中平原各县的原国民党县长和军警也纷纷弃职南逃。国民党军队发生大面积的溃退，军纪很坏。“国民党军由前线败退下来，纪律荡然，其对民众之抢掠烧杀奸淫不亚于寇兵，凡国民党军所过所到之地，群众对他们实行坚壁清野。”[①]“河北民众心中之阎冯张系一丘之貉，印象皆甚恶劣。况阎冯张之部下乎，中央以为彼等在河北有办法，河北民众则以为中央用彼辈是对河北无办法。结果造成汉奸、共产党在河北皆有办法，而本党反在河北无办法矣。”[②]一时间，广大农村“执政无人，政令停顿，人无保障，地方秩序混乱”[③]。“不单不抗敌，不逃跑的里长、保长，反而助敌”，国民党在华北“十几年来，各处所组织的民众，是遇到事情就逃，茫无头绪”，“许多人为求敌人不杀，出三千元买命，这种种丑事，连日本人也称为无耻！”[④]

抗战初期随着国民党军败退，晋察冀各地旧政权瓦解。此时，日军集中主力疯狂南进，由于其兵力有限，在晋察冀地区仅能占领铁路、公路等交通要道和城市，而各省的边远地区、山地、农村及一些城镇日军还无力占领，而且日军在各地的伪组织也未建立或不稳定。因此，华北地方在抗战初期出现了权力真空。

抗战开始后，中共部队接受改编，开赴前线，担负保卫华北的责任。最初是以国民党的名义展开工作的，如 1937 年 10 月杨秀峰（即杨秀林）以“蒋委员长保定行营民训处”指导的名义，组织平津退出来的师生成立游击队。在“被占领的地方就秘密工作，在新战区就公开工作，战区则半公开半

---

① 《八路军的民运工作》，载军事科学院政治工作研究室编《战时政治工作经验选编》第二集，中国人民解放军战士出版社 1981 年版，第 267 页。

② 《徐希真呈蒋中正十一年来在河北所得革命经验及管见河北民众认中央用鹿张石诸人是对河北无办法结果造成汉奸共党在河北皆有办法等文电》（1939 年 4 月 7 日），台北“国史馆”藏，“蒋中正总统档案”，002080200515043。

③ 《冀南各县治安维持会联合会工作报告书》，1938 年 6 月，河北省档案馆档案，卷宗号：654-1-127，第 1 页。

④ 徐盈：《朱德将军在前线》，广州《抗战半月刊》第 1 卷第 6 号，第 29 页。

秘密地来把握地方武力”①。

日本侵略者的残酷统治深刻教育了华北人民，受日军侵略战争伤害的农民都说：“不得了，日本兵恶毒得很，把我们的房子粮食都烧完了，一看见老百姓便说是‘侦探’，用刺刀杀死。有许多跑不动的老头子、老婆婆、女子、小孩都没有命了。”② 学者韩丁曾指出，日寇的残暴“不仅逼得农民，甚至许多地主也觉得除了反抗就无路可走；他们（日军）把国民党的高级军政人员逐出华北；在沦陷区内诱使国民党的低级军政人员充当汉奸，使他们在人民眼里变得永远不可饶恕；以及侵略军铁蹄过后留下大片无力驻防的农村地区。这样就造成了政治上和军事上的真空，使共产党及其所领导的军队得以开展活动。在非常短的一段时间里，他们就动员了几千万灾难深重的农民奋起进行抵抗。由于这种抵抗遍及一切社会阶层，因此就为将来的社会革命打下了基础”③。任弼时在山西抗战前线提到，日军烧杀抢掠的“悲惨残酷的事实，是最能激发同胞的民族仇恨的”。“日寇的进攻，特别是日军的残暴，是我们动员、组织群众最最好的资料。”④ 聂荣臻报告八路军在平汉线主动出击后民众的反应：“此间群众抗战情绪极好。经过之地都欢迎，沿途老幼男女对我之热烈，喜形于色。自卫队已全组成步哨，前出到铁路沿线，并且协同游击队破坏道路。”⑤ “许多老同志说，抗日战争时候到敌后的话，老百姓对日本人的仇恨和遍地的枪支，都在那里。只要你能够领导人民抗日，只要你能够登高

---

① 岳一峰：《平津师生在太行山以东的抗战活动》，西安《大团结》第 2 期（1938 年 3 月 10 日），第 5 页。

② 刘志坚：《七亘村战斗的胜利——西战场上的一幕》，汉口《群众（周刊）》1937 年创刊号，第 13 页。

③ ［美］韩丁：《翻身——中国一个村庄的革命纪事》，韩倞译，北京出版社 1980 年版，第 94—95 页。

④ 任弼时：《山西抗战的回忆》（1938 年 1 月 2 日），载《中共党史资料》第 10 辑，中共党史资料出版社 1984 年版，第 61 页。

⑤ 聂荣臻：《在平汉线袭击敌人的战斗报告》（1838 年 2 月 12 日），载《聂荣臻军事文选》，解放军出版社 1992 年版，第 41 页。

一呼，大家一下就能够起来。”[①] 这无疑是中共建立根据地的良机。

八路军不仅和阎锡山宣传的“杀人如割草”截然不同，而且纪律严明，“使逃亡之民众皆相率来归，军民关系亲若家人，各村争相慰劳八路军，争请八路军去住，以防溃兵、土匪及纪律很坏的国民党军前去骚扰。”[②]

全面抗战爆发后，八路军三大主力进入敌后，在河北广大地区创建抗日根据地。1937 年 11 月，聂荣臻率领八路军第一一五师一部挺进阜平，开始创建晋察冀抗日根据地。晋察冀抗日根据地是八路军开赴敌后创建的第一个根据地。此后根据地不断发展壮大，牵制和抗击着 1/3 至 1/2 在华北的日军，被党中央誉为“敌后模范的抗日根据地”。八路军第一二九师在刘伯承等领导下挺进太行山，以山区为依托建立晋冀鲁豫抗日根据地，成为华北地区最大的根据地，其总面积、总人口占到了华北的 1/5 和 1/4。晋冀鲁豫抗日根据地军民与日军进行了殊死斗争，基本上粉碎了日军妄图控制冀南平原的企图。八路军第一二〇师在贺龙师长的率领下转战冀中，取得了一系列的战果，打开了河北抗日的重要局面。另外，河北东部还建立了冀鲁边抗日根据地。八路军挺进华北敌后创建的这些根据地，基本囊括了河北全境。当时全国共有 19 块抗日根据地，河北境内就有 3 块。冀热辽抗日根据地更是建立在抗日斗争的最前沿，不仅牵制了占领东北的日军，后来还成为八路军进军东北的前沿阵地。

由于河北大部分地区几乎是在陷于日军之手后再被八路军收复，中共对河北心理上有种舍我其谁之感。[③] 在国共围绕着河北的商谈中，朱德、刘伯承明确表示：“以河北为生命，谓在敌手所取得。”[④]

---

① 转引自金冲及《中国近代历史的几个根本问题》，《解放军报》2004 年 2 月 20 日。

② 《八路军的民运工作》，载军事科学院政治工作研究室《战时政治工作经验选编》第二集，第 267 页。

③ 黄道炫：《抗战初期中共武装在华北的进入和发展》，《近代史研究》2014 年第 3 期。

④ 《程潜电蒋中正与朱德刘英商谈以华北为禁区谓我抗战二年所得以河北为生命谓在敌手所取得》（1939 年 2 月 8 日），台北“国史馆”藏，“蒋中正总统档案”，002090300205l214。

在河北抗日根据地中，中共开展了政权建设，颁布了一系列政权组织法规。如1938年2月公布的《晋察冀边区政治主任公署组织大纲》《晋察冀边区县佐公署组织章程》《晋察冀边区政治主任公署组织法》《区村镇公所组织法暨区长、村长、镇长、闾邻长选举法》等。1938年春，“在晋察冀边区和冀中区开展第一次民选村长运动，撤换鱼肉乡里的旧村长选举新村长，初步改造了村政权。”[①] 1939年3月颁布《晋察冀边区县政会议组织条例》。1940年6月15日颁布《晋察冀边区县区村暂行条例》，1940年晋察冀边区从实际出发，颁布《晋察冀边区暂行选举条例》。“1940年春，晋察冀区和冀中区各县参选人数占公民总数80%以上，有1万余名正副村长、2万余名村代表会主任、近30万名村代表涌上政治舞台。各地村政权机构得到根本改造，废除了封建的以户为基础的村长闾邻制度，普遍建立了村民代表会和村公所。”[②]

1940年8月13日由中共北方分局提出《关于晋察冀边区目前施政纲领》20条（又称《双十纲领》）。1943年以后，华北各根据地又颁布了《晋察冀边区参议会组织条例》《晋察冀边区参议会驻会议员办事处组织规程》《晋察冀行政委员会组织条例》《晋察冀边区县区村组织条例》等。1944年9月颁布《晋冀鲁豫边区村政权选举暂行条例》。1944年10月颁布《晋冀鲁豫边区参议会选举条例施行细则》《晋冀鲁豫边区政府关于选举工作中的几个问题的补充说明》，1944年11月22日通过了《晋冀鲁豫边区县议员选举条例》，1945年3月通过《晋冀鲁豫边区县政府组织条例》。

“在中共中央晋察冀分局和彭真同志的领导下，宋劭文主任的主持下，据不完全统计，晋察冀行政委员会先后公布了法规、规章和命令等共309件。其中政权建设、民主政治等方面的法令比例最大，约占全部法令的30%；财政经济等方面的法令比例约占全部法令的25%，而金融法令约占15%，人民武

---

① 严兰绅主编，谢忠厚著：《河北通史·民国卷》（下），河北人民出版社2000年版，第23页。

② 严兰绅主编，谢忠厚著：《河北通史·民国卷》（下），河北人民出版社2000年版，第70页。

装和优抗抚恤方面的法令约占全部法令的16%。”[①]

与国民党强调的片面抗战不同，共产党一开始就提出了全民族抗战。选举是重要的一环，是提高民众抗日情绪的重要手段。“民主政治是动员全民族一切生动力量的推进机，这是由抗战实践证明了的，只有实现民主，才能提高人民的抗战热情、参战热忱。”[②]

中共开展了广泛的民主选举，为最大限度地发动文盲、半文盲的农民参加村选，中共在抗日根据地创造性地采用了许多切实可行的选举办法，如豆选、画符号、烧孔、扔石子、举拳头、红绿票、背箱子，等等。这些看似新鲜，却是有很强操作性的选举办法。农民对自己的选举权极为重视。因此，临城×村，“一位老太婆在选举时，把选票丢了——一粒豆子。于是在会场上急躁地叫喊：‘我的公民权丢了，帮我找啊！’等大家给她找到了，她高兴地像找见了跑丢的小鸡一样。”[③] 根据地经过村选运动的发动，农民普遍对自己所提问题受到重视或得到解决而兴奋。另外，更重要的是，他们在选举中常常能决定村干部的去留，选出为大家服务的地方官员。“民国二十九年的大选举选出能代表我们的县长韩一钧，他在我们遭到雹灾亲自来慰问、救济我们，这一点就可以证明选举的重要，一定要人真去做，别看我上年纪啦，这选举我一定去参加。他的话引起了在场全体老百姓对选举资格的格外关心。”[④] “今年真正实行了民主，咱们能在大会上质问了，真好！事变（七七事变）前一党专政的政权谁能这样？”[⑤] 因此，他们评价村选时说，“这样的会越多开越好”，有的农民还说，“这就是新民主主义社会。”[⑥]

---

① 齐一飞：《论晋察冀边区的法制建设》，《法学杂志》1990年第2期。

② 彭德怀：《巩固敌后抗日根据地》，《八路军军政杂志》1939年第11期。

③ 太行革命根据地史总编委会：《太行革命根居地史料丛书之四：政权建设》，第213—214页。

④ 王炜剪：《县选风光》，《晋察冀日报》1943年第1266期，第4版。

⑤ 平山县政府：《民国三一年度（1942年）村村选工作总结》，河北省档案馆馆藏档案，卷宗号：4-1-7-2。

⑥ 中共辽县县委：《九月份组织工作报告》，1941年9月30日，山西省档案馆档案，卷宗号：A166-1-19-4，第3页。

在华北抗日根据地中，中共建立起权威的地方政权。这些基层政权打破了中国传统社会中的宗族势力，一对曾在抗日根据地居住了两年之久的英国夫妇如是说："这次战争与解放运动所产生的最重大的变迁之一，即是这种家族观念的崩溃。在一致抗日的旗帜之下，大家团结了起来，终于冲破了本来是牢不可破的壁垒，家族的界限是被突破了。如今'村'已成为工作的单位，因此村的力量便足以抵御任何的敌人。"① "事实上华北农民对共产党的拥护在国共内战中起过决定性的作用。"②

这些基层政权成为民间事务的主要法律公证人。如1942年3月20日，晋冀鲁豫边区制定出全区统一的《修正晋冀鲁豫边区田房契税办法》，该办法第十条规定："人民买、典田房书立契约时，由新旧业主与说合人并产邻同赴田房所，在村公所跟同村长书写加盖村公所图章，并由村长、农会主任签名盖章以为证明。"该办法经边区参议会通过并颁行之后，村长和农救会主任作为田房交易监证人才获得法定依据。"在1942年之后，在晋冀鲁豫边区，抗日村公所和村农救会等村庄管理组织接手了监证田房交易、监管田房确权、监证物件交易、处理经济纠纷等农村日常经济事务的监管权，使这一部分公权力在阶级属性上实现了由属于地主阶级的乡绅向由贫雇农和中农组成的底层农民转移，在政治属性上实现了由属于国民党统治基础的乡绅向开拓新政治秩序的先锋中共党员转移。"③

1943年《华北人民政府关于重大案件量刑标准的通报》规定："不得援用国民党的法律。请示中一再援用国民党的刑法，是错误的。《六法全书》是旧统治阶级统治人民、镇压人民的工具，又经蒋匪修改补充更见凶恶，和我们新民主主义司法精神根本不合，人民政府必须把它彻底打碎，禁止援用。"

---

① ［英］班威廉·克兰尔：《新西行漫记》，新华出版社1988年版，第154页。

② ［英］黄宗智：《长江三角洲小农家庭与乡村发展》，中华书局2000年版，第165页。

③ 冯小红、刘子元：《华北抗日根据地村庄管理组织的隐性经济职能——以太行山文书为中心》，《民国档案》2023年第2期。

抗战胜利后，在华北解放区民间民事事务皆须经中共政府同意才能获得法律效力。

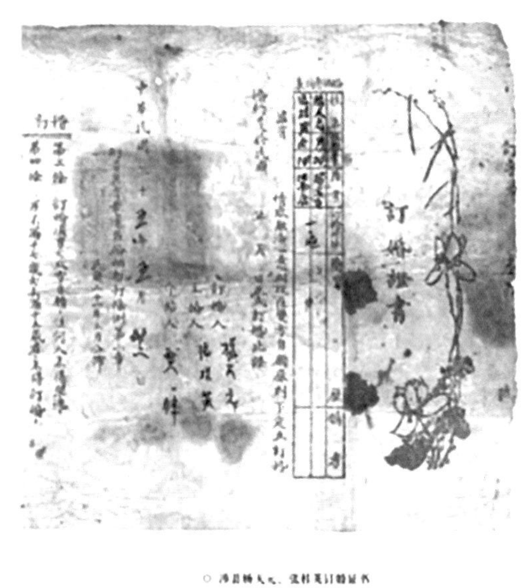

1946 年订婚证书

康香阁主编：《太行山文书精萃》（文物出版社 2017 年版，第 5 页）

因此，可以认定中共在晋察冀的建设是中国新民主主义社会的雏形。[①]

1949 年 2 月，中共中央发布了《关于废除国民党的六法全书与确定解放区的司法原则的指示》。1949 年 4 月 1 日，华北人民政府以法行字第八号发布《为废除国民党的六法全书及一切反动法律的训令》，宣布“废除国民党的六法全书及一切反动法律，各级人民政府的司法审判，不得再援引其条文”[②]。

华北人民政府对国民政府的“六法全书”的直接表态，主要体现在两处

① 谢忠厚：《新民主主义社会的雏形——彭真关于晋察冀抗日根据地建设的思想与实践》，人民出版社 2002 年版。

② 《为废除国民党的六法全书及一切反动法律》，1949 年 4 月 1 日，河北省档案馆，586-1-55-3，第 1 页。

以华北人民政府的名义发布的通报和训令中：

《六法全书》是旧统治阶级统治人民镇压人民的工具，又经蒋匪修改补充更见凶恶，和我们新民主主义司法精神根本不合，人民政府必须把它彻底打碎、禁止援用。因为我们不能一面执行着保护封建地主和官僚资产阶级的法律，一面却梦想着去推翻他们的统治与剥削，我们必须以我们自己的法令和政策来镇压一切反革命分子与破坏分子。①

兹决定，废除国民党的《六法全书》及其一切反动法律，各级人民政府的司法审判，不得再援引其条文。

国民党的法律，是为了保护封建地主、买办、官僚资产阶级的统治与镇压广大人民的反抗；人民要的法律，则是为了保护人民大众的统治与镇压封建地主、买办、官僚资产阶级的反抗。阶级利益既相反，因而在法律的本质上就不会相同。

不要以为国民党法律，也有些似乎是保护人民的条文，因而也就值得留恋，要知道国民党统治阶级和世界各国资产阶级一样，为着缓和劳动人民的反抗，不能不假装“公正”掩蔽其阶级专政的实质，这是老虎的笑脸，其笑脸是为着吃人。

不要以为新法律尚不完全，旧法律不妨暂时应用，要知道这是阶级革命，国民党反动统治阶级的法律，是广大劳动人民的枷锁，现在我们已经把这枷锁打碎了，枷锁的持有者——国民党的反动政权也即将完全打垮了，难道我们又要从地上拾起已毁的枷锁，来套在自己的头上吗？

反动的法律和人民的法律，没有什么“蝉联交代”可言，而是要彻底地全部废除国民党反动的法律。……旧的必须彻底粉碎，新

① 《通报》（法行字第四号，一九四九年初），载中国法学会董必武法学思想研究会编《华北人民政府法令选编》，2007 年，第 175—176 页。

> 的才能顺利成长。各级人民政府——特别是司法工作者要和对国民党的阶级统治的痛恨一样，而以蔑视与批评态度对待国民党《六法全书》及欧美日本资本主义国家一切反人民的法律。①

这些法令彻底结束了国民党的法统地位，建立起了新中国的法治权威。

第二节　中共在华北根据地广泛开展法治建设，塑造新民主主义社会的雏形

“七七事变后，中国共产党领导在河北及其邻省周边地区先后建立晋绥、晋察冀、晋冀豫、山东五大抗日根据地。而河北境内的各根据地是占据面积最大、人口最多的地区，是抗日根据地的腹心区域和指挥中心所在地，它的巩固与发展，对于坚持华北持久抗战，赢得抗日战争的胜利，起到了坚强的堡垒任用。”②

中国共产党建立的华北根据地开展了数量众多的法律制定工作。其中，作为抗日战争时期中国共产党领导边区人民建立的第一块敌后根据地，中共抗战期间建立的最大、最巩固的敌后根据地的法制建设成就更为突出。

1938 年 1 月，晋察冀边区军政民代表大会于阜平召开，通过《妇女问题决议案》。

1938 年 2 月，晋察冀边区颁布《晋察冀边区减租减息条例》。

1938 年 3 月 20 日，晋察冀边区银行成立。

1938 年 3 月，颁布《晋察冀边区行政委员会训令——关于杂租、小租、送工的解释》。

1938 年 11 月，公布《晋察冀边区汉奸自首条例》，给汉奸附逆分子以自

---

① 《华北人民政府训令》（法行字第八号，中华民国三十八年四月一日），载中国法学会董必武法学思想研究会编《华北人民政府法令选编》，2007 年，第 196—197 页。

② 牛建立：《抗战时期华北根据地的法制建设述论》，《曲靖师范学院学报》2014 年第 5 期。

新的机会。

1939年1月25日，晋察冀边区行政委员会发布了《关于村选举的指示信》，以“豆选法”选出民主政权。

1939年2月，晋察冀边区行政委员会发布《关于严禁播种罂粟的命令》。

1939年12月，颁布《晋察冀边区减租减息实施办法》。

1939—1940年，中国共产党创建的晋察冀和冀南区抗日革命根据地先后建立了人民公安机关。①

1940年2月，修正《晋察冀边区减租减息单行条例》。

1941年1月，公布《晋冀鲁豫边区土地使用暂行条例》。

1941年3月，公布《晋冀鲁豫边区减租减息单行条例施行细则》。

1941年5月，制定《晋冀鲁豫边区禁止敌伪钞票暂行办法》（1942年9月修正公布）。

1941年7月7日，公布《晋察冀边区婚姻条例草案》。

1941年7月，公布《晋冀鲁豫边区保护法币暂行办法》。

1941年7月，公布《晋冀鲁豫边区毒品治罪暂行条例》。

1941年9月1日，晋冀鲁豫边区高等法院正式成立。

1941年10月15日，晋冀鲁豫边区政府公布了《晋冀鲁豫边区高等法院组织条例》，随后又颁布了《晋冀鲁豫边区高等法院关于执行死刑合议制度变通办法的决定》《民事诉讼上诉须知》《晋冀鲁豫边区妨害婚姻治罪暂行条例》《关于审级及死刑核定的暂行规定》《关于特种案犯运用刑法的指示》等一系列法令。

1941年10月，公布《晋冀鲁豫边区惩治盗毁空室清野财物办法》。

1941年，晋冀鲁豫边区制定了《晋冀鲁豫边区婚姻暂行条例》。

1942年，公布《晋冀鲁豫边区婚姻暂行条例实施细则》。

① 河北省地方志编纂委员会编：《河北省志》第71卷《公安志·概述》，中华书局1993年版。

1942年3月，公布《晋察冀边区行政委员会关于堕胎溺婴案件均须依法科刑的命令》。

1942年，晋冀鲁豫边区制定《惩治盗毁空室清野财物补充办法》。

1942年4月，公布《晋察冀边区破坏坚壁财物惩治办法》《关于特种刑事案件审理程序之决定》。

1942年10月，晋冀鲁豫边区政府和边区高等法院联合发布《关于对根据地人民、敌占区民夫等抢劫盗毁食粮田禾处理办法的通令》。

1942年10月，颁布《晋冀鲁豫边区危害军队及妨害军事工作治罪暂行条例》。

1942年12月，颁布《晋冀鲁豫边区妨害公务违抗法令治罪暂行条例》。

1943年1月，公布《晋冀鲁豫行署修正清理黑地奖惩暂行办法》《晋察冀边区租佃债息条例》《晋察冀边区租佃债息施行条例》《晋冀鲁豫边区妨害婚姻治罪暂行条例》《关于逮捕、搜索、侦察、处理特种刑事犯之决定》《关于游击区特种刑事犯的紧急处理》等法规。

1943年3月，冀鲁豫边区发出《关于加强公安工作的指示》，决定有步骤有重点地建立群众性锄奸组织。

1943年4月，《晋察冀边区处理伪军伪组织人员办法》《太行区战时紧急处理敌探汉奸暂行办法》。

1943年，晋察冀边区制定《晋察冀边区婚姻条例》。

1943年，公布《晋察冀边区行政委员会关于女子财产继承问题的决定》。

1944年10月，公布《晋冀鲁豫边区冀鲁豫行署关于处理因灾荒买卖人口纠纷的规定》。

1945年5月，公布《晋冀鲁豫边区土地暂行条例》。

1945年11月，公布《晋察冀边区鸦片缉私暂行办法》。

1945年，公布《冀鲁豫行署关于女子继承问题的决定》。

1946年6月，晋冀鲁豫边区高等法院发出《关于特种案犯运用刑法的指示》，规定："对于意图破坏而有组织有计划地以非法之方法，着手颠覆解放区各级民主政府（地方性联合政府）及破坏和平建国纲领及有关之一切政策法令者，其为国家民族罪人，应以内乱罪惩治之。"

1947 年 7 月 17 日，全国土地会议在西柏坡召开，刘少奇主持会议，旨在彻底废除封建土地制度的《中国土地法大纲》的出台，使"分得了土地的亿万翻身农民，政治热情空前高涨，积极参军参战，有力地支持了全国解放战争"①。

1947 年 11 月，晋察冀边区行政委员会、中共晋察冀中央局、人民解放军晋察冀军区联合发布了《对破坏土地改革者的制裁问题》的布告。

1948 年 1 月，晋冀鲁豫边区政府公布《晋冀鲁豫边区破坏土地改革治罪暂行条例》。

据不完全统计，晋察冀边区政府从成立到华北人民政府诞生，9 年多的时间里，共制定各种条例和法规 60 余项。②

为了防止犯罪，晋察冀边区创立了"劝戒办法"。即对人民中发生的某些错误行为，在其尚未发展到犯罪之前，采取规劝纠正措施。1942 年 10 月，边区行政委员会颁布的《晋察冀边区劝戒办法》规定：凡是没有一定职业，行为不检，或妨害别人抗日工作及其他业务，或破坏善良风俗，阻挠公益事业，但还没有达到犯罪程度，即由村、区、县政府予以诚恳的劝戒。如果经过劝戒仍不改正者，就将其错误行为公布于众，待其改正后，即宣布撤销。这是一种劝戒人们改恶向善的特殊教育办法。③

---

① 黄峥：《刘少奇一生》，中央文献出版社 1995 年版，第 244 页。
② 张伟良主编：《河北解放战争史》，解放军出版社 2002 年版，第 216 页。
③ 张希波、韩延龙：《中国革命法制史》，中国社会科学出版社 2007 年版，第 306 页。

第三节　华北解放区合并，华北人民政府的法理施政成为新中国的雏形

1948 年 5 月 1 日，中共中央在保定城南庄提出“五一口号”，第一次具体描绘了新中国的蓝图。1948 年 5 月 26 日毛泽东率中共中央进驻西柏坡，1949 年 3 月 25 日党中央毛泽东移驻北平，这是中国革命最波澜壮阔的年代，是中国革命即将走向全国胜利的重大转折时期。

晉察冀日報

中國共產黨中央委員會
發佈五一勞動節口號

發展工業的勞動政策與稅收政策

1948 年 5 月 1 日，《晋察冀日报》头版头条刊发“五一”劳动节口号

“五一口号”提出不久，党中央决定将晋察冀、晋冀鲁豫两大解放区合并为华北解放区，组成华北局、华北军区和华北联合行政委员会。1948 年 5 月 20 日，刘少奇在中共中央华北局扩大会议上讲话，阐述了晋冀鲁豫中央局和晋察冀中央局合并的理由，指出：以前因为日本人封割，所以成立两个战

略单位进行斗争。今天没有封割了，故无任何理由再分成两个战略单位进行斗争，要合并起来，统一进行斗争。合并了，有利无害，这是人民的要求，还可以节省干部。在谈到华北局的工作任务时指出：毛主席的战略方针是把战争引向国民党区去，以保护我解放区。华北的方针是建设的方针，进行土改，发展生产，训练干部，支援前线，改善人民生活。我们现在建设的各种制度将来要为全国所取法。中央工作主要是华北局工作，华北工作带全国性意义。我们从陕北出发，落脚华北，今天又从华北出发，走向全国。我们要逐步走向正规化，强调集中统一，反对分散主义、无政府状态。①

1948 年 8 月 7 日至 19 日，华北临时人民代表大会在石家庄隆重召开。大会出席代表 541 名，包括工人、农民、革命军人、妇女、工商业家、自由职业者、新式富农、社会贤达、开明绅士、民主同盟盟员、少数民族以及国民党统治区人民团体的代表，选举产生了以董必武为主席的华北人民政府。“将晋察冀与晋冀鲁豫两区合并为华北解放区，成立华北人民政府并开创人民代表大会制度，为建立中华人民共和国奠定了蓝图。”②

华北人民政府成为即将成立的新中国中央人民政府的雏形，为建立新中国奠定了重要基础。“华北人民政府是在中国共产党领导的人民解放战争进行到第三个年头，晋察冀边区与晋冀鲁豫边区已经连成一片时刻成立的。它的辖区随着人民解放战争的迅速发展，最后包括河北、山西、平原、绥远、察哈尔五省及北平、天津两市，时间从 1948 年 9 月到 1949 年 10 月，计 13 个月。”③ 这“是中国共产党在解放前对区域性执政经验的最后一次大规模积累”④。

---

① 刘崇文、陈绍畴主编：《刘少奇年谱（1898—1969）》下卷，中央文献出版社 1996 年版，第 148 页。

② 严兰绅主编，谢忠厚著：《河北通史 · 民国卷》（下），河北人民出版社 2000 年版，第 2 页。

③ 《华北人民政府法令选编 · 任建新序言》，中国法学会董必武法学思想研究会，2007 年。

④ 刘显刚：《蓦然回首：华北人民政府法律观的文本分析》，《西部法学评论》2008 年第 3 期，第 22 页。

华北人民政府存续期间所制定和颁布的法规法令“为后来成立的中央人民政府在制定法规、制度上作了可贵的准备”①。华北解放区在短短13个月的时间里，“先后制定、颁行了200多项法令、法规，涵盖了建政、支援前线、经济建设、民政、公安司法、金融、财政税务、工商贸易、交通、农林水利、教育科技、文化卫生等诸多方面。”②

华北人民政府的部分法令法规统计表③

性质	名称	颁布时间
政权机构组织法	《华北人民政府组织大纲》	1948年8月16日
政权机构组织法	《华北人民政府办事通则》	1948年11月18日
战争勤务法规	《扩军归队接收送补兵员工作暂行条例》	1948年11月20日
战争勤务法规	《为统一规定三十八年度全区参战民兵民工供给标准的联合训令》	1948年12月17日
战争勤务法规	《为取消战争勤务动员办法的联合训令》	1949年8月19日
优抚法规	《华北区荣誉军人优待抚恤条例》	1948年11月
优抚法规	《为规定荣退军人抚恤费包括项目及开支报销办法指令》	1948年11月
优抚法规	《关于如何执行荣军优抚条例退伍退职办法的指示》	1948年12月
优抚法规	《为规定荣退军人处理费荣校及特殊优抚救济费开支办法指令》	1948年12月
优抚法规	《为规定新收复区之荣军抚恤及婴儿奶费补发办法指令》	1949年3月
优抚法规	《华北区各级荣军管理组织办法》	1949年4月
优抚法规	《为规定伤口复犯荣军住院办法指令》	1949年7月
优抚法规	《华北区革命军人牺牲褒恤条例》	1949年1月

① 《华北人民政府法令选编·任建新序言》，中国法学会董必武法学思想研究会，2007年。

② 中国法学会董必武法学思想研究会编：《依法行政的先河——华北人民政府法令研究》，中国社会科学出版社2011年版，第4页。

③ 此表转引自刘建民《华北人民政府研究》，首都师范大学2007年博士学位论文，第236—242页。

续表

性质	名称	颁布时间
优抚法规	《华北区革命工作人员伤亡褒恤条例》	1949 年 1 月
优抚法规	《华北区民兵民工伤亡抚恤办法》	1949 年 1 月
优抚法规	《为统一规定搬运烈士尸体办法训令》	1948 年 11 月
优抚法规	《为进行各地烈士墓地登记竖标加强看管的通知》	1949 年 1 月
优抚法规	《为征集烈士史料的通令》	1949 年 4 月
优抚法规	《民政部关于烈士问题的解答》	1949 年 4 月
优抚法规	《华北区革命军人家属优待条例》	1949 年 1 月
优抚法规	《为规定远调新区工作干部其直系亲属一律按军属待遇通令》	1948 年 11 月
优抚法规	《对尚有军籍之荣校学员工作人员家属准按军属待遇的通知》	1949 年 7 月
优抚法规	《关于目前优军工作检查的两点指示》	1949 年 8 月
民政法规	《关于预防春荒及救灾的指示》	1949 年 2 月
民政法规	《华北区城市处理乞丐暂行办法》	1949 年 5 月
民政法规	《华北区政民干部保健条例》	1949 年 5 月
民政法规	《为执行干部请委制度与登记专县级干部的训令》	1949 年 5 月
民政法规	《华北区年老病弱退职人员待遇办法》	1948 年 11 月
民政法规	《关于执行年老病弱退职人员待遇办法的补充通知》	1949 年 1 月
民政法规	《华北公房公产统由所在区行署省市管理的通令》	1949 年 4 月
民政法规	《为令检查公房破漏情形并迅予修理的命令》	1949 年 8 月
民政法规	《为规定对敌军散兵游勇处理办法的联合训令》	1949 年 1 月
民政法规	《关于处理遣散俘虏及投降士兵工作的联合训令》	1949 年 1 月
民政法规	《还乡人员登记管理办法》	1949 年 3 月
农业管理法规	《一九四九年华北区农业生产计划》	1949 年
农业管理法规	《一九四九年华北区农业贷款计划》	1949 年

续表

性质	名称	颁布时间
农业管理法规	《奖励农业增产的指示》	1949 年 4 月 5 日
农业管理法规	《关于开展植树护林运动的指示》	1949 年 4 月
农业管理法规	《关于植棉的指示》	1949 年 4 月
农业管理法规	《为紧急防旱克服困难的通知》	1949 年 4 月 27 日
农业管理法规	《紧急动员除虫保苗的指示》	1949 年 6 月 3 日
农业管理法规	《关于查荒灭荒工作的指示》	1949 年 6 月 26 日
农业管理法规	《关于秋收种麦秋耕及生产救灾工作指示》	1949 年 9 月 1 日
水利管理法规	《一九四九年华北区治河计划》	1949 年
水利管理法规	《关于防汛工作的指示》	1949 年 6 月
工商管理法规	《华北区工商业申请营业登记暂行办法》	1948 年 12 月 18 日
工商管理法规	《华北区奖励科学发明及技术改进暂行条例》	1948 年 12 月 20 日
工商管理法规	《工商部关于执行华北区工商业申请营业登记暂行办法的指示》	1949 年 2 月 8 日
工商管理法规	《为禁止在商标招牌上使用外国文字令》	1949 年 3 月 5 日
工商管理法规	《华北区对外贸易管理暂行办法》	1949 年 3 月 15 日
工商管理法规	《禁止在各大矿区续开小窑挖煤令》	1949 年 1 月 18 日
工商管理法规	《华北区商标注册办法》	1949 年 6 月 11 日
工商管理法规	《为奖励土产品出口降低土产品出口成本的几项决定》	1949 年 6 月 27 日
工商管理法规	《关于内地贸易问题的几项规定》	1949 年 6 月 18 日
工商管理法规	《为文化教育卫生用品及器材准予免税进口令》	1949 年 6 月 22 日
工商管理法规	《关于市场管理物资交流的几点规定》	1949 年 7 月 5 日
审计法规	《华北区暂行审计规程》	1949 年 2 月 24 日
财政管理法规	《关于建立华北各级税务机关的决定》	1949 年 10 月 10 日
财政管理法规	《华北区各级税务机关组织规程草案》	1949 年 10 月 10 日
财政管理法规	《华北区农业税暂行税则》	1948 年 12 月 25 日
财政管理法规	《关于推行农业税则的决定》	1948 年 12 月 25 日

续表

性质	名称	颁布时间
财政管理法规	《关于农业税土地亩数及常年应产量订定标准的规定》	1948 年 10 月 23 日
财政管理法规	《关于前颁〈关于农业税土地亩数及常年应产量订定标准的规定〉的两点修正训令》	1949 年 1 月 14 日
财政管理法规	《关于农业税调查评议工作的指示》	1949 年 6 月 18 日
财政管理法规	《关于贯彻农业税灾情减免办法与组织年景调查的指示》	1949 年 9 月 6 日
财政管理法规	《华北区农业税灾情减免暂行办法》	1949 年 9 月 6 日
财政管理法规	《关于公营企业征收工商业所得税的规定》	1949 年 3 月 2 日
财政管理法规	《华北区进出口货物税暂行办法》	1949 年 3 月 15 日
财政管理法规	《为邮政、电讯、铁路等国营交通事业免除捐税的通令》	1949 年 5 月 16 日
财政管理法规	《华北区酒类专卖暨征税暂行办法》	1949 年 5 月 20 日
财政管理法规	《为公布试行北平天津市契税暂行办法及其施行细则草案令》	1949 年 8 月 16 日
财政管理法规	《关于建立华北各级粮食局与粮库的命令》	1949 年 8 月 5 日
财政管理法规	《华北区各级粮食机构组织规程》	1949 年 8 月 5 日
财政管理法规	《华北区暂行财政会计规程》	1949 年 7 月 11 日
财政管理法规	《关于区划变动中移交问题的指示》	1949 年 5 月 6 日
财政管理法规	《华北公房公产统由所在区行署省市管理的通令》	1949 年 4 月 4 日
财政管理法规	《为各公营企业及财经机关对于财务之处理必须根据制度的训令》	1949 年 2 月 1 日
财政管理法规	《为华北及与平津两市供给制人员试行包干供给制的通知》	1949 年 7 月 27 日
银行金融管理法规	《为统一规定三十八年度全区参战民兵民工供给标准的联合训令》	1948 年 11 月 22 日
银行金融管理法规	《华北人民政府金库条例》	1949 年 1 月 8 日
银行金融管理法规	《华北区外汇汇兑暂行办法》	1949 年 3 月 15 日
银行金融管理法规	《华北区外汇管理暂行办法》	1949 年 4 月 7 日
银行金融管理法规	《华北区外汇管理暂行办法施行细则》	1949 年 4 月 11 日

续表

性质	名称	颁布时间
银行金融管理法规	《关于停止东北、长城两种货币在华北区流通的布告》	1949 年 4 月 30 日
银行金融管理法规	《中国人民银行总行关于工商放款政策及调整利息的指示》	1949 年 5 月 12 日
银行金融管理法规	《为重申所有军政团体及公营企业严禁在私人银号存款的训令》	1949 年 12 月 31 日
银行金融管理法规	《华北区私营银钱业管理暂行办法》	1949 年 4 月 27 日
银行金融管理法规	《华北区金银管理暂行办法》	1949 年 4 月 27 日
银行金融管理法规	《华北人民政府关于执行金银管理办法的指示》	1949 年 5 月 3 日
交通管理法规	《关于铁路战地问题处理办法及枕木价格运输的规定》	1948 年 10 月
交通管理法规	《华北区公路铁路留地办法》	1948 年 10 月
交通管理法规	《为收集与保护铁路器材训令》	1948 年 12 月
交通管理法规	《为明令保护铁路与收集器材的通令》	1949 年 4 月
交通管理法规	《为协助铁路局保护行车安全缉办沿线窃盗匪煤匪令》	1949 年 5 月
交通管理法规	《华北区护养公路暂行办法》	1948 年 12 月
交通管理法规	《华北区公路征收汽车胶皮轮大车养路费暂行办法》	1949 年 4 月
交通管理法规	《为统一领导计划公路运输企业令》	1949 年 4 月
交通管理法规	《华北区战时船舶管理暂行办法》	1949 年 3 月
交通管理法规	《华北区对外通电暂行办法》	1949 年 3 月
交通管理法规	《华北区对外通邮暂行办法》	1949 年 4 月
交通管理法规	《华北区军邮组织和工作细则》	1949 年 4 月
劳动管理法规	《关于建立省市劳动局的决定》	1949 年 8 月 10 日
劳动管理法规	《同意华北第一届职工代表会议建立关于在国营企业中建立工厂管理委员会与工厂职工代表会议的决定》	1949 年 8 月 10 日
劳动管理法规	《对华北第一届职工代表会议〈关于建立供给商店与消费合作社保障职工生活的决议〉的决定》	1949 年 8 月 10 日

续表

性质	名称	颁布时间
劳动管理法规	《关于成立“工业复员委员会”的决定》	1949 年 8 月 10 日
劳动管理法规	《关于工薪所得税问题的决定》	1949 年 8 月 10 日
劳动管理法规	《关于华北大工厂行政区划与设立行政机构的决定》	1949 年 8 月 10 日
劳动管理法规	《华北区年老病弱退职人员待遇办法》	1948 年 11 月
劳动管理法规	《关于执行年老病弱退职人员待遇办法的补充通知》	1949 年 1 月
文化教育法规	《一九四九年华北区文化教育建设计划》	1949 年 2 月
文化教育法规	《关于规定中等学校政治课程标准等项问题的指示》	1948 年 12 月
文化教育法规	《华北区奖励科学发明及技术改进暂行条例》	1948 年 12 月
文化教育法规	《华北区奖励科学发明及技术改进暂行条例执行办法》	1948 年 12 月
文化教育法规	《华北文化艺术工作委员会组织规程》	1948 年 12 月
文化教育法规	《关于文物古迹征集管理问题的规定》	1948 年 11 月
文化教育法规	《为禁运古物图书出口令》	1949 年 4 月
文化教育法规	《为古玩经审查鉴别后可推出口令》	1949 年 5 月
卫生管理法规	《关于实施种痘的指示》	1949 年 3 月
卫生管理法规	《关于公立医院及医疗队免费医疗的决定》	1949 年 3 月
卫生管理法规	《关于巡回治疗工作的指示》	1949 年 5 月
卫生管理法规	《关于华北区公立医院工作方针的指示》	1949 年 6 月
监察法规	《对人民监察院之监察应妥为帮助的训令》	1949 年 1 月
公安管理法规	《规定各级公安干部调遣制度的训令》	1948 年 11 月
公安管理法规	《为规定公安局武装配置名额训令》	1948 年 11 月
公安管理法规	《令各级军政经济机关分散各地直辖之派出机关须向当地政府登记训令》	1948 年 11 月
公安管理法规	《再令各级军政经济机关分散各地直辖之派出机关须迅向当地政府登记训令》	1949 年 1 月
公安管理法规	《华北枪支管理暂行办法》	1948 年 11 月

续表

性质	名称	颁布时间
公安管理法规	《携带枪支暂行规则》	1948 年 11 月
公安管理法规	《华北区战时出入边境管理办法》	1948 年 12 月
公安管理法规	《华北区禁烟禁毒暂行办法》	1949 年 7 月
公安管理法规	《关于禁止赌博的指示》	1949 年 7 月
公安管理法规	《解散所有会门道门封建迷信组织的布告》	1949 年 1 月
司法行政法规	《各级司法机关按期报告工作有关司法行政事项呈送司法部核办》	1948 年 10 月
司法行政法规	《召集第一期司法干部训练班的通令》	1948 年 10 月 18 日
司法行政法规	《指定专县市按期寄送总结报告的通知》	1949 年 5 月
司法行政法规	《为核覆冀南行署关于目前自新院案犯处理的规定》	1948 年 10 月
司法行政法规	《估定囚粮额数取消诉费及区村介绍起诉的制度的通令》	1948 年 11 月 23 日
司法行政法规	《老区囚粮生产自给新区囚粮酌予补助并取消犯人生产分红的训令》	1949 年 2 月 1 日
司法行政法规	《关于调解民间纠纷的决定》	1949 年 2 月 25 日
司法行政法规	《为废除国民党的六法全书及一切反动法律的训令》	1949 年 4 月 1 日
司法行政法规	《为统一各行署司法机关名称恢复各县原有司法组织及审级的规定通令》	1948 年 10 月 23 日
司法行政法规	《为各级司法委员会改为裁判研究委员会通令》	1949 年 3 月
司法行政法规	《关于县市公安机关与司法机关处理刑事案件权责的规定》	1948 年 11 月
司法行政法规	《处理死刑案件应该注意的事项的通令》	1948 年 10 月 23 日
司法行政法规	《关于刑事复核制度的通令》	1949 年 3 月 23 日
司法行政法规	《为清理已决及未决案犯的训令》	1949 年 1 月
司法行政法规	《贯彻清理积案并减少积案办法的训令》	1949 年 5 月
司法行政法规	《为重大案件量刑标准》	1949 年

“尽管中国共产党在红色区域、抗日根据地和解放区建立革命政权的历史

已有 20 多年，具有比较丰富的政权建设经验，但由于都是在战争环境下由共产党领导革命群众建立起来的，法制一般都不健全，而华北人民政府则不同，它是在解放战争行将结束，为在和平环境下成立的中央人民政府做准备而建立的共产党领导下多党合作的人民民主专政的政权，所以十分注意实行以法治国，十分注意进行法制建设，在建立健全法规制度方面做了极大努力，在短短的 13 个月里，就制定颁行了几十个法律、法规、条例、办法等，其内容几乎包罗了政治、经济、文化领域的各个方面，不仅使各项工作逐步走上了法治的轨道，更可贵的是为中央人民政府的各项工作从一建立就有规可循、有序运作打下了非常良好的基础。华北人民政府的这一贡献是功不可没的。”①

“华北人民政府的成立，标志着解放区政权建设的新阶段”②，“它是新中国的雏形”③。

① 中央档案馆编：《共和国雏形：华北人民政府》，西苑出版社 2000 年版，第 26 页。

② 魏宏运主编：《中国现代史稿（1919—1949）》（下），黑龙江人民出版社 1986 年版，第 377 页。

③ 王绘林主编：《中国现代史》，北京师范大学出版社 1991 年版，第 790 页。

结语　家国与天下的变奏：燕赵地域在中华法系演进中的历史角色

黑格尔认为人类历史的真正舞台在温带，而且是北温带。汤因比认为文明的起源与增长遵循“挑战与应战”的模式；1904 年英国地理学家麦金德在《历史的地理枢纽》一书中称：中国北部的蒙古大草原，苏联的亚洲部分南部以及东欧一带，是所谓世界的地理枢纽。[①] 古代河北地区不仅位于中国的北温带，而且紧邻世界的地理枢纽，联结着汉族传统居住区和少数民族传统居住区：她的北面有燕山山脉和万里长城，西部是太行山脉，东边濒临渤海，中部为沃野千里的华北平原，南部为黄河天堑。既是重要的经济区，又控扼着少数民族入主中原的重要通道，因此古人评价河北尤其是北京在地理上有“挈裘之势”[②]，比喻统治河北就能君临中国，就像提着领子就能提起整件衣服一样。同时河北地区是中国农业文明与游牧文明的交汇点，是中华民族“挑战与应战”的最为重要的历史舞台之一。古代河北在战国时期已形成具有特色的地域文化圈，时称燕赵地区，并成为后世河北的代名词。燕赵文化圈在元代尤其在近代以后，逐渐分成北京、天津、河北三部，而随着北京、天津

---

① ［英］哈·麦金德：《历史的地理枢纽》，林尔蔚等译，商务印书馆 1985 年版，第 60 页。

② （清）华湛恩：《天下形势考》，载（清）王锡祺《小方壶斋舆地丛钞》，西泠印社 2004 年版。

各自形成独具特色的地域文化，燕赵和河北两个概念都缩小了，都指向今天的河北地区。随着北京成为中国封建社会后期的王朝都城，华北地域不仅见证了各个封建王朝的兴亡，还是近代中华民族抵抗外辱的主要战场。

燕赵地域与中国国家传统法治关系密切，在中华法治文明发展中从“自行发展”的国家角色转变为“使命实施”的国家角色，燕赵文化因而发生了从“被纳入”到“被赋予”的地位转型，燕赵地域文化从军事文化向政法文化的转变正是这个转变中的最主要的层面。因此对河北法律文化从古代到近代的演变，还有深层次总结的需要与空间。

一、从悲歌慷慨到一统入法：燕赵地域从边地文化向郡县文化的转变

河北古代地域文化自战国起就具有两元性，这是目前学术界比较一致的看法。李学勤先生在《东周与秦代文明》一书中，曾将东周时代列国划分为七个文化圈，其中中原文化圈：“以周为中心，北到晋国南部，南到郑国、卫国，也就是战国时期周和三晋（不包括赵国北部）一带。”北方文化圈：“包括赵国北部、中山国、燕国以及更北的方国部族。”① 根据这样的划分，赵国的南部和北部分别属于中原和北方两个文化圈。孙继民等首先提出河北古代文化具有两元性，认为“赵文化是平原文化与高原文化、内地文化和边地文化、农耕文化与畜牧文化、华夏文化与胡族文化的二重构成”，提出赵文化是一种典型的多元文化，这是它区别于当时各诸侯国的一个显著特点。② 王子今先生认为：“赵地在北方文化区与齐鲁文化区、中原文化区之间，形成一个文化过渡区。一急一缓，一武一文，一勇悍一谦谨，双方在这里冲突，在这里

① 李学勤：《东周与秦代文明》，文物出版社 1984 年版，第 11 页。

② 孙继民、郝良真：《论战国赵文化构成的二重性》，《河北学刊》1988 年第 2 期。

融汇。”[①]

河北古代地域文化以“慷慨悲歌”为最大特色，这一点是古今仁人志士的共同看法。李白言：“邹鲁多鸿儒，燕赵饶壮士。盖风土之然乎。”[②] 唐韩愈说：“燕赵古称多感慨悲歌之士。”[③] 宋苏轼说：“幽燕之地，自古号多雄杰，名于图史者，往往而是。”[④] 元王恽说：“燕赵自昔多豪迈慷慨之士，虽时移俗易，不复于古，而海山沉雄，通贯斗极，钟灵孕秀，间亦见其人焉。”[⑤] 正是历代文人广泛宣传，使之成为燕赵文化特色的象征并成为世人广泛的共识。“可知自从战国末年以后，‘慷慨悲歌’确实已成为燕赵之地所专有，直到清初延续二千年而不改的独特文化风格，成为燕赵文化的独特标志和主要特征，古往今来一向受到人们的仰慕，被天下有志之士视为典范。”[⑥]

燕国悲歌慷慨既是接近塞外民族的文化后果，也是苦寒的边地文化的反映。赵国通过“胡服骑射”的军事改革，提倡“尚剑”与“养士”之风，使赵国成为北方的头等军事强国，也形成了尚武任侠、重信守义的社会风气。在秦灭六国战争中，“徇名之士，豪举之徒，发愤以刷国耻，结盟以复私怨，感慨归死，终然不夺。”[⑦] 高渐离燕市击筑、荆轲刺秦王等燕赵人物故事成为结私交而四处流动的游侠文化代表。

战国后期的历史促使燕赵文化基本特点逐渐融合：一是来自燕赵两地合成后的“慷慨悲歌”文化传统，二是来自赵国文化的特点：“一为勇武任侠，二是放荡冶游。”[⑧] 这三者组成了燕赵文化最初的三个文化因素，“悲歌慷慨”

---

① 王子今：《秦汉区域文化研究》，四川人民出版社 1998 年版，第 69 页。

② （唐）李白：《李太白全集》卷二七《春于姑熟送赵四流炎方序》，中华书局 1977 年版，第 1265 页。

③ （唐）韩愈：《韩昌黎文集校注》卷四《送董邵南序》，上海古籍出版社 1986 年版，第 247 页。

④ （宋）苏轼：《苏轼文集》卷九《策断三》，中华书局 1986 年版，第 288 页。

⑤ （元）王恽：《总管范君和林远行图诗序》，见《全元文》第 6 册，凤凰出版社 1998 年版，第 194 页。

⑥ 张京华：《燕赵文化》，辽宁教育出版社 1995 年版，第 258 页。

⑦ （宋）王钦若：《册府元龟》卷八四八《总录部・任侠》，中华书局 1989 年版，第 3230 页。

⑧ 张京华：《燕赵文化》，辽宁教育出版社 1995 年版，第 239 页。

与“起则相随椎剽，休则掘冢作巧奸冶”相连，“儒以文乱法，而侠以武犯禁”①，“放荡冶游”则为不事生产，三者都是违法犯禁之举，但实际上为燕赵法律文化传统最初的组成部分。

秦自前222年灭燕、前229年灭赵及之后，推行郡县制，设立右北平、广阳、渔阳、上谷、代、恒山、邯郸、辽西等郡。但因秦朝暴政，前209年陈胜、吴广在去渔阳戍守的路上揭竿而起。项羽灭秦后，在各地封王，未被封王的陈余于赵地率先起兵，会同齐地田荣发起割据战争。后陈余为韩信背水为阵击败。刘邦先后封臧荼、卢绾为燕王，后皆反叛，后于赵地分封其兄刘喜及其子如意为代王，代相陈豨反叛。汉文帝之时，赵王刘遂参与七国之乱，燕王刘旦作乱。②

秦汉时期因燕赵地域远离当时的政治中心关中，而当时的兼并战争多不具有正义性，因而呈现出很强的与中央政府的离心倾向。在意识形态方面燕赵地域也是如此，邯郸扼南北东西交通之要冲，是战国时代著名的学术思想自由表演舞台，儒、法、名、兵、纵横各家学说都可宣扬各自的政治主张。

到西汉中期，王国问题已经基本解决，但反思历史，就必须提出地方与中央关系新的治理思路。秦代郡县制实施时间很短而没有成功，汉初的郡国体制也是动乱不断。确立地方与中央的新型关系，不仅是燕赵的问题，也是全国各个地方的普遍问题。当时的历史要求提出新的政治哲学，以代替秦代激进的法家学说和汉初消极的黄老之学。

董仲舒（前179—前104年）是河北广川（今河北景县广川镇，一说今河北枣强县）人，历经汉文帝、景帝、武帝三代，汉景帝时被封为博士，武帝时曾提出举贤良对策，曾经出相江都易王。董仲舒既有赵地文化背景，也曾经在地方任职，对当时迫切的政治问题当然会有所思考。董仲舒借用儒家春

---

① （汉）司马迁：《史记》卷一二四《游侠列传》，中华书局1982年版，第3181页。

② 贾文龙：《燕赵腹里：中国政治地理单元体系中雄安地区之定位变动》，《河北大学学报》2017年第3期，第113页。

秋公羊学说阐发了自己“大一统”的政治理念。《公羊传》在开篇就提出了这一理论。《春秋》隐公元年载：“元年春，王正月。”《公羊传》曰：“何言乎王正月，大一统也。”“大一统”意为以一统为大，董仲舒又提出“天人感应”论进一步阐发说：“王者必受命而后王，王者必改正朔，易服色，制礼乐，一统于天下。”[①] 突出了对高度统一的君主政治的向往。董仲舒在与武帝对策时也强调了这一点：

> 《春秋》大一统者，天地之常经，古今之通谊也。今师异道，人异论，百家殊方，指意不同，是以上亡以持一统；法制数变，下不知所守。[②]

与“《春秋》大一统”具有相同含义的说法还有“《春秋》王者无外”。所谓“王者无外”，就是强调天子的至高无上，实际也就是“普天之下，莫非王土；率土之滨，莫非王臣”的另一种表述。由于“《春秋》大一统”理论提出了西汉社会问题的切中时弊的解决方案，因而成为汉王朝加强皇权和中央集权的政治理论原则。

燕赵文化中任侠使气、慷慨悲歌的侠文化与大一统的汉文化相背离，董仲舒提出“三纲五常”，又加以阴阳五行说：

> 阴者阳之合，妻者夫之合，子者父之合，臣者君之合。……君臣父子夫妇之义，皆取诸阴阳之道。君为阳，臣为阴；父为阳，子为阴；夫为阳，妻为阴。[③]

这种“父尊子卑，君尊臣卑，夫尊妇卑”的说法强调了中原农耕文明的重人伦教化、尚务实敦厚的世俗特点，从而使地方民风可以纳入“道之以德，齐之以礼”的理想政治格局。随着大一统政治理论的推行，燕赵地域法律文

---

① （汉）董仲舒著，（清）苏舆撰，钟哲点校：《春秋繁露义证》卷七《三代改制质文》，中华书局 1992 年版，第 185 页。

② （汉）班固：《汉书》卷五六《董仲舒传》，中华书局 1962 年版，第 2523 页。

③ （汉）董仲舒著，（清）苏舆撰，钟哲点校：《春秋繁露义证》卷一二《基义》，中华书局 1992 年版，第 351 页。

化开始从边地文化转变成郡县文化特征。《隋书》在记叙冀州、幽州民风时概括道："信都、清河、河间、博陵、恒山、赵郡、武安、襄国，其俗颇同。人性多敦厚，务在农桑，好尚儒学，而伤于迟重。前代称冀、幽之士钝如椎，盖取此焉。俗重气侠，好结朋党，其相赴死生，亦出于仁义。"①

因为燕赵地方邻近少数民族，所以又从郡县文化转向边郡文化。汉武帝时，"中国一统而北边未安"②，由此开始了持续三十多年的反击匈奴斗争。魏晋南北朝时期燕赵地域又经历了长期战乱，更是使燕赵地域突出了边郡文化的重武力的军事倾向，唐人曾说燕赵之民，与胡杂处，其性好勇，《太白阴经》说："勇怯有性，强弱有地。秦人劲，晋人刚，吴人怯，蜀人懦，楚人轻，齐人多诈，越人浇薄，海岱之人壮，崆峒之人武，燕赵之人锐，凉陇之人勇，韩魏之人厚。"③《宋史·地理志》在概括河北风俗时说："人性质厚少文，多专经术，大率气勇尚义，号为强忮。土平而近边，习尚战斗。"④ 沈括写道："其人生而知有战斗攻掠之备，习闻而成风者已久而不可迁。虽当积安无事之日，其天性固以异于他俗。"⑤

作为边郡文化，后世对燕赵文化的优劣有一个弃贬扬褒的语义选择的过程。韩愈先提出"燕赵古称多感慨悲歌之士"，宋人黄裳《安肃军建学记》作"燕国多悲歌感慨之士，遗风余俗，犹有存者"⑥。唐宋时期，"悲歌感慨"已经成为对燕赵人物的正面肯定。金人段克己《送李山人之燕》作"每遇杯酒间，辄击节悲歌，感慨泣下"⑦。元人刘因《七月九日往雄州》作"秋声浩荡

---

① （唐）魏徵、令狐德棻：《隋书》卷三〇《地理志中》，中华书局1973年版，第859页。
② （汉）班固：《汉书》卷六《武帝本纪》，中华书局1962年版，第173页。
③ （唐）李筌：《神机制敌太白阴经》卷一《人谋上·人无勇怯篇》，清道光守山阁丛书本。
④ （元）脱脱等：《宋史》卷八六《地理志二》，中华书局1977年版，第2130页。
⑤ （宋）沈括：《邢州尧山县令厅壁记》，见《全宋文》第77册，巴蜀书社1991年版，第332页。
⑥ （宋）黄裳：《安肃军建学记》，见《全宋文》第103册，巴蜀书社1991年版，第334页。
⑦ （清）康熙：《御定全金诗》卷五六《送李山人之燕》，景印文渊阁《四库全书》本，台北商务印书馆1983年版，第1445册，第726页。

动晴云，感慨悲歌气尚存”①；《吊荆轲文》作“古称燕赵多感慨悲歌之士”②。元人郑玉《送汪德辅赴会试序》作“燕赵多悲歌感慨之士”。再如，明人黄佐《北京赋》作“固多彬彬文雅之士，而感慨悲歌者亦任侠而成群”③；明人孙绪《清河县重修庙学记》作“清河古赵区，悲歌感慨之风宛然犹在”④。可见，“悲歌感慨”在经历后世文人学者弃贬扬褒的论述后，才成为燕赵地域文化的典型风格述事。

二、从王朝律令到臣子著述：燕赵地域作为农耕与游牧法律文化的融合舞台

河北古代法律名人，在集体和个体创造的法学文化著述两方面都取得了丰硕成果，他们的著述极大地丰富了中华法律文化宝库。河北古代法律名人参与修订了中国古代多部法典：《魏律》《北魏律》《北齐律》《开皇律》《唐律》《显德刑统》《宋刑统》《大元通制》，其群体创作过程贯穿于中华法系的形成、成熟、转型各个时期。

三国曹魏时邯郸广平刘劭制定《魏律》。北魏时名门望族清河崔宏主持制定了《天兴律》，清河东武城崔浩、渤海高允制定《神麢律》，后任县游雅制定《正平律》，是北魏诸律中比较完备的《正始律》的基础。渤海高绰、高遵、封琳等修订《太和律》，是北魏法律封建化过程中的关键法典，大大推动了北魏王朝的汉化历程。冀州刺史孙绍参与修订《正始律》。后渤海封述等人

① （元）刘因：《静修集》卷一五《七月九日往雄州》，景印文渊阁《四库全书》本，台北商务印书馆1983年版，第1198册，第605页。

② （元）刘因：《静修集》卷二二《吊荆轲文》，景印文渊阁《四库全书》本，台北商务印书馆1983年版，第1198册，第650页。

③ （清）康熙：《御定历代赋汇》卷三六《北京赋》，景印文渊阁《四库全书》本，台北商务印书馆1983年版，第1419册。

④ （明）孙绪：《沙溪集》卷四《清河县重修庙学记》，景印文渊阁《四库全书》本，台北商务印书馆1983年版，第1264册，第528页。

又修订成《麟趾格》《北齐律》。这些法律既是中华法系传承和发展的重要一环，也深刻影响了隋唐时期的法律文化。

隋时渤海高颎、赵郡李谔、安平李德林等人以《北齐律》为蓝本制定了《开皇律》。唐初贝州武城崔善为、衡水（今河北衡水）李桐客等人修成《武德律》，唐太宗时房玄龄、长孙无忌与定州义丰张行成、渤海蓨人高季辅等人修成《武德律》，唐高宗时定州张行成、渤海高季辅等人删定《贞观律》，制定《永徽律》及令格式，最终完成了中华法系的代表性法典《永徽律疏》，即后世所称的《唐律疏议》。唐玄宗时邢州南和宋璟完成《开元律疏》《开元令》《开元后格》的编定。范阳张说亦参与了《唐六典》的编修。

五代后周时大名宗城范质、范阳剧可久等人编修《显德刑统》。宋初蓟州渔阳窦仪修订《建隆重详定刑统》30卷，后称《宋刑统》。其后饶阳王济又修订《开宝刑统》30卷。在北宋编敕活动中，真定获鹿贾昌朝编修了《庆历编敕律学武学敕式》2卷、《庆历编敕》13卷，此外，大名宋白、盐山索湘、赵州李迪、恩州丁度、冀州田况、大名刘筠等对宋朝的法律建设也作出了重要贡献。

宋朝时中国文化重心南移，河北古代法学在辽、金、元还出现了一个高峰时期，辽朝的法制建设主要是由幽州安次韩延徽和冀州玉田韩德让指导进行的。金朝的法制封建化进程，也是玉田韩氏后人韩企先及其子韩铎发挥推动作用，制定了金朝第一部成文法典《皇统制》，金章宗时洺州董师中完成《泰和律义》12篇，是金朝最完备的法典。

元时洺水刘肃、真定史天泽等制定了《新立条格》，后广平何荣祖制定《至元新格》《大德律令》，元英宗时真定王约修订完成《大元通制》，是元朝比较完备的代表性法典。元朝之后，河北人只有王崇简和杨雍参与了清朝《大清会典》的修订，明清时期立法中河北人的身影是相当稀少的。[①]

河北古代涌现出众多法律名人、参与修订了中国古代多部法典，今人总

① 参见郭东旭《燕赵法文化研究（古代版）》卷二《法制建设篇》，河北大学出版社2009年版，第109—196页。

结燕赵文化："每当少数民族政权统治燕赵地区时，燕赵的学术与教育便会相应地产生若干新的成就。"① 古代河北地区作为中原农业文明与北方游牧文明的交汇点，燕赵古代法学成就与中华民族的民族融合形势有很大的关联性，这不仅体现在魏晋时期，还体现在继宋代中国文化重心南移后，在元代河北古代法学在法典编纂上还出现了一个高峰时期。

河北古代法律名人的个体著述创作颇具数量，亦多名著，极大地丰富了中华法律文化宝库，河北古人法学著述也伴随了中华法系的儒家化、成熟、转型各个时期。燕赵古代个人著述，从西汉至清，几乎涵盖了整个中国封建社会，考虑到战国中期慎到《慎子》、战国末期赵国荀况《荀子》对中华法系精神形成的深远影响，这个过程更显漫长。燕赵古代法学个体著述水平很高，除了在法典制定中已大量体现了法学创造能力之外，在魏、唐、宋三代还出现了名家名篇。三国魏人刘劭所著《法论》《律略论》已失传，现存《人物志》是中国古代人才学的重要理论著作。唐朝张鷟所著《龙筋凤髓判》，是唐代科举中"身、言、书、判"中拟判录士的判例集。刘筠《刑法叙略》对宋朝以前各代司法机构及官员设置沿革作了系统、完整介绍。燕赵法律文化传统与燕赵学术文化趋势一致，也是少数民族政权统治燕赵地区时燕赵产生若干新的法学著述成就。

燕赵古代个人著述在元明清时期则呈现衰落趋势，尽管数量尚且可观，但缺少有深度、有影响力的著作。刘劭、张鷟、刘筠等人的著述，基本上都与司法系统的选官用人相关，显示燕赵地域在魏、唐、宋时作为地方政治中心，其所培育人才更多关注的是法官的选拔与任用。元代是古代燕赵法律文化由盛而衰的转折点。元、明、清时期，燕赵人士所著《审听要诀》《刑统一览》《刑曹平反》《明刑辑要》《刑戒》《恤刑策略》《司臬疏稿》《增补洗冤录》《无闻集・讼论》《洗冤录集注》《牧令书》《保甲书》等书，皆与治民之术有

---

① 宁可、杜荣泉等主编：《中华文化通志・地域文化典・燕赵文化志》，上海人民出版社 1998 年版，第 192 页。

关，显示河北籍官员更多关注地方管理，与魏、唐、宋时相关法学论述相比，其立意旨趣有下上之别。

三、从畿辅之毗到直隶之省：中国封建王朝后期赋予燕赵地域的法治定位

元、明、清三代，河北地区成为陪辅京都的“畿内巨州”，安定腹里成为主要政治任务，地方治安成为官员施政重点，“首善之区”成为施政目标，燕赵地域文化进入平淡期。燕赵地域文化的平淡化是政治平稳要求的结果，形成了重稳定、求和谐的新的法律文化传统。《畿辅通志》对历代史籍中燕赵地域风俗习惯的记载作了汇编，其所概括地反映了明清以降河北的法律文化：“汉以后史传多谓习于燕丹荆轲之遗风，忼慨悲歌，尚任侠矜气勇，然其性资之质直、尊吏畏法、务耕劝织则历代所不易也。”

关于燕赵地域法律文化的传统特点，尚未有学者作出概括。清代《畿辅通志》对历代史籍中燕赵地域风俗习惯的记载作了汇编，从中可以初步得出元、明、清时燕赵古代法律文化传统的一些转变。

从古代官员对燕赵地区明清以降民风的记叙，可见朴实无华、不习奸伪、服驯教化、各务本业成为最重要的评判价值。同时也记叙了各地民风转变的过程：如“昔称忮诈稚掘，今则急上而力农，昔称弹弦跕躧，今则纺绩而宵作”，“旧尚奢侈，信巫鬼，今渐有古风”，“政教渐摩，日趋文雅”，“旧尚奢侈，信巫鬼，今渐有古风”，由此可见燕赵地区在成为畿辅直隶之后，其地方治理所产生的社会效果。民风的平淡与淳朴，从另一方面来看，也就呈现地域文化趋于平淡的现象，这种民间风气的影响深远，“老实忠厚”渐渐成为现在河北地域的重要人文表现。①

① 倪建中、辛向阳主编：《人文中国：中国的南北情貌与从文精神》，中国社会出版社 2008 年版，第 333—361 页。

四、从风气之后到改良之先：中国近代化过程中燕赵地域的法治使命

燕赵地域环绕帝都周围，其地方治理的施政目标必须突出政治性，必须以“少讼”“息讼”为施政目标。清代后期之后，中国社会矛盾丛生，一味息讼已经不适应当时的社会形势。河北大名人崔述（1740—1816）敏锐地认识到这种治理天下的观念渐趋落后了，其所著《无闻集·讼论》认为：争讼是人类社会发展变化的必然产物，“自有生民以来，莫不有讼。讼也者，事势之所必趋，人情之所断不能免者也”。认为诉讼具有一定程度的保护个人权利、抵御邪恶势力任意侵害的作用。因此，就不应该禁止或回避争讼，也不要以道德教化取代秉公断讼。“无讼则无讼矣，吾独以为反不如有讼之犹为善也。”崔述是中国古代士人中第一个公开著文反对“息讼”的人。①

燕赵地域法律文化与京师政治文化息息相通，因而也充满了封闭性。河北古代的历史多次证明，在北京建都之后，河北与北京在政治文化上有主从关系，北京为主，而河北随之。但是在社会动乱、中央政府统治力下降时，京、津、冀地区则常常突破原来政治上的属从关系，而休戚与共、荣辱共进，成为一体。1894年中日甲午战争之后，中国陷入帝国主义瓜分的深重危机，地方自治运动兴起，京、津、冀地区的文化联结更加紧密。鸦片战争之后，天津成为“洋务运动”的中心，并作为直隶总督兼北洋大臣的驻地，外交地位和政治地位相当突出，甚至被外国人视为中国的“第二政府”。

20世纪初，资产阶级改良主义的维新运动开始在中国大地兴起，摇摇欲坠的清王朝为形势所迫，欲效仿日本走“变法维新”之路。京津与直隶地区成为由政府主导的、以保留皇权为政治前提的法律变革运动的试验场，这主

① 陈景良：《崔述反“息讼”思想论略》，《法商研究》2000年第5期。

要体现在两个方面：一是京津与直隶是中国法学近代化的主要发生场所；二是中国近代警政也主要起于京师与直隶地区。

1901 年 1 月，光绪皇帝颁布上谕，决定实行新政，当时有识之士认为“外国之所以富强者，良由于事事皆有政治法律也”①，因而变法修律是重要方面。1902 年中国成立三所国立大学——京师大学堂、北洋法政学堂、山西大学堂，都开设了近现代法学课程。地方人士对法律也很重视，“环球各国立约均以法文为准绳，故法文无论何人不可不通”②，1905 年河北也设立直隶学堂和法政学堂。

20 世纪初的法律教育改良，由于是清政府自上而下推行的变革运动，因而其办学思想有很大的保守性。大学士孙家鼐在《遵议开办京师大学堂折》中说：“今中国创立京师大学堂，自应以中学为主，西学为辅；中学为体，西学为用；中学有未备者，以西学补之；中学有失传者，以西学还之。以中学包罗西学，不能以西学凌驾中学。”③ 南皮人张之洞的《劝学篇》更是将这种“中学为体，西学为用”的理论系统化了。

改良之后，京师大学堂成为引领全国大学教育的标尺，④ 但对中国近代法学教育影响最大的是天津“北洋法政学堂”。光绪三十二年（1906）夏，直隶总督袁世凯仿照日本法政学堂，奏请清廷批准在天津创办“北洋法政学堂”。北洋法政学堂效仿西制，分为速成科与专门科两类：速成科学制一年半，主要为政府短期培训急需的法律人才。速成科又分为“职班”（司法科）和“绅班”（行政科），绅班专收直隶地方保送的士绅，以培养地方自治人士为主。职班专收外籍有职人员，主要是培养专业律师。1911 年“北洋法政学堂”改称“北洋法政专门学校”。1914 年 6 月，直隶省当局决定将保定法政专门

---

① 《大清法规大全·教育部》第 1 卷《学堂章程·学务纲要·参考西国政治法律》，高雄考证出版社 1972 年版，第 1143—1145 页。

② 清光绪三十四年（1908）《东方杂志》第 1 期《省城设立法文学社》。

③ 《戊戌变法》第 2 册，载《中国近代史资料丛刊》，上海书店出版社 2001 年版，第 426 页。

④ 夏邦：《黄旗下的悲歌：晚清法制变革的历史考察》，合肥工业大学出版社 2009 年版，第 114 页。

学校、天津高等商业专门学校并入“北洋法政专门学校”，改称“直隶公立法政专门学校”，设法律、政治、商业三科。1928 年改称“河北省立法政专门学校”。

北洋法政学堂是中国近代史上传播反帝反封建先进思想的阵地，中国共产党创始人李大钊同志 1907 年考入该校，为专门科第一期学生，抗日爱国将领张自忠也曾是法政学堂的学生。李大钊在 1923 年参加母校 18 周年校庆纪念会演讲中曾做过这样的评价：“那时中国北部政治运动，首推天津，天津以北洋法政学堂为中心。”①

清末直隶警政最先在保定、天津两大城市创兴。1900 年八国联军侵华战争之后，时任直隶总督的袁世凯在保定练新军，设陆军速成学堂和将弁学堂（后改保定陆军军官学校）。1902 年 5 月，袁世凯又在保定创办巡警局，以赵秉均为总办，赵秉均创办了巡警学堂。八国联军交还天津的条件之一是中国军队不能在天津周围 20 里以内驻扎，出于既遵守条约而又控制局势的考虑，袁世凯奏请在天津和保定设立巡警局，得到清廷批准，于是将所训练的三千新兵改称巡警驻扎天津周围。后又创办天津巡警学堂，1903 年底将保定巡警学堂并入，更名为“北洋巡警学堂”。

1905 年 9 月，革命党人吴樾在北京正阳门车站用炸弹轰炸出洋考察政治的五大臣，举朝震惊，清廷决定在中央设置警巡部，袁世凯保荐徐世昌为尚书，赵秉钧为右侍郎，从天津、保定抽调巡警官兵一千余人进京，改组北京巡警机构，成立内外城巡警厅。袁世凯入京担任军机大臣后，北京警政完全落到袁党手中。

袁世凯在保定创办近代警察时，曾制定了一批法规，如《保定警务局站岗规矩》《保定警务局巡逻规矩》《保定警务局旅店管理法》《保定警务局颁定旅店货宿客商册式规则》等。在天津创建近代警察时，则制定了《天津巡

① 李大钊：《李大钊文集》下卷，人民出版社 1984 年版，第 698 页。

警总局试行裁判办法》《天津南段巡警总局现行章程》《天津四乡巡警章程》《巡警规条》《天津巡警现行救火章程》《清查户口章程》等。随着清末直隶警政的创行与推广，由差役、保甲、团练、绿营等构成的清朝治安体制完全为近代警察制度所代替。

“数十年来，国家维新之大计，擘画经营，尤多发轫于是邦，然后渐及于各省，是区区虽为一隅，而天下兴废之关键系焉”；举凡“将校之训练、巡警之编制、司法之改良、教育之普及，皆创自直隶，中央及各省或转相效法”。[①] 因而可以说近代燕赵地域法律文化的国家角色就是法制西学中用的实验场。

五、从抗战前沿到模范根据地：燕赵地域与人民民主法治的历史转变

黄宗智认为从历史实际的视野来看，中国今天的法律明显具有三大传统，即古代的、现代革命的和西方移植的三大传统。三者在中国近、现代史中是实际存在的、不可分割的现实；三者一起在中国现、当代历史中形成一个有机体，缺一便不可理解中国的现实。但今天的法学界主流把“传统”仅等同于古代，并完全与现实隔离，又把新民主主义革命的法律传统既排除于“传统”之外，又排除于现在之外。[②]

抗日战争时期，任侠尚武、慷慨悲歌的燕赵文化得以升华，中国共产党在河北周围地区建立了晋察冀、冀中、冀热辽、晋冀豫、冀鲁豫等多个抗日根据地，西柏坡是中国共产党进入北平、解放全中国的最后一个农村指挥所，中国共产党在此实现了从农村转向城市的工作重心调整，在此期间制定的政策法规奠定了新中国法制建设的雏形。

---

① 徐文尉：《养寿园奏议辑要·跋》，载沈石龙主编《袁世凯史料汇刊》，台北文海出版社影印，第886页。

② ［美］黄宗智：《法律不能拒绝历史》，《财经》2009年第8期。

1943年《晋察冀边区行政委员会关于女子财产继承问题的决定》、1945年《冀鲁豫行署关于女子继承问题的决定》对现代女性的财产权有直接的影响。1948年11月《华北人民政府为成立中国人民银行发行统一货币的训令》是新中国统一货币的重要举措。1949年1月《华北人民政府解散所有会道门封建迷信组织的布告》拉开了新中国取缔秘密社会的序幕。1949年1月25日公布的《华北区革命军人家属优待条例》，使拥军优属工作走上规范化道路。1949年制定的《关于在国营工厂企业中建立工厂管理委员会与职工代表会议的决定》对以后的国营企业的群众组织有深远影响。1949年华北人民政府颁布关于调解民间纠纷的决定，宣布在城市也适用广大农村的调解工作经验。华北人民政府的婚姻法成为社会主义婚姻法最初的实践。

燕赵地域的法律文化于中国而言，正展现了古代的、西方移植和现代革命三种法律文化交汇融合的历史过程。在战国时期，燕赵地域“慷慨悲歌”是“自行发展”的边地法律文明；在秦汉时期，燕赵地域的法律文化是与郡县地位相适应的轻刑重礼的儒家风格；在魏晋南北朝至元代，燕赵地域是中原农业法律文化与草原法律文化相融合的舞台；明清时期，燕赵地域作为京都陪辅其盛行的法律文化是强调安定有序的政法文化；在中国近代，燕赵地域是西学中用的法制实验场。燕赵地域自古以来就是控扼着少数民族入主中原的重要通道，“慷慨悲歌”与尚武之风紧密相连，属于军事型法律文化，对中原政治有离心倾向。而后燕赵地域从普遍郡县转为京畿直隶，属于政法型民风文化，特别强调政治稳定和与中央皇权的一致。在燕赵地域文化从军事文化向政法文化转变的同时，其国家角色也从“被吸纳”的“自行发展”的区域法律文明转变为“被赋予”的“承担使命”的环首都圈法律文明。燕赵地域是中国大地上法律文明冲突最激烈、震荡最频繁的地区，燕赵地域的法律文化所扮演的国家角色反映了中国从古至今的波澜起伏的法史图景。今日中国的传统与现实相交织的剪影，深深镌刻在这片广袤悠远的大地上。

附　录

一、燕赵地域法律文化发展大事年表

距今五六千年前，燕赵地区发生的涿鹿之战（在今河北涿鹿县境内，或说在河北怀来县）、阪泉之战（今河北怀来境内）促使中国传统法文化形成了“刑始于兵”的传统。

大禹治水“自冀州始”，随后命令“诸侯百姓”和“画分九州”，促进了中国历史上国家的产生。

商朝时，在易水流域有易氏部族杀害了从事长途贩运的商族首领王亥，部族间物品交换过程中的和平与战争成为后世燕赵地域政治军事生活的重要侧面。

商末帝纣统治时，在邯郸、沙丘（今河北邢台市广宗县）“大聚乐戏”，最终为周族推翻，商族信奉的“王权神授”的神权法思想被“以德配天”的法律思想所替代。

公元前 513 年，赵简子主持将范宣子制定的刑书铸在鼎上，向全国公布。这是中国历史上第二次公布成文法的活动。

公元前 403 年，赵国公仲连制定《国律》。

战国时，燕国曾经制定简要法律，但法典后世失传。

战国早期赵国慎到（约前 390—前 315 年）到临淄求学，提出了“尚法”和“重势”的思想体系。

战国末期赵国人荀况（约前 298—前 238 年）开创了礼法一体理论和混合法理论。

前 259 年，秦庄襄王与赵姬在邯郸生子政，统一中国后称秦始皇。

西汉河北广川（今河北景县广川镇，一说今河北枣强县）人董仲舒（约前 179—前 104 年）倡导“引经决狱”体系，提倡“罢黜百家、独尊儒术”。

西汉冀州钜鹿（今河北平乡）人路温舒反对刑罚，宣扬“德主刑辅”。

东汉冀州安平（今河北安平县）人崔寔（约 103—170）向汉桓帝进《政论》5 卷。

东汉时期，冀州刺史朱穆作《崇厚论》，号召“重德教而轻刑罚”。

太和三年（229），魏明帝曹叡命令广平邯郸（今河北邯郸市）人刘劭（185—245）制定《魏律》18 篇，时称《新律》，史称《曹魏律》。《新律》是由儒士律学家第一次主持制定的中国封建法典。

北魏道武帝拓跋珪当政时期，清河东武城（今河北故城县与山东武城县交界）人崔宏（？—418）主持制定了北魏立国以来的第一部成文法典《天兴律》。

北魏太武帝拓跋焘时期，清河东武城（今河北故城县与山东武城县交界）人崔浩（？—450）与渤海蓨县（今河北景县东）人高允（390—487）等人制定《神䴥律》。

北魏广平任县（今河北任县东南）人游雅（？—461）重新修订《正平律》，修改后改称《太安律》。

北魏中后期长乐郡信都县（今河北省衡水市冀州区岳良村）人冯太后（442—490）主持两次大规模的法律修订活动。

北魏孝文帝元宏（467—499）在冯太后的影响下，任命渤海蓨县（今河北省景县）人高绰（475—522）、渤海蓨县（今河北省景县）人高遵、渤海蓨县（今河北省景县）人封琳（？—519）等人修订完成了《太和律》，史称“北魏律”。太和年间出仕的冀州刺史孙绍制定了《正始律》。

541年，东魏渤海郡蓨县（今衡水市景县）人高欢、高洋、高湛任命“擅长律学”的冀州渤海封隆之和封述等人在增减北魏律的基础上完成了《麟趾格》，564年，修成《北齐律》。北齐大理寺正卿为长乐武强（今河北武强）人苏琼，少卿为广平（今河北广平县）人宋世轨。

隋文帝时博陵安平（今衡水市安平县，另说今衡水市饶阳县五公村）人李德林（530—590）提出“更法便于时”的主张。

隋渤海蓨县（今河北景县）人高颎（541—607）与比部侍郎赵郡（今河北赵县）李谔、内史令安平李德林主持《开皇律》的制定。

隋朝恒山新市（今河北正定东北）人郎茂认为“民犹水也，法令为堤防，堤防不固，必致奔突，苟无决溢，使君何患哉？”

618年，贝州武城（今河北清河）人崔善为、冀州衡水（今衡水市）人李桐客参修唐律。观城刘林甫与裴寂、肖瑀等人撰修唐朝第一部法典《武德律》，李桐客参与制定《武德律》和《武德令》

637年，渤海蓨县（今河北景县）人高季辅（596—654）、定州义丰（今河北安国）人张行成（587—653）等参与《贞观律》的修定。651年，张行成、高季辅等参与《永徽律》的修定，后世称为《唐律疏议》。

唐代冀州衡水（今河北衡水市桃城区）人孔颖达（574—648）主张“崇礼重法”“礼有等差”的思想。

唐初钜鹿下曲城（今河北晋州市，另说河北馆陶、河北巨鹿）人魏徵（580—643）提出“法宽刑慎”“公之于法”的法律思想，谏劝太宗行仁义之政，天下大治。

唐代邢州南和（今河北省南和县）人宋璟（663—737）提出的“法无私”论，即法不徇私、依法治国的思想。

唐玄宗李隆基时，瀛州司法参军阎义颛、幽州司功参军侯郢琎等燕赵人士参加了《开元后格》的制定。

唐朝深州陆泽（今河北深州市）人张鷟著有《龙筋凤髓判》，是我国迄今为止完整传世的最早的一部官方判例。

后晋天福三年（938）石敬瑭割让燕云十六州给契丹，直接导致了契丹辽朝法律“南北分治”局面形成。

后唐李存勖时，“只定州敕库有本朝（指唐朝）法书具在”，“定州王都进纳唐朝格式律令，凡二百八十六卷”。

五代邢州尧山（今河北隆尧县）人后周太祖郭威制定《大周刑律统类》。958年，邢州尧山柴家庄（今河北省邢台市隆尧县）人周世宗柴荣命大名宗城人（今河北威县）范质、范阳人（今河北涿州市）剧可久等人编修《显德刑统》。

幽州安次（今河北廊坊安次区）人韩延徽向阿保机提出了胡汉分治的策略，将汉人的“礼法合一”原则引入契丹法律建设当中，大大推动了契丹国的封建化进程。蓟州玉田（今河北玉田县）人韩德让辅助辽圣宗基本完成了汉化和封建化，制定出了辽朝较为完整的条文法。

涿郡保塞（今河北保定清苑区）人赵匡胤建立宋朝，其忠厚为本、宽仁为治、恩威并施的法律思想直接影响了宋代法制发展的方向。

963年，赵匡胤命大理卿蓟州渔阳（今天津蓟州区）人窦仪等完成《建隆重详定刑统》，后称《宋刑统》。饶阳人士王济又修订《开宝刑统》30卷。

河北大名（今河北大名东）人宋白（936—1012）参修《淳化编敕》。河北沧州盐山（今河北盐山东北）人索湘参修《三司编敕》，赵郡赞皇（今河北省赞皇县）人李迪参修“一州一县新编敕”“一司一务编敕”。河北贝州清河（今河北省邢台市清河县）人丁度参修“详定一州一县编敕”。冀州信都（今河北冀州）人田况参修《嘉祐殿前、马、步军司编敕》。

宋大名府（旧治在今河北大名东北）人刘筠（971—1031），修订《天圣新定五服敕》，作《刑法叙略》。

北宋真定府获鹿县（今河北石家庄市鹿泉区获鹿镇）人贾昌朝（998—1065）“以情入法”的立法思想，是“礼法合一”的进一步深化，参与修订了《律学武学敕式》《太常新礼》《庆历编敕》。

赵州平棘（今河北赵县）人宋敏求（1019—1079）辑有《唐大诏令集》。

金朝初期的法制建设，是由韩氏后人韩企先（1082—1146）及其子韩泽发挥推动作用。金熙宗皇统五年（1145），蓟州玉田（今河北玉田县）人韩企先“以本朝旧制，兼采隋、唐之制，参辽、宋之法”，制定出了金朝的第一部成文法典《皇统制》。

明昌五年（1194），洺州（今河北邯郸市永年区）人董师中（1129—1202）完成《明昌律义》，这是金朝最完备的法典《泰和律义》的重要演进版本。

元朝威州洺水（今邢台威县）人刘肃（1188—1263）、燕京大兴永清（今河北廊坊永清县）人史天泽（1202—1275）等制定了《新立条格》，这是元朝的第一个法规。

至元二十八年（1291），元朝广平（今河北邯郸市永年区东南）人何容祖（1221—1299）奉元世祖忽必烈命编定《至元新格》，这是元朝建立后制定颁布的第一部成文法律。1300年何荣祖受命编纂《大德律令》，但未及颁行。

祁州（今河北省保定市安国市伍仁村）人关汉卿（？—1279）撰写《感天动地窦娥冤》，开创了法制文学扣人心弦的冤狱故事类型。

元英宗时河北真定（今河北正定）人王约（1252—1333）参修《大元通制》。

元真定（今河北正定）人瞻思（1278—1351）撰成《审听要诀》。

元真定（今河北正定）人苏天爵（1294—1352）撰成《治世龟鉴》。

清直隶大名人（现属河北省邯郸市魏县沙口集乡沙疙瘩村）崔维雅（1628—？）撰《明刑辑要》。

清代鸡泽（今河北鸡泽）人齐祖望撰《增补洗冤录》。

清代河北大名人崔述（1740—1816）在中国古代士人中第一个公开著文

反对“息讼”。

清末直隶安肃（今河北保定市徐水区）人徐栋（？—1862）辑成《牧令书》。

1902 年中国成立三所国立大学——京师大学堂、北洋法政学堂、山西大学堂，开设近现代法学课程。

1901 年，张之洞等人以日本学制为参照，以“中体西用”原则为指导，提出“七科分学”的大学分科方案。1913 年，民国教育部公布《大学令》等文件，法科成为独立学科。

自 1895 年，袁世凯在天津、保定编练新军，制定《简明军律》等，成为中国近代军法的新开端。

1902 年 5 月，袁世凯在保定创办巡警局，这是中国历史上 第一个巡警制度。后又创办天津巡警学堂，1903 年底将保定巡警学堂并入，更名为“北洋巡警学堂”，是中国历史上第一所警官学校。

1937 年 11 月，中国共产党军队进入华北，开始创建晋察冀、晋冀鲁豫、冀热辽等抗日根据地，制定发布众多法令，成为中国新民主主义社会的雏形。

1948 年 5 月 20 日华北人民政府成立，这是中国共产党在新中国成立前对区域性执政经验的最后一次大规模积累，是新中国的雏形。

二、燕赵古代法学著述简表

朝代	人物	籍贯	法学著述	说明
西汉	董仲舒	河北广川（今河北景县广川镇，一说今河北枣强县）人	《春秋决疑论》10 卷 《公羊治狱》16 卷	经学著作
三国魏	刘劭	广平邯郸（今河北广平）人	《法论》10 卷 《律略论》5 卷	律学著作
晋	鲁胜	代郡（今河北蔚县）人	《刑》《名》2 篇	律学著作
唐	魏徵	钜鹿下曲阳（今河北晋州市）人，一说今馆陶人或巨鹿人	《谏太宗十思疏》等	奏疏体

续表

朝代	人物	籍贯	法学著述	说明
唐	张鷟	深州陆泽（今河北深州市）人	《龙筋凤髓判》	书判体著作
唐	崔锐	安平（今河北衡水安平）人	《崔锐判》	书判体著作
宋	宋敏求	赵州平棘（今河北赵县）人	《唐大诏令集》	法律典籍整理
宋	刘筠	大名（今河北大名东北）人	《刑法叙略》	律学著作
元	瞻思	真定（今河北正定）人	《审听要诀》 《刑统一览》	刑侦审讯著作 法律典籍整理
元	苏天爵	真定（今河北正定）人	《滋溪文稿》 奏疏部分	奏疏体
明	杨子风	无极（今河北无极）人	《刑曹平反》	司法审判著作
明	范景文	河间吴桥（今河北河间）人	《范文忠集》 奏疏部分	奏疏体
清	崔维雅	直隶大名（今河北魏县）人	《明刑辑要》	律学著作
清	郑端	枣强（今河北枣强）人	《刑戒》	司法审判著作
清	桑开运	玉田（今河北玉田）人	《恤刑策略》	司法审判著作
清	姜顺龙	大名（今河北大名）人	《司臬疏稿》	司法审判著作
清	齐祖望	鸡泽（今河北鸡泽）人	《增补洗冤录》	刑侦审讯著作
清	崔述	大名（今河北大名）人	《无闻集・讼论》	法律思想
清	王应鲸	任丘（今河北任丘）人	《洗冤录集注》4 卷	刑侦审讯著作
清	徐栋	安肃（今河北徐水）人	《牧令书》 《保甲书》	政书体

参考文献

一、古籍部分

（战国）荀况：《荀子简释》，中华书局1983年版。

（战国）慎到著，许富宏校注：《慎子集校集注》，中华书局2013年版。

（秦）吕不韦编，许维遹集释，梁运华整理：《吕氏春秋集释》，中华书局2009年版。

（汉）刘向：《战国策》，中华书局1990年版。

（汉）司马迁：《史记》，中华书局1982年版。

（汉）班固：《汉书》，中华书局1962年版。

（汉）董仲舒著，（清）苏舆撰，钟哲点校：《春秋繁露义证》，中华书局1992年版。

（汉）崔寔撰，孙启治校注：《政论校注》，中华书局2012年版。

（三国）刘劭：《人物志》，中华书局1991年版。

（南朝宋）范晔：《后汉书》，中华书局1965年版。

（晋）陈寿：《三国志》，中华书局1959年版。

（唐）魏徵、令狐德棻：《隋书》，中华书局1973年版。

（唐）房玄龄：《晋书》，中华书局1974年版。

（唐）李延寿：《北史》，中华书局1974年版。

（唐）李延寿：《南史》，中华书局1975年版。

（唐）李百药：《北齐书》，中华书局1972年版。

（唐）吴兢撰，谢保成集校：《贞观政要集校》，中华书局2009年版。

（南朝梁）沈约：《宋书》，中华书局1974年版。

（南朝梁）萧子显：《南齐书》，中华书局1972年版。

（北朝魏）郦道元：《水经注》，中华书局2007年版。

（北齐）魏收：《魏书》，中华书局1974年版。

（唐）魏徵：《隋书》，中华书局1973年版。

（后晋）刘昫等：《旧唐书》，中华书局1975年版。

（宋）窦仪等撰，吴翊如点校：《宋刑统》，中华书局1984年版。

（宋）欧阳修、宋祁：《新唐书》，中华书局1975年版。

（宋）薛居正：《旧五代史》，中华书局1976年版。

（宋）欧阳修：《新五代史》，中华书局1974年版。

（宋）司马光：《资治通鉴》，中华书局1956年版。

（宋）李焘：《续资治通鉴长编》，中华书局2004年版。

（宋）李心传：《建炎以来系年要录》，中华书局1988年版。

（元）脱脱等：《宋史》，中华书局点校本1977年版。

（元）脱脱等：《辽史》，中华书局1974年版。

（元）脱脱等：《金史》，中华书局点校本1975年版。

（元）马端临：《文献通考》，中华书局1986年版。

（元）苏天爵著，陈高华、孟繁清点校：《滋溪文稿》，中华书局1996年版。

（明）宋濂：《元史》，中华书局1976年版。

（明）杨继盛著，李洪程校注：《杨椒山集笺注》，台北兰台出版社2015年版。

（明）范景文：《文忠集》，景印文渊阁《四库全书》本，台北商务印书馆1983年版。

（清）张廷玉：《明史》，中华书局1974年版。

（清）穆彰阿，潘锡恩等纂修：《大清一统志》，景印文渊阁《四库全书》本，台北商务印书馆1983年版。

（清）顾祖禹：《读史方舆纪要》，中华书局2005年版。

（清）赵尔巽：《清史稿》，中华书局1977年版。

《清实录》，中华书局2012年版。

（清）阮元校刻：《十三经注疏》，中华书局2009年版。

（清）彭定求：《全唐诗》，中华书局1960年版。

（清）孙星衍：《尚书今古文注疏》，中华书局2004年版。

（清）王先慎撰，钟哲点校：《韩非子集解》，中华书局1998年版。

（清）崔述著，顾颉刚编订：《崔东壁遗书》，上海古籍出版社1983年版。

（清）李卫：《畿辅通志》，景印文渊阁《四库全书》本，台北商务印书馆1983年版。

（清）李鸿章：《畿辅通志》，续修《四库全书》本，上海古籍出版社2002年版。

（清）沈家本撰，邓经元、骈宇骞点校：《历代刑法考》，中华书局1985年版。

甘厚慈辑：《北洋公牍类纂正续编》，天津古籍出版社2013年版。

河北省地方志办公室：《（民国）河北通志稿》，燕山出版社1993年版。

二、今人著述

1. 专著

韩盼山、李远杰：《河北名人小传》，河北人民出版社1984年版。

谢忠厚、居之芬、李铁虎：《晋察冀抗日民主政权简史》，河北人民出版社1985年版。

河北省政协文史资料研究委员会、保定市政协文史资料研究委员会编：《保定陆军军官学校》，河北人民出版社1987年版。

邯郸市历史学会、河北省历史学会编：《赵国历史文化论丛》，河北人民出版社1989年版。

河北省社会科学院地方史编写组编写：《河北简史》，河北人民出版社1990年版。

张希坡：《中国革命法制史》，中国社会科学出版社 1992 年版。

宋献科：《燕赵纵横五千年》，新华出版社 1993 年版。

河北省地方志编纂委员会编：《河北省志》第 71 卷《公安志》，中华书局 1993 年版。

张希坡：《革命根据地法制史》，法律出版社 1994 年版。

张京华：《燕赵文化》，辽宁教育出版社 1995 年版。

陈平：《燕史纪事编年会按》，北京大学出版社 1995 年版。

汤能松：《探索的轨迹：中国法学教育发展史略》，法律出版社 1995 年版。

张午时、冯志刚：《赵国史》，河北人民出版社 1996 年版。

河北省政协文史资料委员会编：《河北历史名人传》，河北人民出版社 1997 年版。

杜荣泉：《中华文化通志・地域文化典・燕赵文化志》，上海人民出版社 1998 年版。

成晓军：《燕赵文化纵横谈》，中国文联出版社 1999 年版。

沈长云：《赵国史稿》，中华书局 2000 年版。

吕苏生：《河北通史》，河北人民出版社 2000 年版。

韩延龙、苏亦工：《中国近代警察史》，社会科学文献出版社 2000 年版。

王彩梅：《燕国简史》，紫禁城出版社 2001 年版。

崔志远：《燕赵风骨的交响变奏：河北当代文学的地缘文化特征》，作家出版社 2001 年版。

谢忠厚：《新民主主义社会的雏形——彭真关于晋察冀抗日根据地建设的思想与实践》，人民出版社 2002 年版。

董丛林、苑书义、孟繁清、孙宝存、郭文书主编：《河北经济史》，人民出版社 2003 年版。

孙继民：《先秦两汉赵文化研究》，方志出版社 2003 年版。

辛彦怀：《赵文化研究》，河北大学出版社 2003 年版。

陈平：《燕秦文化研究》，北京燕山出版社 2003 年版。

王岸茂：《河北古代清官廉史》，中国文史出版社 2004 年版。

孟繁清：《金元时期的燕赵文化人》，河北人民出版社 2004 年版。

左玉河：《从四部之学到七科之学：学术分科与近代中国知识系统之创建》，上海书店出版社 2004 年版。

王建华：《半世雄图：晚清军事教育现代化的历史进程》，东南大学出版社 2004 年版。

秦进才：《燕赵历史文献研究》，中华书局 2005 年版。

杨玉生：《燕文化》，方志出版社 2005 年版。

郭大顺：《东北文化与幽燕文明》，江苏教育出版社 2005 年版。

黄丹麾、刘晓陶：《燕赵艺术地理》，山东美术出版社 2005 年版。

彭华：《燕国史稿》，中国文史出版社 2005 年版。

郑志廷、张秋山：《保定陆军学堂暨军官学校史略》，人民出版社 2005 年版。

陈平：《北京幽燕文化研究》，群言出版社 2006 年版。

戴长江、周振国：《文化自觉——河北人文精神研究》，河北人民出版社 2006 年版。

张光成、郭修起、陈志波：《燕赵近现代文化的历史进程》，国防大学出版社 2006 年版。

河北省历史文化研究发展促进会编：《燕赵文化论粹》，河北人民出版社 2007 年版。

张希波、韩延龙：《中国革命法制史》，中国社会科学出版社 2007 年版。

倪建中、辛向阳：《人文中国：中国的南北情貌与人文精神》，中国社会出版社 2008 年版。

赵晓峰：《河北地区古建筑文化及艺术风格研究》，河北大学出版社 2008 年版。

郭东旭：《燕赵法文化研究（古代版）》，河北大学出版社 2009 年版。

冯金忠：《燕赵佛教》，中国社会科学出版社 2009 年版。

何艳杰：《中山国社会生活研究》，中国社会科学出版社 2009 年版。

石玉新：《河北历史名人读本》，河北人民出版社 2009 年版。

王长华：《河北文学通史》，科学出版社 2010 年版。

申国卿：《燕赵武术文化研究》，人民体育出版社 2010 年版。

常剑波、刘志茹：《燕赵酒韵》，花山文艺出版社 2010 年版。

夏自正、刘福元主编：《燕赵文化》，河北教育出版社 2010 年版。

荣宁：《燕赵文化的嬗变与经济社会发展互动关系》，河北大学出版社 2010 年版。

董丛林、徐建平：《清季北洋势力崛起与直隶社会变动》，科学出版社 2011 年版。

中国法学会董必武法学思想研究会编：《依法行政的先河——华北人民政府法令研究》，中国社会科学出版社 2011 年版。

何艳杰：《鲜虞中山国史》，科学出版社 2011 年版。

韩光辉：《从幽燕都会到中华国都：北京城市嬗变》，商务印书馆 2011 年版。

范捷：《“画”说河北历史文化名人》，河北教育出版社 2011 年版。

顾乃武：《战国至唐之河北风俗研究》，人民出版社 2012 年版。

冯金忠：《唐代河北藩镇研究》，科学出版社 2012 年版。

河北省社会科学院：《燕赵文化史稿》，河北教育出版社 2013 年版。

宫红英：《燕赵女性文学史》，新华出版社 2013 年版。

胡克夫、陈旭霞主编：《晚清燕赵社会大变局以张之洞的改革观和文化观为考察主线》，河北教育出版社 2013 年版。

周会蕾：《中国近代法制史学史研究》，上海人民出版社 2013 年版。

闵光玉：《军律之殇——晚清军事法变革之旅》，法律出版社 2013 年版。

周振国、王永祥主编：《燕赵思想家研究》，河北人民出版社 2014 年版。

王赓武：《五代时期北方中国的权力结构》，中西书局 2014 年版。

赵金辉：《清代保定城市发展研究》，内蒙古科学技术出版社 2014 年版。

冯金忠、陈瑞青：《河北古代少数民族史》，民族出版社 2014 年版。

楼劲：《魏晋南北朝隋唐法律形式与法律体系》，中国社会科学出版社 2014 年版。

吕传赞主编：《论燕赵文化精神》，燕山大学出版社 2015 年版。

肖东发主编，袁凤东编著：《燕赵悲歌：燕赵文化特色与形态》，现代出版社 2015 年版。

孙婉钟：《共和国法治从这里启程——华北人民政府法令研究》，知识产权出版社

2015年版。

刘志琴：《近代保定城市功能变革研究1840—1927》，人民出版社2015年版。

鞠志强：《河北宗教史》，宗教文化出版社2016年版。

张静：《传统与变革近代保定的城市空间1860—1928》，河北人民出版社2016年版。

陈新海、荣宁：《任侠与节义：燕赵文化研究》，中国社会科学出版社2016年版。

冯石岗、贾建梅：《和合统一多元包容：京津冀文化基因探索》，上海三联书店2017年版。

康香阁主编：《太行山文书精萃》，文物出版社2017年版。

彭华：《燕国八百年》，中华书局2018年版。

仇鹿鸣：《长安与河北之间中晚唐的政治与文化》，北京师范大学出版社2018年版。

苑婷婷、宋思奇、黄雨盛：《燕赵文化传承发展与探索》，吉林大学出版社2018年版。

张希坡编著：《革命根据地法律文献选辑》第3辑《抗日战争——解放战争时期老解放区的法律文献（1937—1949）》第5卷《晋冀鲁豫边区》，中国人民大学出版社2018年版。

政协安国市委员会编：《关汉卿故里》，河北人民出版社2019年版。

康振海主编，魏建震、温玉春著：《燕赵学术思想史·先秦卷》，河北人民出版社2020年版。

康振海主编，武占江、衣抚生著：《燕赵学术思想史·秦汉卷》，河北人民出版社2020年版。

王文涛：《两汉河北研究史稿》，中国社会科学出版社2022年版。

卢建荣：《中国司法长夜微光乍现》，暖暖书屋文化事业2023年版。

朱建路：《新出土碑志与元代河北研究》，中国社会科学出版社2023年版。

胡祥雨：《从二元到一元：清前期法制变革》，中国社会科学出版社2023年版。

2. 论文

齐一飞：《论晋察冀边区的法制建设》，《法学杂志》1990 年第 2 期。

邹逸麟：《试论邺都兴起的历史地理背景及其在古都史上的地位》，《中国历史地理论丛》1995 年第 1 期。

郑志廷：《论二十世纪初叶保定军事教育》，《社会科学论坛》1998 年第 3 期。

陈景良：《崔述反“息讼”思想论略》，《法商研究》2000 年第 5 期。

王逸峰：《袁世凯与中国近代军事教育》，苏州大学 2000 年硕士学位论文。

王飏：《袁世凯与近代巡警制度》，《湖南公安高等专科学校学报》2001 年第 5 期。

周健：《中国军事法的传统与近代转型》，中国政法大学 2002 年博士学位论文。

唐正茫：《抗日根据地法制建设新内容述略》，《宁夏党校学报》2003 年第 6 期。

周梅：《荀子法律思想研究》，安徽大学 2003 年硕士学位论文。

韩春萌、胡江水：《从法制探索看关汉卿公案剧的历史地位》，《江西科技师范学院学报》2004 年第 3 期。

秦进才：《汉代皇权与法律形式》，《河北法学》2004 年第 4 期。

侯欣一：《清末法制变革中的日本影响——以直隶为中心的考察》，《法制与社会发展》2004 年第 5 期。

史广全：《董仲舒法哲学体系新探》，《社会科学家》2005 年第 1 期。

兰绍江：《中国近代法学教育的先导——天津北洋法政学堂》，《天津市政法管理干部学院学报》2005 年第 1 期。

王先明、张海荣：《论清末警察与直隶、京师等地的社会文化变迁》，《河北师范大学学报》2005 年第 1 期。

陈威：《晚清引进近代警察制度述论》，对外经济贸易大学 2005 年硕士学位论文。

陈锐剑：《沈家本与近代法学教育》，山东大学 2006 年硕士学位论文。

袁广林：《中国近代警察教育的滥觞——京师警务学堂》，《公安教育》2006 年第 7 期。

顾乃武：《唐代河朔三镇的社会文化研究》，厦门大学 2007 年博士学位论文。

陈业新：《两汉时期幽燕地区社会风习探微》，《中国史研究》2008 年第 4 期。

刘光宇：《清末法律教育课程设置研究》，首都师范大学 2008 年硕士学位论文。

刘显刚：《蓦然回首：华北人民政府法律观的文本分析》，《西部法学评论》2008 年第 3 期。

秦进才：《崔寔政治思想探析》，《石家庄学院学报》2009 年第 2 期。

郭东旭、申慧青：《渤海封氏——中国律学世家的绝响》，《河北学刊》2009 年第 5 期。

徐国萍：《京师大学堂教科书编译研究》，北京印刷学院 2009 年硕士学位论文。

黄宗智：《法律不能拒绝历史》，《财经》2009 年第 8 期。

秦进才：《崔寔法律思想述论》，《燕山大学学报》2010 年第 2 期。

李琳：《赵国沙丘宫之变及其影响》，《邯郸学院学报》2010 年第 4 期。

戴长江、孙继民、李社军：《论河北历史文化的阶段和地位》，《河北学刊》2011 年第 1 期。

尤李：《唐代幽州地区的文化特征》，《南都学刊》2012 年第 4 期。

楼劲：《北魏天兴“律令”的性质和形态》，《文史哲》2013 年第 2 期。

陈始发：《晋冀鲁豫根据地的法律文献整理现状与法制建设研究述评》，《理论学刊》2013 年第 8 期。

冯石岗、贺智佳：《冀域法制文化建设探源》，《河北工业大学学报》2014 年第 2 期。

黄道炫：《抗战初期中共武装在华北的进入和发展》，《近代史研究》2014 年第 3 期。

牛建立：《抗战时期华北根据地的法制建设述论》，《曲靖师范学院学报》2014 年第 5 期。

冯石岗、贺智佳：《冀州古代的律学家及其法制建设》，《湖北经济学院学报》2014 年第 6 期。

贺智佳：《冀域古代法律文化研究》，河北工业大学 2015 年硕士学位论文。

李孝燕：《袁世凯与中国军事教育近代化》，河北师范大学 2015 年硕士学位论文。

贾文龙：《燕赵腹里：中国政治地理单元体系中雄安地区之定位变动》，《河北大学学报》2017 年第 3 期。

赵云耕：《雄安新区历史沿革与区位优势探析》，《保定学院学报》2017 年第 5 期。

孔祥军：《论古代燕赵司法“青天”的群体特征与现代启示》，《法制与社会》2018 年第 20 期。

李治安：《民族融汇与中国历史发展的第二条基本线索论纲》，《史学集刊》2019 年第 1 期。

李俊仪：《清末民初军事法制化的建构》，西南政法大学 2019 年硕士学位论文。

宋卿、孙孟：《北方民族对中华法律文化的传承与发展——以契丹、女真、蒙古为例》，《赤峰学院学报》2022 年第 8 期。

冯小红、刘子元：《华北抗日根据地村庄管理组织的隐性经济职能——以太行山文书为中心》，《民国档案》2023 年第 2 期。

后　记

我对燕赵地域法律文化的研究兴趣，最早源于参加王岸茂先生《河北古代清官廉吏》与郭东旭先生《燕赵法文化研究（古代版）》两书中部分章节的撰写，接触到一些史料，也有一些初步认识。总体而言，这两部著作还倾向于“乡贤”式研究，与燕赵地域的地理结合还不够紧密，因此撰写了《家国天下：燕赵地域法律文化之国家角色的转换》一文。河北大学将燕赵文化学科群确定为主要发展方向后，我有意将自己的论文进行拓展。

“慷慨悲歌”是燕赵地域文化的标志性描述，但有一个由“乱法到护法”、由“贬薄到褒赏”的过程。我希望从法律史的角度能呈现“慷慨悲歌”内涵的历史演变过程。

本书的章节拟题学习了漆侠先生的写作风格。硕士入学后，初读《宋代经济史》时，其章节标题的写法让我感到新颖。有一次，我和漆先生说起：我认为《宋代经济史》的标题拟得特别好。漆先生当时微微一笑，那一瞬间的情景让我印象深刻。

书稿完成之际，颇感燕赵地域为中华法系的发展做了诸多贡献。本书的完成，也可算作我个人对家乡的一种回报。

颛静莉参加了本书唐宋部分的写作，杨堃参加了本书近代部分的写作。

本书签订出版合同时，题目还没有想好，暂定“燕赵地域法律文化演变研究”。后来为了致敬漆侠先生《宋学的发展与演变》，将书名修改为“家国天下：燕赵地域法律文化的发展与演变”。书稿清样修改后，本书责任编辑邵永忠先生认为我事实上已经完成一部专题性通史写作，建议将书名修改成“燕赵法律史”。这是对本书学术价值的极大提高，本人诚惶诚恐接受这一书名，希望以后有机会得以修订，使“燕赵法律史”这一专题能够更名实相副。在此，对邵永忠先生特别致谢！

由于我以宋代法律史为主要研究方向，对燕赵地域法律文化进行通史性研究时，颇感学力尚浅，力有不逮，肯定多有疏漏之处，期待学界的批评与指正！

2023 年冬月